[英国] 伊恩·戈尔丁 著　史正永 赵后振 译

发展

牛津通识读本·

Development

A Very Short Introduction

译林出版社

图书在版编目（CIP）数据

发展 /（英）伊恩·戈尔丁（Ian Goldin）著；史正永，赵后振译.
—南京：译林出版社，2022.6
（牛津通识读本）
书名原文：Development: A Very Short Introduction
ISBN 978-7-5447-9157-1

Ⅰ.①发… Ⅱ.①伊… ②史… ③赵… Ⅲ.①世界经济-经济发展 Ⅳ.①F113.4

中国版本图书馆 CIP 数据核字（2022）第 068239号

发展 ［英国］伊恩·戈尔丁 / 著 史正永 赵后振 / 译

责任编辑 陈 锐
装帧设计 景秋萍
校 对 戴小娥
责任印制 董 虎

原文出版 Oxford University Press, 2018
出版发行 译林出版社
地 址 南京市湖南路 1 号 A 楼
邮 箱 yilin@yilin.com
网 址 www.yilin.com
市场热线 025-86633278
排 版 南京展望文化发展有限公司
印 刷 江苏扬中印刷有限公司
开 本 890 毫米 × 1260 毫米 1/32
印 张 11.375
插 页 4
版 次 2022 年 6 月第 1 版
印 次 2022 年 6 月第 1 次印刷
书 号 ISBN 978-7-5447-9157-1
定 价 39.00 元

序 言

洪银兴

发展经济学是以发展中国家为对象，研究其实现经济发展的经济学学科。国家教材委确定的首批中国经济学教材中就有《中国发展经济学》。我有幸中标，主持编写《中国发展经济学》教材。《中国发展经济学》毫无疑问要以中国的发展为研究对象。中国是发展中大国，有自身的发展规律，但实现经济发展面临着许多与其他发展中国家共同的问题，因此不排斥有选择地吸收国外发展经济学研究的积极成果。“他山之石可以攻玉”，本书就是“他山之石”。

经济发展思想从经济学产生之初就有。马克思主义经济学中就有丰富的发展思想。但发展经济学作为一个经济学分支则是产生于第二次世界大战以后。从发展经济学产生到现在，发展经济学家经过了几代人，其发展思想也在不断演进。本书初版书名为《追求发展》（2016），后收入牛津大学出版社VSI系列于2018年再版，应该是属于新一代发展经济学家的著作。书中提出的许多发展理论都是处于发展经济学前沿的。当然，他在书中对所提出的各个发展理论都有演进史的描述。

本书作者伊恩·戈尔丁曾经担任世界银行集团副行长兼发展政策局局长、经济合作与发展组织发展中心项目主管、欧洲复兴开发银行首席经济学家，以及南部非洲开发银行首席执行官和曼德拉总统经济顾问。这意味着作者对发展中国家有直接的观感和丰富的实践，同时如他所说，汲取了众多学者和政策制定者的智慧，发展经济学领域有影响的思想家的发展思想都有所涉及；但他明确认为没有放之四海而皆准的理论或经验。他研究的主要对象是世界上的贫困国家；而中国全面建成了小康社会，已经进入上中等收入国家行列。尽管如此，他在书中所提出的许多理论观点，对中国当前的发展研究还是具有重要的参考价值。

本书通过八个章节来解释对发展的追求，每一章都借鉴了发展理论和实践，并采用了跨学科的视角。我在这里择其中的几个对研究中国经济发展具有启迪意义的思想进行评析。

第一，关于发展的内容。作者同意发展经济学界早就认识到的经济发展不能等同于经济增长的判断。但他同时指出，经济增长往往是促进发展的必要条件。消除贫困一般需要经济增长，因为在没有经济增长的贫穷社会中，就没有足够的资源投资于教育、医疗卫生、基础设施以及发展的其他基础条件。由于经济增长是发展的重要引擎，多年来往往仅使用国内生产总值之类的经济指标来衡量发展。然而，仅靠经济增长是不够的。依据在许多经济持续增长的国家中继续普遍存在的严重贫困，以及持续存在或不断扩大的不平等现象，作者指出，仅仅是经济增长未必就转化为福利的改善，即使在经济增长和平均收入取得显著进展的国家，人与人之间以及群体之间的不平等也在加剧。依靠不平等的收入和资产分配，经济增长可以进一步聚集财富，让富人更富、穷人更穷。在大多数发展中国家内部，最贫穷的那些个体没有充分受益以摆脱贫穷。因此，有必要跳出平均值来研究分配情况，以确定即便总体上取得了进步，但相当数量的人仍处于贫困之中并遭受严重贫困的折磨。因此，发展需要减少贫困、降低失业率以及缩小不平等。作者由此提出，必须超越经济衡量标准，把那些对国民生活产生深远影响的客观和主观衡量标准也纳入其中。重点是社会的发展和人民生活的进步。作者指出，几乎所有社会都存在两大挑战：一方面是因（经济）快速增长和生活水平的改善而造成的气候变化，另一方面是极端贫困所带来的持续挑战。我们需要关注相对贫困和绝对贫困以及发展的可持续性，其中包括幸福感、满意度和快乐等主观概念。与此相应，发展不再是经济学家的“自留地”，其本身已经迅速发展成为跨学科学术研究对象，涉及政治学、社会学、心理学、历史学、地理学、人类学、医学以及其他许多学科。

第二，关于现代化的价值观。发展中国家都面临着现代化的目标。人们通常把现代化看作经济过程。作者则把现代化看作一个文化过程，并认为发展取决于现代社会和文化的价值与规范。为了发展，现代社会的规范必须取代传统社会的规范。根据这一理论，现代化可以通过在发展中国家传播理念、规范、价值观、态度和政策来实现。这些现代价值观将鼓励工业发展和增长。没有这些价值观，发展就无法实现。针对人们关于发展是一种独特的西方经验，或者现代化必须遵循西方国家走过的道路，他指出，以遵循西方模式而获得一种独特的最终状态的观点，受到了越来越多的批评。今天在中国推进现代化不走西方式的道路，最为根本的就是现代化的价值观的差别。以人民为中心的发展观的中国式现代化，则开创了人类文明新形态。

第三，关于可持续发展。可持续发展对发展中国家是个挑战。作者认为，我们需要新的概念和指标，要超出国内生产总值或人类发展指数，来充分衡量可持续发展，从而理解当前决策对后代的影响。虽然目前富裕国家的进步与它们使用化石燃料密不可分，但减缓气候变化要求未来的排放量必须大幅减少。由于发展中国家目前占全球碳排放的近三分之二，它们如何在不加重气候变化影响的情况下攀登能源阶梯，以提供急需的能源来满足其电力、交通和其他能源需求，这个问题是一个极其困难的发展挑战。作者使用“环境库兹涅茨曲线”说明：在发展周期中，污染强度首先增加，然后降低。工业发展首先会破坏环境，但随着收入的增加和优先考虑的重点发生改变，各国会越来越重视解决环境问题。环境库兹涅茨曲线表明，从长远来看，发展对环境是有利的。一旦收入增加，公民和监管机构限制污染行业，这种环境恶化就会下降。作者认为，尽管一些证据在某些环境影响上支持这一论点，如水和空气污染，但这种模式并不适用于所有污染物。现在仍然存在一个非常现实的风险，即我们可能在远未达到这一目标之前就破坏了全球生态系统。作者认为，不能只是相信市场解决这些问题的能力，解决可持续发展需求的规模和紧迫性，需要对环境意识和环境保护进行更大的投资。减少碳排放需要帮助发展中国家对非碳能源进行投资。这就需要大幅增加对可再生能源和其他非碳能源融资的支持，以及对技术转让和能力建设的支持，以确保发展中国家能够攀登满足其人民需求的陡峭能源曲线。作者还指出，解决这一挑战的责任不能只由发展中国家来承担，由于经济、政治和道德方面的原因，要求富裕国家承担很大一部分责任。最富有的国家造成了许多最严重的环境问题，高收入国家的人均温室气体排放量远远高于中低收入国家。

第四，关于自动化条件下的就业问题。关注发展中国家在技术进步条件下的就业问题，可以说是本书的一大特色。作者发现，在机器和人工智能执行任务的地方，决定生产地点的可能是资本价格（以机器人和自动化程序的形式体现），而不是劳动力价格。再加上日益增长的保护主义、3D技术和其他技术，很可能会导致自动化生产和服务转移到资本成本更低的发达经济体。这一趋势对许多发展中国家的增长和就业前景构成了根本性挑战，需引起迫切关注。这里存在一个真正的风险：技术变革可能会加剧不平等，因为大量的个人群体由于文盲、缺乏宽带和无法使用计算机技术而断了与外界的联络。即使对那些能够接触到新技术的人来说，也可能会产生重大后果。随着各个社会都变化得越来越快，越来越多的人面临被甩在后面的风险。在发展中国家，由于常规制造业的自动化以及这些工作被机器取代，工作岗位被再次转移到发达经济体，这就造成了一个严峻的挑战。因为服务业通常被认为是增长的引擎，自动化的兴起很可能会破坏服务业的许多部门。如何在未来一个世纪管理这一风险，将是发展的核心。适当技术的可得性和适用性，以及辅助教育、技能、管理规章和机构的质量和适应性，将决定技术在多大程度上有助于应对发展挑战或在多大程度上造成新的发展障碍。技术变革对制造业和服务业就业构成的挑战突显了管理系统性风险的必要性，并确保发展战略要考虑到我们当前这个发现的时代快速变化的动力。由于技术取代了许多日常工作，发展中国家有潜力在创意产业和护理（医疗卫生、退休和相关工作）、旅游和其他服务领域创造就业，就像建立一个促进人类繁荣的社会和经济环境那样，教育和技能将继续成为发展的一项重要基础。

第五，关于发展的治理，涉及国家与市场的关系。对此，发展经济学界的认识是不断变化的。最初发展理论的先驱们极力强调，资源配置的僵化和不完善的或缺失的市场是发展的障碍。因此，政府干预被认为是必要的，以防止经济陷入低水平的均衡状态；此外，通过提供关键的基础设施、保护幼稚工业以及支持经济和政治机构，使有竞争力的国内工业得以出现。后来，经济学家又认为，市场机制比政府更能有效地配置资源。为了实现发展，政府（干预）应该保持在最低限度，市场应该自由化。政府有必要开放市场，进行贸易改革，确立产权，取消限制自由企业的制度，并将一系列国有机构私有化。进入20世纪90年代，人们越来越认识到，单凭市场无法实现发展，这引发了一场关于国家和市场作用的大讨论。作为这场辩论的一部分，制度和治理的重要性，以及被自由市场正统派忽视和弱化的教育、医疗卫生与基础设施的重要性得到了恢复。到了作者写作本书时，强加给发展中国家的经济自由化和结构调整方案的失败，已使得意识形态的钟摆开始向中心偏移，确保政府和市场之间有效相互作用的挑战被认为是发展的核心。作者对政府作用的肯定表现在以下几个方面。首先，政府作用可以克服地区差距。作者认为，地理的影响是可以通过制度来调节的，良好的治理方式和制度可以给糟糕的地理环境提供解决方案。例如，令人满意的好政府可以建设高效的道路和灌溉系统，投资重要的基础设施，良好的治理减少了不确定性，再加上投资的增加，可以克服糟糕的地理位置。其次，政府作用可以防范系统性风险。系统性风险对发展成果具有显著的负面影响，并造成消极的分配结果。大流行病、网络攻击、金融危机、气候变化以及像人工智能和机器人等颠覆性新技术所带来的威胁，可能会破坏布局最好的发展努力。这就需要存在有效的政策。再次，政府可以有效应对全球化。全球化和发展之间的关系是有争议的。一些人认为，全球化是减少贫困的强大力量，还带来了预期寿命的大幅增长以及其他重要发展维度上的飞跃。另一些人认为，全球化具有负面影响，被视为日益加剧的不平等、贫困、失业和环境破坏的根源。作者根据全球化的实践，认为全球化既是最大的机遇，也是影响我们所有人未来的新的系统性风险之源。代表全球化的各种流动可能有积极的和消极的影响。没有一个国家在经济上是一座孤岛，各国与世界其他国家的交往方式，是其发展结果的关键性决定因素。世界一体化的不断加强——金融、贸易、援助和其他经济流动性方面，以及卫生、教育、科学和其他发展机会方面——要求具备一种日益成熟老练的政策能力。管理那些因不断融入国际社会带来的各种风险，也同样需要政府的作用，它决定着能否收获全球化带来的上行机会，并减轻全球化带来的风险。

总的来说，本书篇幅不长，但涵盖了发展中国家发展的重要方面。作者在关注自发展经济学建立以来各个学派发展思想的同时，也阐述了世界进入新发展阶段后的发展思想。虽然作者主要讲的是处于低收入阶段的发展中国家的发展问题，但有许多精湛的思想也可以为进入上中等收入阶段的中国所参考。

纪念我的母亲,是她教会了我观察与学习

目 录

前言与致谢

对全球公民来说，个人和社会如何与时俱进是一个重要问题。发展问题激励着我，并激起了我的兴趣。在我的整个职业生涯中，我一直在发展中国家工作或与发展中国家合作，因此有幸受牛津大学出版社之邀，得以将我的经验凝练成这册简明读本。

我曾作为经济学家进行培训和工作，因此我的观点主要来自经济学文献研究，以及我参与的经济政策制定工作。作为世界银行集团副行长兼发展政策局局长、经济合作与发展组织发展中心项目主管、欧洲复兴开发银行首席经济学家、南部非洲开发银行首席执行官和曼德拉总统经济顾问，以及最近担任的英国政府援助机构英联邦发展公司的高级独立董事，我汲取了众多学者、政策制定者和发展社会成员的智慧。其中最重要的是尼克·斯特恩，他让我理解了理念的作用。在职业生涯的不同阶段，我就职过发展中国家和全球机构，这让我认识到，一个人所处的位置必然会影响他的观点。然而在实践中，每一个情况 i

都是不同的，因此，没有放之四海而皆准的理论或经验。

在牛津大学跨学科的马丁学院的创始主任和牛津大学全球化与发展教授岗位上，我开始意识到狭隘经济视角的缺陷。我们所有人的未来都将受到超越国界的趋势的影响，就像它们对学术领域各种学科的影响一样。人口、气候、健康、技术和其他发展将影响我们所有人的命运。发展中国家的未来与最发达经济体的未来交织在一起。拓宽我们的视野，超越狭隘的专业视角和国家视角，比以往任何时候都更重要。

如果说这本书向我们揭示了什么，那就是，我们必须不断学习。我们对发展认识的演变让我感到乐观。我们已经走了很长一段路。但我们仍有许多不懂的东西，还有更多的东西需要学习。

一本简短的书（限于篇幅）必然要有取舍。我谈到的所有话题都是在其他地方进行过更全面分析的主题，本书的部分内
ii 容借鉴了我之前所写的书（参见https://iangoldin.org/）。我非常感谢我的合著者提供了许多独特见解，并感谢很多同事、学者和决策者——我有幸在过去几十年里从他们身上学习到很多东西。

本书很大程度上归功于戴维·克拉克富有深度和广度的发展知识。戴维帮助我策划了《追求发展》一书的出版，而它正是这本《发展》的基础。后来，戴维在选取关键文本，帮助奠定《追求发展》的底稿，准备数据和表格，帮助我回复审稿人意见反馈以及最终文本的润色方面发挥了极其重要的作用。这本《发展》是对我之前那本书的充分修改和更新，戴维·克拉克再次证明了他在确定需要修改之处和更新文本及图表方面知识渊博、帮助很大。

本书得益于马克西米利亚·莱恩、约翰·爱德华兹以及我的儿子亚历克斯和女儿奥利维亚为《追求发展》提供了出色的研究协助，并得益于莎拉·克利夫对冲突和发展关系的有益见解。在修改和更新本书的数据时，我有幸得到了弗朗索瓦·勃艮第、马克斯·罗萨尔、布兰科·米兰诺维奇和尤塔·博尔特的指导和支持。

牛津大学出版社再次证明了它是一个非常出色的出版发行合作伙伴。安德莉亚·基冈鼓励我写这本书，詹妮·纽吉在出版过程中提供了及时的专家指导，玛莎·昆宁和许多非常有帮助的牛津同事都提供了支持，还有乔伊·梅勒对手稿进行了审定。同时也要感谢两位未具名审校人员，我已努力将他们有益的评论意见融入本书之中。

我写这本书的目的是想表达我对发展问题的热情和兴趣，以及在学与做的结合中所取得的进步。发展是一项团体活动，需要所有国家的公务人员、商贾、学者、非政府组织和公民的参与。我希望这本书能增加你们的兴趣，提高你们为全球发展的成功做出贡献的能力。

伊恩·戈尔丁

2017年11月，于牛津 iii

第一章

何谓发展?

世界上有太多的人仍然生活在极度贫困中。约7.7亿人每天生活费不足1.90美元，这是世界银行划定的“极端贫困”标准线。大约有20亿人每天的生活费不到3.10美元，他们被剥夺了过上体面生活的财富。为什么会这样？我们能做些什么呢？这些都是人类在新千年伊始所面临的最重要问题。

过去二十五年来，我们在消除贫困方面取得了显著进展。2010年实现了联合国“千年发展目标”的主要目标，即将贫困率降低至1990年的一半。这是有史以来第一次真正有可能在我们的有生之年消除极端贫困。为了实现这一点，我们需要明白发展是如何发生的。

一百年前，阿根廷是世界上最富有的七个国家之一，但现在其人均国民收入排名第52位。1950年，加纳的人均国民收入高于韩国；现在韩国的人均国民收入是加纳的十倍多。与此同时，尽管三十多亿人在健康、教育和收入方面取得了显著改善，但仍有十多亿人生活在制度薄弱的动荡国家。这些人中有很大一部分只有零星或有限的机会获得公共服务，在发展方面几乎没有进步，或遭遇严重倒退。即使在经济增长和平均收入取得显著进展的国家，人与人之间以及群体之间的不平等也在加剧。因此，有必要跳出平均值来研究分配情况，以确定即便总体上取得了进步，但相当数量的人仍处于贫困之中并遭受严重贫困折磨的程度。

在一个国家内部，这种反差甚至比国与国之间的差距还要大。有些人取得非凡成就，与之相伴的却是其他人处于绝对或相对的贫困之中。对于像英国和美国这样的先进社会来说就是如此，在大多数——但不是所有——的发展中国家更是如此。

一些国家发展迅速，但在社会成就方面却落后于其他国家。自1996年发现石油以来，赤道几内亚的经济增长速度是中国的两倍（尽管在过去四年赤道几内亚的经济迅速萎缩），其人均国民收入从2000年的1 703美元增长到2013年的20 246美元（2016年下降到8 333美元）。然而，很少有人分享到这一新发现的财富。尽管现在其人均国民收入与墨西哥或罗马尼亚相当（而且高于几乎其他所有非洲国家），但预期寿命直到20世纪90年代之前几乎都没有提高，时至今日仍低于60岁。与此同时，（比赤道几内亚）更加贫穷的非洲国家，比如埃塞俄比亚，自1990年以来成功地将预期寿命提高了18岁，是其增幅的两倍。

在其他情况下，低速或适度的增长与社会指标的持续改善有关。在过去的二十五年里，尽管孟加拉国的人均国民收入仍然不高（约1 359美元），但在识字率和预期寿命方面却取得了平稳的进步。印度的喀拉拉邦（人口超过3 300万）在包括识字率、预期寿命、婴儿死亡率、营养不良和生育率在内的几乎所有

社会指标上的表现一直都高于印度其他邦。然而，印度的好几 2
个邦却享有更高的人均国民收入。

本书试图通过八个专题章节来解释对发展的追求，每一章都借鉴了发展理论和实践并采用了跨学科的视角。

“发展”的含义

发展有许多定义，自第二次世界大战以来，发展的概念本身也发生了迅速的变化。发展就是增长，这是许多经济学家和政策制定者持有的观点，他们认为经济增长就意味着发展。然而，发展并不局限于经济增长范畴。发展不再是经济学家的“自留地”，这门学科本身已经迅速发展成为跨学科学术研究对象，涉及政治学、社会学、心理学、历史学、地理学、人类学、医学以及其他许多学科。

尽管“发展研究”是一门相对较新的学术学科，但研究所提出的问题并不新鲜——哲学家们已经为之困惑了千年之久。我们的问题植根于古典政治经济学和古代哲学，比如亚里士多德关于幸福和人类繁荣的概念。许多古典经济学的巨擘也关注经济和哲学思想的交叉。亚当·斯密曾为“富裕的进步”和实现自尊的必要性感到焦虑；他认识到能够毫不羞愧地出现在公共场合的重要性，并认为人们需要一些与习俗和社会惯例相称的基本必需品，如亚麻衬衫或皮鞋，以避免心生羞愧。

在本书中，我们的重点是社会的经济与社会发展以及人民生活的进步。著名学者早就认识到，经济发展不能等同于经济增长。保罗·斯特里坦认为，发展的目的是“为所有人提供机 3
会以获得一种丰富多彩的人生”；而达德利·希尔斯则认为，发展应该“为实现人的人格创造条件”。阿马蒂亚·森的“能力方法”更充分地表达了这种担忧，该方法从人们有理由重视的能力或实质性“自由”的角度来看待发展。

为何有些国家富有而其他国家贫穷？

直到20世纪80年代，发展政策还主要集中在促进经济发展上。按照纯经济学术语的说法，当全要素生产率或生产率增长时，经济发展就会取得进步。一个国家劳动力和资本使用的增加或效率的提高，就为经济发展提供了条件。经济发展可与基础设施、教育和医疗卫生等资源投资的增加相联系，从而促成资本积累或财富增加。它也可能源于这些资源使用方式的改变，促成经济结构转型——经济活动的重新分配，通常会从农业转向制造业和服务业。

虽然发展不能简单地归结为经济增长，但经济增长往往是促进发展的必要条件。消除贫困一般需要经济增长，因为在没有经济增长的贫穷社会中，就没有足够的资源投资于教育、医疗卫生、基础设施以及发展的其他基础条件。由于经济增长是发展的重要引擎，多年来往往仅使用经济指标来衡量发展。然而，仅靠经济增长是不够的，因为在许多经济持续增长的国家中，继续普遍存在的严重贫困，以及持续存在或不断扩大的不平等现象，是非常明显的。

4 发展在一定程度上必然是一种规范性或基于价值的概念。让我感觉更好的东西不一定会让你产生同样的感觉，发展的不同维度之间的平衡要依赖主观判断。然而，发展思想家和决策者试图找到生活的可衡量特征，以设定发展目标，并根据阈值来判断成功和失败。人们运用了许多衡量手段和假设得出这些共同的框架，它们利用了客观标准和主观判断。世界银行提出每天1.90美元的贫困阈值标准就体现了广泛的各种假设，“低收入”、“中等收入”和“发达”经济体的划分也是如此。同样，2018年设置了人均国民收入水平1 165美元的上限——有75个国家据此被定义为“低收入”国家，也因此有资格从世界银行和其他多边银行获得高度优惠的贷款。2015年9月，世界银行将贫困阈值从以前的每天1.25美元修改为每天1.90美元，一夜之间改变了贫困人口的数量及其全球分布。这表明衡量贫穷的方法存在武断的特性。同样重要的假设也体现在采用剧烈波动的汇率及其购买力平价调整来进行跨国的比较上。

作为例证，请考虑2015年10月世界银行决定提高国际贫困线各种隐含的意义。贫困线定期变化的根本原因，反映了不同国家的生活费用随着时间的推移而变化这一事实。因此，需要定期根据已经增加的给定篮子商品的价格数据制定新的贫困线。从理论上讲，对贫困线的这种调整不应该显著地影响被归类为穷人的人数。正如世界银行所指出的那样，“今天的1.90美元的实际价值与2005年的1.25美元相当”。然而，在实践中，将国际贫困线从1.25美元（2005年购买力平价）提高到1.90美元（2011年购买力平价）的直接效果是，在2011年将贫困人口从10 5
亿多人（10.16亿）减少到了9.87亿人（根据2015年10月的衡量结果），近2 500万人不再被视为“极端贫困”。

最常用的经济发展指标是国内生产总值（GDP），它用于衡量一个国家的国民产出和支出。国民生产总值（GNP）衡量的是一个国家所有公民生产的产品和服务，加上从国外流入的收入和该国流出的收入之间的差额。如果流向外国资产的收入大于从国外流入的收入，国民生产总值就会小于国内生产总值。国民总收入（GNI）衡量的是一个国家所有居民的国内和国外总产出。

国内生产总值是使用最广泛的衡量发展的标准，因为它相对容易计算、获取、量化和跨国比较。国内生产总值除以人口就是人均国内生产总值，这是一个被广泛使用的基准，因为它通过考虑人口规模的差异来反映平均发展水平。为了克服使用名义（官方）汇率比较各国收入或支出时造成的失真，古斯塔夫·卡塞尔在1918年前后引入了购买力平价概念。购买力平价旨在将一个国家的产品基于国际价格进行比较，这样经济学家就可以弄清楚大量可比较的产品和服务在不同国家会花费一个消费者多少钱，从而对绝对财富和相对财富进行国际比较。

这些广泛使用的衡量手段只是发展的部分指标，且有许多缺点。例如，这些概括性经济衡量指标只反映了一个国家的市场生产情况，但没有反映经济福祉或生活质量，因为它们遗漏了
6 教育、医疗卫生、预期寿命等因素。在人均收入水平相近的情况下，孟加拉国的平均预期寿命为72岁，莱索托却只有50岁，喀麦隆只有56岁。

此外，人均衡量指标往往会模糊发展的分配层面，人均水平相同的两个国家可能面临截然不同的发展挑战。平均水平可能掩盖了贫富之间的巨大差距。例如，虽然美国和丹麦的人均国内生产总值相似，但在美国，最富有的1%人口的收入超过国家总收入的20%，这比位于社会底层50%人口的收入之和还要多。相比之下，在丹麦，最富有的1%人口的收入还不到国家总收入的7%。

概括性经济衡量指标的另一个缺点是，某些“中间”产

品——或者那些只为最终产品的创造或销售提供可能或促进作用的产品——没有进行交易，因而没有计入国内生产总值；许多服务也是如此。例如，家庭提供的医疗保健、教育、交通、烹饪、儿童保育和其他非贸易商品，就没有计入国内生产总值之中。由于这些服务中许多是由妇女提供的，因此妇女对经济活动的贡献以及整个经济活动的实际水平被低估了。

另一个问题是，不利于发展的活动也会正向推高经济指标。例如，暴力和犯罪的增加会提高对医疗和安全保卫服务的需求，从而提高国民产出和国内生产总值。不可再生资源的开采和造成污染的产品（如煤炭或其他化石燃料）的使用，也能起到同样的作用。在以产出为基础的国民账户计量中，大幅度忽略了资 7
源耗竭，如从不可再生的含水层中抽取地下水，以及外部因素和溢出效应，比如气候变化与污染等。

到20世纪70年代，战后二十五年的发展暗示了一个不平衡的成就记录。许多非凡的成功故事，尤其是在东亚（催生了一系列关于所谓“东亚奇迹”的书籍和评论），突出强调了发展可以达到的程度（有时可以非常快速地达到）。但在拉丁美洲和非洲，快速增长并不一定能够减少贫困。一些经济学家认为，经济增长的好处会产生涓滴效应，甚至不平等对增长也是必要的，至少暂时如此。到了20世纪70年代，人们认识到，单一的经济增长未必就能够转化为福利的改善，并由此导致人们扩大了研究发展的途径。

超越经济增长

经济增长未必是托起所有人的一次大潮。依靠不平等的收入和资产分配，经济增长可以进一步聚集财富，让富人更富、穷人更穷。到了20世纪70年代，情况已变得很明显——尽管许多经济体经历了经济增长，但许多最贫穷的国家经济增长更慢，而且在大多数发展中国家内部，最贫穷的个体并没有充分受益以摆脱贫穷。

发展经济学家达德利·希尔斯认为，要解决贫困问题，需要更广泛的衡量标准。由于国民生产总值可以在不减少贫困、不降低失业率以及不缩小不平等的情况下大幅增长，他呼吁“推翻国民生产总值”作为发展的主要衡量标准。虽然希尔斯承认需要经济增长来帮助增加穷人的收入，但他也认为发展需要减少
8 贫困、降低失业率以及缩小不平等。

霍利斯·切纳里、理查德·乔利和蒙特克·阿卢瓦利亚等人主张随经济增长进行再分配。在他们看来，政策制定者不必在经济增长与减少贫困和不平等之间做出妥协。相反，分配目标应该成为所有发展政策计划的一部分。他们主张最大限度地提升国民生产总值增长，并对投资和收入进行再分配，以提高穷人的福利。对富人的收入进行征税，为公共服务提供资金——这将提高穷人的生产力。他们还认识到国内生产总值作为衡量发展的标准所存在的许多问题。除此之外，切纳里和他的合著者还建议，在计算发展的增长时，要给底层40%的国民生产总值赋予更多的“权重”。

早在1944年，国际劳工组织就宣布，任何地方的贫穷都会对“所有地方的繁荣构成威胁”。1976年，它要求以一种基本需求的方法来解决贫穷问题，宣称发展的目标是在尽可能短的时间内满足所有人最基本的需求。对国际劳工组织来说，需要增

加就业以解决基本需求问题。这些基本需求被确定为人们生活所需要的食物、清洁水、住所、衣服，以及获得基本医疗保健、教育和交通的权利。更复杂的基本需求方法的版本不仅仅是提供具体商品和服务，还要努力实现更广泛的社会成就，如营养与医疗卫生、识字率和长寿。

阿马蒂亚·森、保罗·斯特里坦、马赫布卜·乌尔·哈克等人认为，发展是过上一种更加丰富多彩生活的可能。他们把以前那种主要关注价格和生产的方式看作解决人类基本需求的一种不完善的方式。对人类发展和福祉的关注，不仅为新古典主义的发展观提供了不同的视角，也为"马克思主义者"强调国家之间以及国家内部不平等权力或阶级关系的发展观提供了不同的视角。 9

以人为本的发展

人类发展的概念采用了基本需求方法的许多观点，并增加了福利和能力的概念。自1990年以来，联合国的《人类发展报告》编制了年度比较数据并进行分析，力求超越纯粹的经济数据，以对发展提供一种以人为本的分析。1996年的《人类发展报告》指出了五种经济发展失败的类型：无就业的增长、无情的增长（只有一小部分群体受益）、无声的增长（缺乏民主或赋权，从妇女的角度看更是如此）、无根的增长（文化认同遭到破坏）和无未来的增长（没有为后代保护资源和环境）。

人类发展方法超越了广泛可得的社会指标，通过一系列指数化的指标——包括死亡率和发病率、入学率和识字率——来提供一种更广泛的发展成果视角。为了体现这一方法，人类发展指数将医疗卫生、教育和生活水平纳入了衡量标准。国内生产总值和人类发展指数可以结合使用，为发展提供不同的见解；两个人均国内生产总值相同的国家，它们的人类发展指数排名可能会有很大不同。尽管人类发展指数这种方法超越了国内生产总值，但务必记住的是：由于人类发展指数依赖的仍只是部分社会指标，所以说它至多也只是衡量人类发展的一种不完整的标准。

没有哪一个发展衡量标准是完美的，每一种衡量工具都在概念和经验上存在不足。由于缺乏可靠的数据，概念上的缺陷更加严重。即使在许多发达经济体，数据质量也很差；而在很多发展维度上，数据质量几乎不存在，在许多最贫穷的国家更是如此。就是有可靠的数据，那些数据也往往是过时的、片面的或不准确的。“千年发展目标”所包括的国家中，有超过半数以上
10 的国家都无法准确报告一多半目标的发展情况。“可持续发展目标”也是如此，《2016年可持续发展目标指数和指示板报告》的序言中预测，新的“可持续发展目标”框架可能需要很多年才能“得到全面的数据支持”。因此，提升国家统计能力是一个迫切要求，特别是在数据需求很大，却最缺乏数据的那些最贫穷国家。

这种对发展分析的扩展和深化，旨在确立多维发展方法，以将其建立在阿马蒂亚·森的“能力方法”之上。这种方法认为，发展本身与收入无关。这与人们用他们可支配的收入实现价值目标或者能够“做”什么，或者“成为”什么的自由有关。森的研究表明，人们在将一定的收入或资源转化为各种类似的潜能和自由的能力方面是显然不同的。体力劳动者、孕妇或患有寄生虫病的人，可能需要更多的食物来获得恰当的营养。因此，如

果我们关心的是人而不是事物，那么发展就应该是扩展每一个人的潜能。

发展中的一个关键问题是：谁的经验重要，谁最能确定发展需要。发展的参与性概念，考察的是如何制定和执行发展战略。罗伯特·钱伯斯提出了这样一个问题：谁的现实性才是重要的？他最初的回答是“把最后一个放在第一位”：孩子放在成人之前，穷人放在富人之前，弱者放在强者之前。这是一种自下而上的方法，而不是传统的自上而下的方法。让地方社区参与决策，以确定各个地方迫切的需要，并最大限度地发挥地方的各种潜能，这就需要把发展政策下放给地方。它还需要（地方的）政治代表权，各种社区参与度和识字率——这样就能够参与有关发展方案的众多决策。对森来说，这是追求“以自由看待发展”的一部分——这受到民主制度、公共理性以及要求积极社会变革的公众压力的共同促进。 11

发展指标

将不同的经济、社会和其他指标结合起来以提供综合指数的做法，带来了许多方法和概念上的问题，特别是对发展的不同方面及其衡量手段所作的假设和所赋的权重方面更加突出。一个更简单的方案是给发展矩阵中的这些指标提供各种信息。一个著名的例子是2000年联合国成员国达成的“千年发展目标”。在2015年年底之前，会对那些与实现八大“千年发展目标”有关的21项有时限的可衡量目标和60项指标进行跟踪，但不进行加权和合并，以衡量发展情况。其后继者，2015年9月达成的“可持续发展目标”更加雄心勃勃，包括17个目标、169个具体目标和一套230个指标（参见第五章；同时也可参见文本框3和4的目标列表）。越来越多的目标、具体目标和指标，反映出我们对优先发展事项的理解不断扩大，以及越来越多的利益攸关方在发展中发出越来越多的声音。管理多个雄心勃勃的目标所存在的困难已遭到了批评，包括对多个目标的可实现性、复杂性、可度量性和优先等级的批评。

经济合作与发展组织的“美好生活指数”，是对衡量标准更加广泛的又一贡献。它包括十一个主题：住房、收入、工作、社区、教育、环境、公民参与、医疗卫生、生活满意度、安全以及工作和生活的平衡状况。这些研究旨在提供一个更细致入微的观点，来说明什么是更好或更充实的生活。《世界幸福报告》还考
12 虑了几个变量：人均国内生产总值、社会支持度、出生时的健康预期寿命、生活选择的自由、慷慨的程度、对腐败的看法以及人们的感受。这份报告源于整个社会科学对幸福的主观成分重新产生兴趣。长期数据集的扩大（比如“世界价值观调查”）和新信息来源的增加（最著名的是“世界盖洛普民意调查”）——对“幸福”和“生活满意度”的调查目前已覆盖多个贫穷国家——意味着主观幸福指标可能在未来的发展分析中发挥更重要的作用。

经济合作与发展组织和联合国的这些倡议，是建立在2010年由法国总统尼古拉·萨科齐设立的经济绩效和社会进步衡量委员会的基础之上。由约瑟夫·斯蒂格利茨担任主席的该委员会与阿马蒂亚·森等人一起提出了一个令人信服的理由，即必须超越经济衡量标准，把那些对国民生活产生深远影响的客观和主观衡量标准也纳入其中。除了幸福感、满意度和快乐等主

观概念外，委员会还确定了影响生活质量的其他一些因素，包括医疗卫生、教育、个人活动、政治发言权与治理、社会关系、环境条件、个人不安全感和经济不安全感。

经济模型和市场未能考虑外部性，或未能充分评估清洁空气或水等“公共品”的价值，越来越多地成为辩论的主题；发展轨道的可持续性问题也是如此。这部分反映了对可持续发展的兴趣日益增长，在第六章中将对此进行更深入的讨论。

发展的新概念

在过去的七十年里，我们对发展含义的认识发生了巨大变化。这个概念现在把与发展相关的经济、心理和环境等思想结合在一起，以满足身体、情感和社会的需求。学术辩论和政策经验伴随着价值观和理念的转变。这些因素共同促成了从狭隘地关注经济增长，转变到关注基本需求和人类自由这样更广泛的概念。 13

我们需要新的概念和指标，要超出国内生产总值或人类发展指数，以充分衡量可持续发展，从而理解当前决策对后代的影响。经常有许多工具添加到不同的发展工具箱中。例如，“可持续经济福利指数”调整了消费和公共支出的估值，包括扣除环境退化和国防支出，以及增加家务劳动的价值。“幸福星球指数”把体验到的幸福感（生活满意度）与预期寿命和一个国家的生态足迹结合起来。根据这一衡量标准，墨西哥和泰国的排名高于富裕的北方国家，因为它们的生态足迹较小。

我们对发展的理解无疑将继续演变，以反映新的关切和挑战。学者们才刚刚开始处理这一需求，即把气候和其他有关系统性风险的问题纳入专业文献研究之中。气候变化，就像糖尿病、肥胖症和抗生素耐药性等健康挑战构成的日益严重的威胁一样，是发展成功所带来的一种发展新挑战。

我们对不同维度的不平等及其后果的理解还不够充分。收入和财富的不平等日益受到关注。然而，在大多数社会中，性别不平等和基于种族、宗教、信仰、年龄、残疾和性取向的不平等仍然是大多数社会的分裂物——尽管它们往往几乎得不到承认。在衡量标准方面取得了一些进展，最显著的是采用了根据性别调整的人类发展指数和根据不平等情况调整的人类发展指数。
14 发展还与对歧视看法的改变有关。在一些国家，性别和种族平等已被写入法律，虽然这还没有转化为机会、薪酬或其他结果的平等。同性婚姻或男同性恋婚姻现已在24个国家得到承认，包括一些发展中国家，如巴西、南非和乌拉圭。虽然对歧视性做法的认识还在不断发展，但采取必要行动以解决基于歧视性做法的各种不平等，在任何地方都是滞后的，即使在最先进的社会也构成了一种发展挑战。

几乎所有社会都存在的、日益严重的不平等现象，都是通过两大共存的挑战体现出来的：一方面是应对外溢效应带来的挑战，比如因（经济）快速增长和生活水平的改善而造成的气候变化；另一方面是极端贫困所带来的持续挑战。我们需要关注相对贫困和绝对贫困以及发展的可持续性。发展思维已经取得长足进步，但要解决好遗留下来的老问题和迅速出现的发展新挑
15 战，还有许多领域需要新的创新思维。

第二章

发展是如何发生的？

我们对发展如何发生的认识是在不断演进的。随着发展的思想不断取得进步，用来描述国家和不同“发展”阶段或状态的分类也在不断演变（参见方框1）。

方框1　国家发展类型

发达的	发展中的
先进的	新兴的
成熟的	前沿的
高度发达的	最不发达的
高收入	低收入
富裕的	贫穷的
发达的	欠发达的
工业的	非工业的
第一世界	第三世界
中心	边缘

16

战后发展理论演变的第一阶段，受到了可追溯到18世纪的古典政治经济学著作的强烈影响。最具影响力的早期发展思想先驱有亚当·斯密、卡尔·马克思、大卫·李嘉图、托马斯·马尔萨斯和约翰·斯图亚特·穆勒。

亚当·斯密在1776年出版的名著《国富论》中，重点讲述了英国的经济发展。对斯密来说，富裕的进程是由劳动和资本存量的增长推动的。由于分工和采用新技术而产生的效率提高，与市场的拓展和对外贸易有关。

1817年，李嘉图提出了比较优势理论，表明只要国家根据其相对效率（用劳动生产率来表示）专注于生产商品和服务，即使它们没有绝对优势，也会从贸易中受益。

1820年，继斯密和李嘉图之后，马尔萨斯强调了增长的阻碍因素，以及对人口增长的各种限制。他认为，人口增长将导致更多购买力有限的贫困工人，而更高的人口增长并不能产生有效需求和财富创造。马尔萨斯抛弃了让-巴蒂斯特·萨伊在1803年提出的盛行观点——需求总是对供给做出反应；相反地，他认为社会有可能进入长期停滞期。

马克思按照历史决定论的方法，将人类社会的发展划分为五个阶段。第一阶段被称为原始共产主义，其特征是财产共享，部落聚居，没有所有权的概念。第二阶段是奴隶制，它与阶级、实施统治的国家和私有财产的出现相关联。马克思认为，欧洲的中世纪是向第三阶段封建主义的过渡，这一阶段是在有爵位头衔的贵族（通常与宗教统治有关）掌权之后出现的。他认为，
17 商人阶级的发展威胁到封建秩序，并导致了冲突，如1789年的法国大革命以及1642年和1688年的英国内战。社会随后进入

第四阶段的资本主义，其特征是市场经济和以获利为动机的私有财产。这就导致了帝国主义、垄断倾向，以及对不再支配生产资料的工薪工人的剥削。马克思设想的下一个阶段——社会主义，是由不断提高阶级意识的工人们创造的，他们占领了工厂、银行以及其他的经济“制高点”。社会主义进一步发展成为真正的共产主义阶段——根据俄国共产主义革命家、政治家、政治理论家弗拉基米尔·列宁的看法，以及其他人对马克思的理解——这是发展的最终阶段。

1848年，大约在马克思著述的同一时间，穆勒也研究了生产条件和社会变革的各种可能性。和马克思一样，而且在某些方面也像马尔萨斯一样，他也考虑了经济增长的局限性和人口增长的后果。然而，对于经济发展与环境保护的相互作用，以及个人自由、妇女权利和民主代表的优势与缺陷之间的关系，穆勒有着不同的观点。他是第一批主张为了保护环境而应限制经济增长的人之一，也是第一批坚定而明确地反对“女性屈从”的人之一。（1823年，穆勒因散发节育小册子而被捕，并在监狱里度过了一个夜晚。）

这些人和其他古典（经济学）著述者的共同点是：第一，他们都关注社会由封建和乡村社会演变成城市和工业社会；第二，他们认为资本积累和财富扩张是必要的；第三，他们提出所有国家都遵循的发展轨迹有且只有一条。这些假设中有许多在当时 18
以及后来都受到了质疑；而且由于有了更多的事后认识，它们也被证明是不充分的。

现代化思想

20世纪50年代和60年代，现代化理论试图确定高度发达国家发展过程中的共性。总的来说，经济发展的标志是：超越了生存生计，粮食不再占国内私人商品消费的很大比例；人口结构发生变化，死亡率降低了，随之而来的是出生率的下降；城市化；以及国内和国际贸易的扩大。

一些经济学家认为，发展轨迹受经济体的初始结构或各种初始条件的影响。经济学家认为，专业化模式是由国家规模，劳动力、资本、土地和自然资源的可得性，以及与其他国家的关系决定的。

受到马克斯·韦伯和埃米尔·迪尔凯姆著作的影响，塔尔科特·帕森斯、丹尼尔·勒纳和戴维·麦克利兰等现代化理论家认为，发展不仅需要特定的经济特征，还需要一个国家的社会和心理特征。他们把现代化看作一个文化过程，并认为发展取决于现代社会和文化的价值与规范：为了发展，现代社会的规范必须取代传统社会的规范。

根据这一理论，现代化可以通过在所谓的“第三世界”（即现在所说的发展中国家）传播理念、规范、价值观、态度和政策来
19 实现。这些现代价值观将鼓励工业发展和增长，因此他们认为，没有这些价值观，发展就无法实现。尽管近几十年来，现代化理论在很大程度上受到了质疑，但它在20世纪50年代和60年代强烈地影响了西方国家政府的发展政策，并与鼓励国际贸易、减少援助计划和促进企业家“现代”价值观联系了起来。关于发展是一种独特的西方经验，或者现代化必须遵循西方国家走过的道路，以遵循西方模式而获得一种独特的最终状态的理念，受到了越来越多的批评。到了20世纪80年代，现代化理论的一些核心原则遭到了普遍的反对。

批评者认为，现代化理论家对“传统”和“现代”社会的概括未能解释历史的和特定国家的证据。“传统”规范和价值观可以适应现代化的进程，甚至被现代化所强化。例如，亲属关系并没有被现代性所抹杀，而是以独特的形式存在于现代文化之中。传统模式也可以用来鼓励经济发展。现代化理论被拒绝，在很大程度上是因为它过分简单地依赖规范和传统来解释发展，忽视了历史的或结构性证据。现代化理论最大的瑕疵在于，它漠视殖民历史和帝国主义遗产——而在许多国家，殖民历史和帝国主义遗产逆转了许多方面的发展，在曾经繁荣的社会中造成了贫困和赤贫。

经济发展规划

第二次世界大战之后，另一批经济学家同样从古典经济学家对不变经济阶段的描述中获得了灵感。他们利用了从富兰克林·罗斯福“新政”（使美国摆脱经济大萧条）中点滴收集的经 20
验，以及他们对第二次世界大战期间及战后得到强化的国家作用的观察，在发展中引入一种“大推进”的概念，从而使发展转化为积极的投资和政策计划。

这些战后发展理论的先驱极力强调，资源配置的僵化和不完善的或缺失的市场是发展的障碍。在这些模式中，工业化与发展均受到许多结构性因素的阻碍，并导致不平衡的权力关系。这些因素包括贸易条件的恶化、制造业和基础设施（所谓的技术不可分割性）的规模经济、未能达到规模的碎片化投资努力，以及给农业工资和生产率带来下行压力的人口增长。因此，政府干预被认为是必要的，以防止经济陷入低水平的均衡状态；并通过提供关键的基础设施、保护幼稚工业以及支持经济和政治机构，使有竞争力的国内工业得以出现。这种干预的例子包括设立国家市场委员会，建立能与跨国公司竞争的国有企业，政府积极参与劳动力市场、房地产市场和其他市场以及贸易活动。

保罗·罗森斯坦-罗丹是第一批明确表达发展议程的人，他1943年的文章《东欧和东南欧工业化的若干问题》对此作了阐述。他强调有必要进行一次大推进，以促进发展。他认为，这可以通过战后经济对工业的大规模计划投资和利用农业的剩余劳动力来实现，因为农业和工业机械化程度更高了，且受益于规模经济。尽管研究的焦点是欧洲，但这一理论涵盖所有国家，罗森
21 斯坦-罗丹认为，这种过程最终可能使世界收入平等。

1953年，拉格纳·纳克斯的《欠发达国家资本形成问题》强调了资本积累的重要性，主张采用大推进理论，打破发展中国家贫困的恶性循环。对纳克斯来说，问题的症结在于，资本积累受到市场规模的制约。穷国仍然贫穷，是由于贫困的恶性循环，需要通过投资的大推进来破除这种恶性循环。他的“平衡增长法则”要求在多个行业和部门同时投资，以扩大市场，提高生产率，并为私营企业创造激励性条件。

阿瑟·刘易斯对发展思想产生了巨大的影响。1954年，他提出，要向经济增长过渡，就必须提高投资率。在刘易斯看来，经济发展的核心挑战是提高资本积累和投资的速度。对刘易斯来说，这暗示着一个关键问题：一个以前储蓄和投资只占国民收入4%至5%或更少的社区，如何自我转化成为一个自愿储蓄占到国民收入12%至15%或更多的经济体。在刘易斯的两部门模

型中，资源从维持生计部门向现代部门的转移，增加了利润并提高了储蓄，从而增加了投资。

几年后，沃尔特·罗斯托在1960年出版了《经济增长的阶段：非共产党宣言》，他在书中指出了发展的不同阶段：第一阶段是传统社会；第二阶段是起飞的前提条件；第三阶段是起飞；第四阶段是走向成熟；第五阶段是大众高消费时代。他的描述强调了投资的构成、特定部门的增长，并试图找出推动经济的“领先部门”。对罗斯托来说，起飞阶段是一个转折点，发生条件是经济活动达到一个关键水平，并导致生产性投资占国民收入的比例从5%左右上升到10%左右，高增长的制造部门快速发 22
展，以及支持现代部门的社会、政治和制度安排开始出现。

1958年，阿尔伯特·赫希曼发现了与其他产业联系特别紧密的某些产业的重要性。其意义在于，促进这些产业的发展，比如汽车和钢铁产业的发展，会使经济增长更快。对赫希曼来说，目标是鼓励“非均衡增长”，以及在“前向”和“后向”联系最多的产业进行投资。他认为，发展不是非常依赖于为给定的资源和生产要素找到最佳组合，而是更多依赖于为发展的目的而支持尚不明显的或分散的或未充分利用的资源和能力。赫希曼确定了四种类型的联系：前向联系，即对某一特定项目的投资会鼓励后续生产阶段的投资；后向联系，即项目会鼓励对基础设施和为项目成功提供投入的商品和服务供应商进行投资；消费联系，即收入的增加会刺激消费品的生产；以及财政联系，即当一个部门（比如农业）出现生产过剩时，政府会对其征税以促进产业发展。这些联系被视为支持进口替代工业化和国家干预以保护和培育“幼稚”产业的有力论据。

依附理论

支持进口替代工业化的论点被一种贸易悲观主义所强化——1949年在哈瓦那举行的联合国会议上，汉斯·辛格在他的论文《发展中国家和工业化国家之间的战后价格关系》中明确阐述了这种贸易悲观主义。在同一次会议上，劳尔·普雷维
23 什发表了他的《宣言》。辛格和普雷维什认为，初级产品和制造商之间的贸易条件长期来看注定会恶化，使依赖原材料和农产品出口的发展中国家处于越来越不利的地位。普雷维什让“依附理论”广为人知，该理论认为，发展需要转变中心国家（尤其是美国和欧洲）与外围国家（发展中国家）之间的关系。这意味着，各国要摆脱贸易条件恶化和发展不足的陷阱，唯一的办法就是停止进口制成品和出口初级产品，从而结束它们对发达经济体的依赖。一个相关顾虑是，外国公司和投资者常常被视为高度剥削的，从本国提取资源并转移价值。保护本国公司的愿望，加上利润汇出的各种障碍，与一种对跨国公司（或多国公司）日益增长的敌意相关联，并为外国资产国有化提供了一种理由。

后来以辛格–普雷维什假说而闻名的理论，对李嘉图和新古典主义的比较优势观点提出了挑战。该假说认为，如果交由市场支配，发展中国家将注定陷入永久贫困，这个世界的不平等发展会日益加剧。“不平等发展”这个词最初是由列宁在20世纪初推广开来的，在随后的几十年里被列夫·托洛茨基——一位马克思主义俄国革命家和理论家——继续使用，再后来又被萨米尔·阿明、安德烈·冈德·弗兰克、伊曼努尔·沃勒斯坦，以及其他支持第三世界发展的新马克思主义或结构主义方法的人继

续使用（第一世界是发达的资本主义经济体，第二世界是苏联及其紧密的盟国）。

进口替代工业化的主张在拉丁美洲特别有吸引力。1950 24
年，普雷维什被任命为拉丁美洲经济委员会（缩写为ECLA；后来成为拉丁美洲和加勒比经济委员会，缩写为ECLAC；其西班牙语缩写CEPAL使用更为广泛）的主席，也反映了这一点。普雷维什和ECLAC的其他成员在众多拉丁美洲国家以及后来南亚和非洲国家中具有很大的影响力，这些国家都决心结束发达经济体对其未来发展的明显控制。20世纪50年代末、60年代初的去殖民化浪潮之后，新独立国家的领导人采纳了这些政策。1964年，这种结构主义政策的更广泛吸引力的明显表现是，一个新的联合国机构得以设立，普雷维什被任命为联合国贸易和发展会议的创始秘书长。

新古典主义市场主导的发展

20世纪70年代末、80年代初，一系列因素导致钟摆急剧向右，远离了国家统制经济的发展方式。造成这种情形的原因如下：第一，在许多发展中国家，以及苏联和其他中央计划经济国家，国家统制经济政策未能产生理想的发展结果。第二，在许多国家，受保护的国有企业和工业未能成熟壮大，需要持续的保护和补贴。第三，将国内产业与国际竞争、贸易和投资隔离开来，导致受保护的产业日趋落后，因为日益过时的技术和产品持续存在。

第四，规划时代的政策与后来被称为寻租行为的做法有关。这是指个人、公司或组织利用游说或其他手段获取经济利益，而

这些利益不是生产活动的结果，相反却导致现有资源或利润的
25 重新分配。对进口商品征收关税所提供的保护，或防止垄断企业受到侵蚀的许可证，使少数日益富裕和强大的生产商受益，而消费者则为此付出代价。随着少数人的利益日益主导政治，日益加剧的不平等和裙带资本主义被视为日益严重的发展障碍。

第五，尽管出身左翼，在拉丁美洲、亚洲和非洲的大部分地区，进口替代工业化的政策仍被专制和军事独裁者所采用（包括南非的种族隔离政府）。席卷大多数发展中国家的民主化浪潮，到了20世纪80年代（以及20世纪90年代初的东欧）日益要求在经济决策中扩大所有权并增加个人和小公司的作用，而不是国家和垄断企业的作用。

第六，英国首相玛格丽特·撒切尔（1979—1990）、美国总统罗纳德·里根（1981—1989）和联邦德国总理赫尔穆特·科尔（1982—1989）的领导，与意识形态从国家主导的增长转向自由市场有关，这又反映在诸如世界银行和国际货币基金组织等国家和国际机构政策上的变化。

第七，20世纪70年代的石油价格冲击加剧了许多发展中国家的赤字，导致国际收支平衡危机加深。由于这些因素，到了20世纪80年代，越来越多的国家遭受经济崩溃，其症状包括恶性通货膨胀和预算赤字膨胀。由于缺乏其他资金来源，它们被迫接受国际贷款机构提出的苛刻条件，于是国际贷款机构对其国内政策进行了实际控制。国际贷款机构将“结构调整”方案作
26 为经济纾困方案的一个条件，预示着一个由约翰·威廉姆森在1989年所称的“华盛顿共识”主导的新发展阶段的到来。

包括曾被任命为世界银行首席经济学家的安妮·克鲁格、

彼得·鲍尔、迪帕克·拉尔和贾格迪什·巴格瓦蒂在内的一批新古典主义经济学家，与寻求建立自由市场主导地位的政策相关联（参见方框2）。自1990年以来，随着苏联的解体，以及在非洲、拉丁美洲和亚洲实施了结构调整方案，这群有影响力的经济 27
学家认为，政府有必要开放市场，进行贸易改革，确立产权，取消限制自由企业的规章制度，同时解散国有企业和市场化董事会，并将一系列国有机构私有化。借鉴“哈罗德-多玛模型”和“索

方框2　新古典主义的反革命

新古典主义发展经济学家主张：

1. 结束对农产品的固定价格管制，以鼓励农民生产更多的农产品；

2. 汇率贬值，以培育出口导向型产业，减少进口，改善国际收支平衡；

3. 停止刻意压低利率的做法，这样利率就会上升，以鼓励储蓄，减少资本的非生产性配置；

4. 削弱工会权力，取消最低工资以及其他保护措施——他们声称这些措施导致了制造业和公共部门的高工资以及发展过程中的城市偏见；

5. 放松管制，并取消配额和补贴、市场委员会，降低税收及其他影响国内和国际自由贸易的障碍；

6. 国有企业私有化。

资料来源：H.明特，“经济理论与发展政策”，《经济学刊》，34卷134期（1967）：第117—130页。

洛增长模型”，他们认为，与拥有国际贸易、外国投资和较高储蓄率的开放经济体相比，低储蓄率的封闭经济体在短期内增长更慢。他们坚持认为，市场机制比政府能更有效地配置资源。有人认为，为了实现发展，政府（干预）应该保持在最低限度，市场应该自由化。对于这种方法的倡导者来说，中心任务是确保政府“不妨碍”发展，让市场发挥作用。调整激励机制的一个关键因素是，通过消除发展中国家的汇率和价格管制来“获得定价权”。拉尔表达了这个新正统论，阐述了不完美市场优于不完美的计划；而且许多发展中经济体目前最严重的扭曲并非来自市场经济不可避免的缺陷，而是“非理性干预主义”造成的政策性扭曲——国家对投资施加了过度影响。

贸易自由化被视为增长的引擎，因为人们发现它可以扩大市场，促进国际竞争，增加就业和收入，以及转让技能和技术。利用李嘉图和赫克歇尔·俄林的贸易理论，贸易改革的新古典主义倡导者认为，把一个经济体向国际贸易开放会产生一组新的相对价格，从而带来生产结构的相应变化，并提高一个经济体的产出潜力。

由于债务危机和苏联影响力的瓦解，主要发达国家的意识
28 形态趋同于强有力的市场导向方法，加上全球性机构力量的增强，到20世纪90年代初，导致越来越多的发展中国家放弃了20世纪60年代的中央集权式发展模式，转而采用市场主导的方式。

智利、苏联、加纳、肯尼亚和其他一些非洲国家（当时受到结构调整方案的限制）为新古典主义发展新方法提供了试验平台。结果很不乐观。由于历史上没有出现过反例，因此，尽管这些政策对恢复增长和发展显然没有多大作用，但考虑到被迫忍

受调整方案的经济体所处的可怕困境，其他选择可能也不会更好。到1995年，根据世界银行的指标，37个撒哈拉以南非洲国家获得了结构调整贷款。该区域的人均国内生产总值从1980年实施第一批方案时的719美元下降到2002年放弃这些方案时的519美元，下降了28%。

国家与市场

20世纪90年代，人们越来越认识到，单凭市场无法实现发展，这引发了一场关于国家和市场作用的大讨论。作为这场辩论的一部分，制度和治理的重要性，以及被自由市场正统派忽视和弱化的教育、医疗卫生和基础设施的重要性，得到了恢复。随着意识形态的钟摆开始向中心偏移，确保政府和市场之间有效相互作用的挑战被认为是发展的核心。强加给发展中国家的经济自由化和结构调整方案的失败，以及苏联用市场代替国家未能提供良好的发展成果，导致20世纪80年代盛行的新古典主义学说逐步幻灭。 29

学术贡献、政治和政策制定者相互作用，于是一种新的共识开始逐渐形成。人们吸取了20世纪70年代、80年代和90年代债务危机的惨痛教训。受影响的国家决心整顿自己的秩序，而不是毕恭毕敬地向国际货币基金组织和世界银行乞讨。其结果是，人们日益认识到发展政策必须以坚实的宏观经济基础为前提。到20世纪90年代中期，大多数发展中国家都一致认为需要在利率、税收、支出及通货膨胀方面向正统的宏观经济政策汇合，从而摆脱了过去二十年来的经济危机周期（1990年以来发展中国家的平均政府赤字和通货膨胀率远低于20世纪70年代和80年代的一半）。

在支持健全的宏观经济政策的同时，世界银行和其他国际发展机构帮助扭转了局势，从狭隘地依赖市场转向更广泛的发展目标。把教育、医疗卫生、水、能源、运输和其他基础设施的作用看得越来越重要。包括司法和法律体制、国家和市政代表结构以及媒体在内的治理制度的发展，也是如此。

发展思维开始围绕一种新的共识，即国家和市场同等重要，同时必须调整捐助者和接受者的利益，这种全球性趋同于2000年9月在墨西哥的一次会议上得到了清晰表达，会上147位国家元首和187个国家的代表签署了《千年宣言》。它设想在国家和全球层面建立全球发展伙伴关系，这将促进发展并有助于消除贫穷。《千年宣言》为联合国“千年发展目标”和最近的“可持续
30 发展目标”所阐明的发展活动新阶段奠定了基础。

第三章

为何有些国家富有而其他国家贫穷？

不同国家的发展经验有很大的差异。为什么有些国家经历了增长“奇迹”，而有些国家却经历了可以称之为增长“悲剧”的事情？

不平衡发展

经济增长理论倾向于预测，随着时间的推移，所有经济体的人均收入将趋同。其中最著名和最广泛使用的是罗伯特·索洛在1956年开发的模型。模型中的增长基本上取决于提高储蓄率而导致的资本投资的增加，以及劳动力的增长。采用该模型预测，如果贫穷国家达到与富裕国家相似程度的储蓄率，贫穷国家就能够赶上富裕国家。“索洛增长模型”就像所有的经济模型一样，是程式化的，但它具有很大的影响力，为后来几代经济学家提供了一个肥沃的基础。

1986年，威廉·鲍莫尔比较了目前世界上最富有的16个国家的长期增长率。他发现了1870年至1979年这一时期内趋同的有力证据。鲍莫尔被批评在统计分析中出现了“选择性偏差”，因为他

31 只考虑了日本等富裕国家，而排除了那些没有趋同的国家，比如阿根廷就未能赶上（其他国家）。后来的研究试图避免选择性偏差，涵盖了更多的国家——这些国家本可以成为1870年“趋同俱乐部”很好的候选成员，结果显示，趋同统计证据的说服力更弱了。

与有关趋同的理论论点相反，许多经济学家指出，从长期来看，国内生产总值增长是相异的。安格斯·麦迪森煞费苦心地收集了时间跨度最长、数量最多的可比较国家的历史记录。这些统计数据是以1990年国际美元计算的，这本书使用的数据拓展覆盖了2010年之后，因此可以用来分析许多国家的长期经济增长（见图1和图2）。例如，这些数据显示，1908年阿根廷人均国内生产总值为3 657美元（世界排名第7位），超过了荷兰、加拿大、丹麦、奥地利、德国和法国。乌拉圭（2 973美元，排名第14位）紧随其后。但到2016年，阿根廷的人均国内生产总值只有10 073美元，世界排名第52位；乌拉圭（13 450美元，排名第37位）排名也有所下降。这些国家被大多数西欧国家和其他一些国家超越。相比之下，1870年日本的人均收入只有737美元（排名第38位），1941年为2 873美元（排名第21位），但2016年的人均收入达到了23 439美元（排名第16位）。1870年中国香港的人均收入为683美元（排名第44位），1913年为1 279美元（排名第33位），2016年为34 560美元（排名第1位）。

这种相异似乎在第二次世界大战之后尤为明显。比如，世界银行的数据（按照2010年不变美元价值计算）表明，加纳的人均收入在过去半个世纪都未能实现翻番（2016年为1 708美元），而同一时期韩国的实际人均收入却增加了27倍（2016年为
32 25 459美元）。只有中国的表现比韩国好。

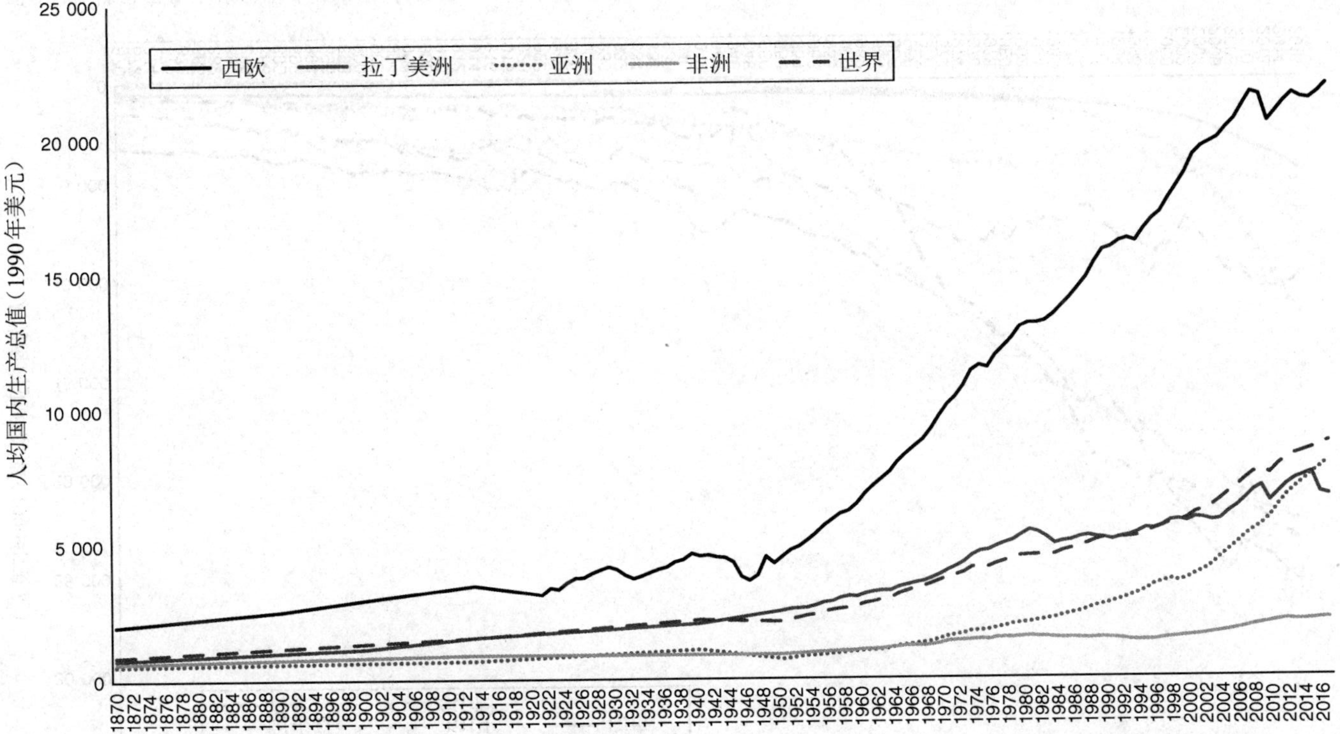

图 1　抽样地区和世界的人均国内生产总值（1870—2016）

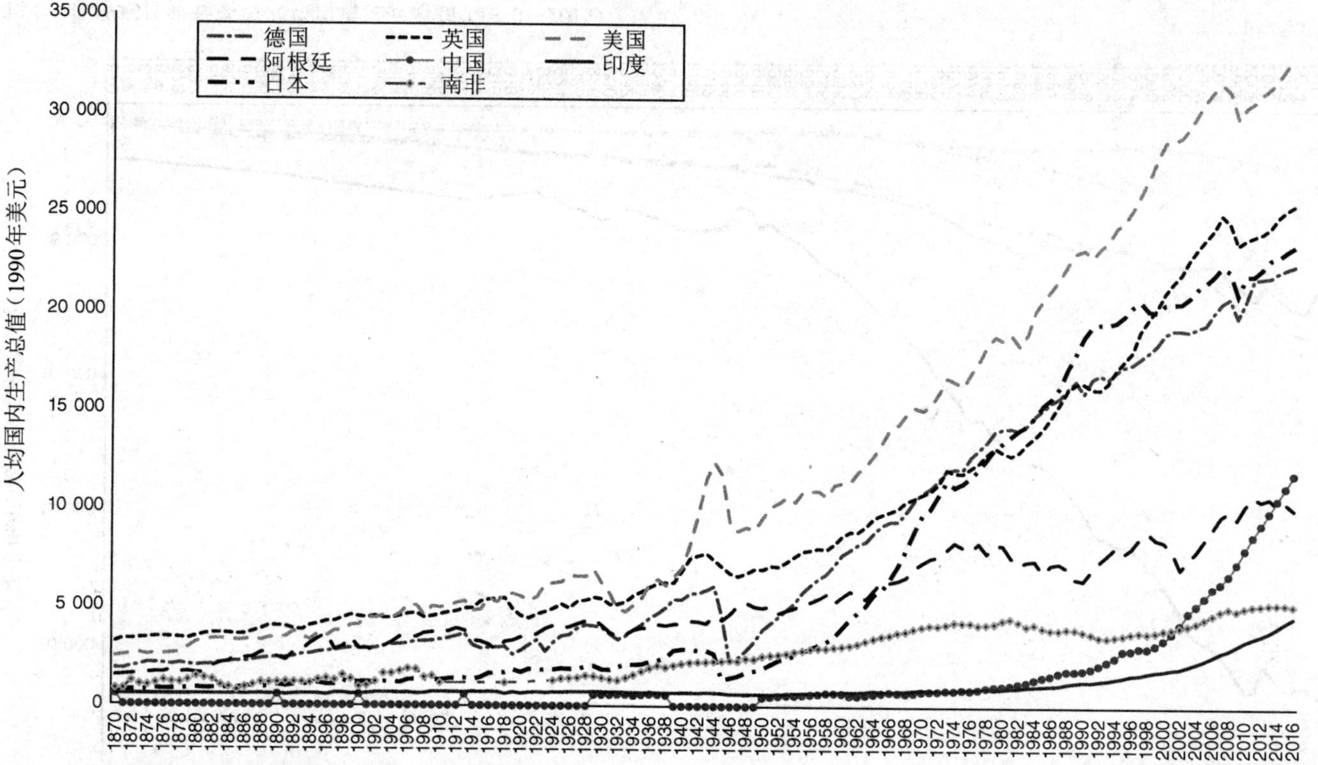

图2　抽样国家的人均国内生产总值（1870—2016）

1960年至2016年，5个国家经历了实际人均收入的下降，另有22个国家未能在同一时期实现人均收入翻番，而13个国家人均收入增加了至少5倍——其中5个国家的人均收入增长超过10倍，其中两个超过了20倍。其余47个有数据支撑的国家中，绝大多数国家的实际人均收入增加了2到3倍。

总体来说，有证据表明，在最近几十年里总体趋势呈现趋异而不是趋同，尽管在地理分组之间存在一些差异——一些亚洲经济体（“四小虎”）显示出趋同的证据。1993年，帕伦特和普雷斯科特研究了102个国家从1960年到1985年间的情况。他们发现，富国和穷国之间的财富差距仍然存在，尽管有一些证据表明亚洲内部存在巨大的分化——这与一些亚洲经济体（如日本、中国台湾、韩国和泰国）正在赶上西方国家的情形是一致的。事实上，在1970年至2016年间，亚洲12个最大经济体（日本和菲律宾除外）的实际人均收入平均增长速度，是十国集团经济体的2到4倍。

世界银行将“东亚奇迹”归功于健全的宏观经济政策，包括有限赤字、低负债、高储蓄率和投资率、普及中小学教育、低农业税、促进出口、选择性促进一些产业发展、技术官僚机构和权威领导人。不过，世界银行未能强调这些成就的取得是以多大程度地牺牲公民自由为代价，也未能强调这些经济体远不是自由市场，相关政府抑制了市场（并抑制有组织的工会运动）；且在朝鲜战争和越南战争之后，这些国家常常获得了美国以及其他发展和军事援助项目的慷慨支持。 35

其他人则认为，东亚经济的相对成功更多地是追求与世界经济一体化的战略，而不是与世界经济一体化的“紧密”形式。换句话说，日本、韩国和中国台湾等没有选择与新古典主义市场友好型发展方式一致的、毫无节制的经济自由化，而是有选择地干预经济，以确保市场繁荣。包括阿吉特·辛格、艾丽丝·阿姆斯登和罗伯特·韦德在内的几位知名评论家记录了这些经济体采取的全面措施，这些措施似乎构成了一项有目的性、全面的产业政策。这些措施包括使用长期信贷（保持负的实际利率）、大力补贴出口和强制出口、严格控制跨国投资和外国产业的股权产权（比如韩国）、高度积极的技术政策，以及促进大规模企业合并的同时对核心产业的公司准入和退出施加诸多限制。关于有选择的干预形式与有利于市场的自由化和出口导向对东亚经济成功的相对贡献，仍然存在持续的争论。

贫困和不平等

最新全球贫困统计数据显示，2013年每天1.90美元（2011年购买力平价）贫困线以下的人口为7.69亿。到2015年，预计这一数字将降至7.02亿。2013年的数据表明，10.7%的世界人口处于贫困线以下，低于1990年的35.3%和1981年的42.2%。

2013年，大约79%的世界人口（南亚有99%、撒哈拉以南非洲地区有98%、东亚和太平洋地区有91%，以及拉丁美洲和加勒比地区有77%的人口）每天生活开支不到18美元——接近2013
36 年美国的贫困线。

我们已经表明，收入衡量只是贫困的一个维度。其他指标，包括与婴儿和儿童死亡率、文盲、传染病、营养不良和学校教育有关的指标也很重要（参见表1）。许多国家在克服贫困方面取得了非凡的进展。在一些国家，进展是全面的；而另一些国家，如前所述，则设法在一个方面取得了非常重大的进展，但在其他方面却又退步了。

国家之间和国家内部的不平等需要进行主要经济指标以外的数据分析。虽然大多数国家的人均收入都在增长，但几乎所有地方的不平等现象都在加剧。据估计，1988年至2008年，全球收入增长的60%均流向了世界上最富有的10%（其中44%流向了最富有的5%）。相反，世界上最贫穷的五分之一人口仅分享了收入增长的1%左右，而最贫穷的一半人口仅获得8%。二十年前，90%以上的穷人生活在低收入国家；今天，世界上最贫穷的10亿人中大约有四分之三生活在中等收入国家。

对不同发展结果的解释

我们必须认识到，每个国家都是独特的。不过，仍然有可能确定一系列影响发展轨迹的因素。许多经济史学家指出，资源禀赋模式会加剧不平等，有利于精英阶层，而这反过来又会导致“俘获”和掠夺性制度的发展。保罗·科利尔、杰弗里·弗兰克尔等人对“资源魔咒”进行了研究，他们指出，丰富的自然资源禀赋可能与制度发展迟缓有关，特别是在矿产和石油方面尤其如此。在矿产和石油部门，跨国和本土投资者通常都是在一层神秘的面纱后面运作的。 37

矿业开采合同的授予，为腐败的领导人提供了一种权力和庇护的来源。国际公司通过国际银行进行离岸支付的腐败证据清楚地说明，尤其是在减轻与开采自然资源相关的各种风险方面，发达国家和发展中国家都有责任打击腐败行为。

表1 发展中地区贫困与发展选择性指标

	平均预期寿命（岁）	婴儿死亡率（每千名活产儿）	成人识字率（%，15岁以上）	小学入学率（%）*	白喉、百日咳、破伤风混合疫苗接种率（%，12—23个月）	麻疹接种率（%，12—23个月）	营养不良人口（%）	改善水源可及率（%）	改善卫生状况可及率（%）	电力可及率（%）
	2015	2016	2016	2014	2016	2016	2015	2015	2015	2014
南亚	68.5	39	66.7	89.2	85.8	83.7	16.2	92.4	44.8	80.1
东亚和太平洋地区	74.3	14	95.7	95.4	93.6	92.7	9.9	93.7	74.9	96.2
撒哈拉以南非洲地区	59.9	53	64.6	77.9	73.6	71.7	18.5	67.5	29.8	37.4
中东和北非	72.8	20	78.4	93.5	86.6	88.0	8.6	92.7	89.7	96.5
拉美和加勒比地区	75.1	15	93.5	91.7	89.4	92.4	7.5	94.5	82.5	96.9

续 表

	平均预期寿命（岁）	婴儿死亡率（每千名活产儿）	成人识字率（%，15岁以上）	小学入学率（%）*	白喉、百日咳、破伤风混合疫苗接种率（%，12—23个月）	麻疹接种率（%，12—23个月）	营养不良人口（%）	改善水源可及率（%）	改善卫生状况可及率（%）	电力可及率（%）
	2015	2016	2016	2014	2016	2016	2015	2015	2015	2014
欧洲和中亚	72.5	8	98.8	93.2	90.4	93.2	—	96.7	86.1	100.0
全世界	71.9	31	86.2	89.5	85.8	84.9	10.8	91.0	67.5	85.3
低收入国家	62.1	51	60.6	80.2	77.7	76.1	26.1	65.6	28.3	28.3
中等收入国家	71.1	29	85.6	90.4	86.4	85.7	11.3	92.1	65.4	88.7

资料来源：世界银行（2017），“世界发展指标”（网上数据），参见网址：http://databank.worldbank.org/data/home.aspx（最近访问时间为2017年11月4日）；识字率数据来自联合国教科文组织统计研究所（网上数据），参见网址：http://data.uis.unesco.org/（最近访问时间为2017年11月5日），东亚、中东和北非、欧洲和中亚除外，采用的2010年“世界发展指标”数据。

注：—表示“无数据”。

* 正规小学学龄儿童净入学率。不包括未达到小学学龄的小学生。

对于古典和新古典主义经济学家，以及他们的左翼批评者来说，自然资源和人力资源禀赋是贸易和市场一体化的关键决定因素。前者认为，显露出来的比较优势会促成发展，而批评者则持相反的观点，认为它会导致更加不均衡的发展。这两个派别都认为国际贸易是增长的关键决定因素，解释了增长率和全球收入的趋同（或趋异），因为丹尼·罗德里克、杰弗里·萨克斯和安德鲁·沃纳、杰弗里·弗兰克尔和戴维·罗默，以及戴维·道勒和阿尔特·克雷为贸易和发展之间的关系提供了相互矛盾的证据。

贾里德·戴蒙德、杰弗里·萨克斯等人，通过提供各种地理性说明来解释发展结果。他们认为，地理上的适度优势或劣势可能在长期经济发展结果上造成巨大差异。人们认为地理因素至少会从四个方面影响经济增长。第一，拥有更多海岸线，容易进行海上贸易或具有大型市场的经济体，其运输成本更低，经济绩效可能优于遥远的内陆经济体。第二，热带气候地区的传染病和寄生虫病的发病率较高，这些疾病降低了工人的生产力而直接拖累经济绩效，并且间接增加了人口负担，因为高发病率会提高生育率。因为婴儿死亡率高，例如非洲每天约有800名5岁以下儿童死于疟疾，这一点尤其如此。第三，地理环境以多种方
40 式影响农业生产力。热带地区的谷物产量较低，热带地区一公顷土地的平均产量约为温带地区的三分之一。热带地区脆弱的土壤和极端的天气是部分原因，害虫和寄生虫等病害的高发也对农作物和牲畜造成了损害。第四，由于热带地区的收入和作物价值较低，农业企业在热带地区的投资较少，国家研究机构也同样更加贫穷。这意味着国际机构，比如由捐赠者资助的国际

农业研究磋商组织（缩写为CGIAR），对提高热带农业产量负有特别的责任。在热带病害方面也有类似观点，因为低购买力阻碍了防治许多最严重热带病的药物研发。

威廉·伊斯特利、罗斯·莱文及罗德里克等人认为，地理的影响是可以通过制度来调节的，良好的治理和制度可以给糟糕的地理环境提供解决方案。例如，令人满意的好政府可以建设高效的道路和灌溉系统，投资重要的基础设施，执行合乎法律的合同，遏制腐败。良好的治理减少了不确定性，再加上投资的增加，可以克服糟糕的地理环境。正如萨克斯所强调的那样，由于糟糕的地理环境使发展更加困难，可能需要更多的援助来克服最贫困地区的地理缺陷。

罗德里克等人认为，制度的品质——产权和法治——才是最终发挥作用的。一旦把制度的品质纳入考虑范畴（采用计量经济学技术方法在统计上“为……而控制”），地理环境对经济发展的影响就会减弱。不过，正如罗德里克指出的那样，与“制度规则”论点相关的政策含义很难辨别，而且可能会根据环境不同而有所变化。这在一定程度上是因为制度在一定程度上是内 41
生的，并与经济绩效共同演化。随着国家变得更加富裕，它们有能力投资于更多的教育和技能以及更好的制度建设，这又反过来让它们变得更加富裕。

对于达隆·阿西莫格鲁、西蒙·约翰逊和詹姆斯·罗宾逊来说，制度的发展——促进或阻碍发展——根植于殖民主义和历史。这些作者认为，当代的发展模式很大程度上是不同形式的殖民主义，以及在过去五百年里特定国家有无殖民定居的方式带来的结果。殖民统治和定居的目的与性质所塑造的制度，具有持久的影响。在疾病负担高、人口密度高、自然资源丰富的地区，殖民国家通常建立“榨取国家”——财产权有限，政府权力制衡很少，以便将资源转移给殖民者，例如比属刚果就是如此。在疾病水平低、人口密度低、资源不易开采的国家，定居更适当，于是殖民列强就试图复制欧洲制度——强有力的产权制度，并对滥用权力进行制约，这样他们作为定居者就可以繁荣发展，并且努力发展农业和工业，加拿大、美国、澳大利亚和新西兰的情况就是如此。根据该论点，殖民主义的遗产导致了一种制度上的逆转，使穷国变得富有，富国变得贫穷。

虽然我们很可能生活在一个由自然资源禀赋、地理、历史和各种制度所塑造的世界中，但政治和权力仍然可以在推动经济绩效和决定贫穷脆弱性方面发挥决定性作用。阿马蒂亚·森在《贫困与饥荒》一书中指出，内嵌于所有权和交换中的政治权力和规则，决定了人们是否营养不良或是否有足够的食物；而且营
42 养不良主要并非食物供给不足造成的结果。森证明了北非、印度和中国在19世纪和20世纪的干旱是如何因为社会和政治原因而造成灾难性后果的：权力关系，而不是农业产量，导致了广泛的饥荒和农民的毁灭。1979年，科林·邦迪出版了《南非农民的兴衰》一书，他是新一代历史学家中的一员，认为殖民主义导致了此前繁荣的国内经济的蓄意崩溃。1997年，贾里德·戴蒙德的《枪炮、病菌和钢铁》在强调地理和历史重要性的同时，论证了技术、文化、疾病和其他因素是如何导致许多被殖民的土著居民和其他曾经繁荣的社区遭到毁灭的。这些作者呼应了马克思的观点，强调发展在多大程度上是一件非常血腥的事情，即使长期的后果可能是迫使各个社会进入一个新时代。

如果说滥用权力会阻碍发展，那么用来反驳它的论点，即民主会带来更迅速、更公平的发展成果又是怎样的情况呢？埃尔玛·阿德尔曼认为，支配发展与民主之间关系的长期因素包括中产阶级的成长、教育数量和质量的提高、城市化（包括更多的基础设施）、参与发展战略的要求，以及对因变革而造成的心理和社会压力进行管理的需求。阿西莫格鲁、罗宾逊等人在2014年的观点更进一步，认为民主确实能促进增长，而且它对国内生产总值有着显著而有力的积极影响。他们的研究结果表明，民主通过鼓励投资、提高学校教育水平、引导经济改革、改善公共品供给和减少社会动荡等方式增加未来的国内生产总值。给民主下定义的困难，给那些增长快速的非民主国家所赋予的权重，以及拉丁美洲、欧洲和其他许多民主地区的增长放缓和决策瘫痪，所有这一切都表明学术界对发展与民主之间的关系仍存在分歧。

阿德尔曼认为，如果公民群体之间的不平等差距过大，民主就不可能长久存在。但是，不平等和发展之间的关系是什么？阿尔伯特·赫希曼认为，社会在发展过程中对不平等的容忍度不断变化。他的基本观点是，如果人们认为收入不平等的加剧对他们未来的收入可能产生积极影响，他们就更有可能容忍这种不平等的加剧。这会允许一种“先增长、后分配的策略”。

西蒙·库兹涅茨的“倒U”假说基于他的经验观察，即相对收入不平等会在发展的早期阶段加剧，之后稳定一段时间，然后在发展的后期阶段下降。由此得到的库兹涅茨曲线，如果画在图上，就是一个倒U形状（见图3）。根据这一观察，库兹涅茨推测，不平等的长期趋势与经济结构的变化有关。在早期阶段，工

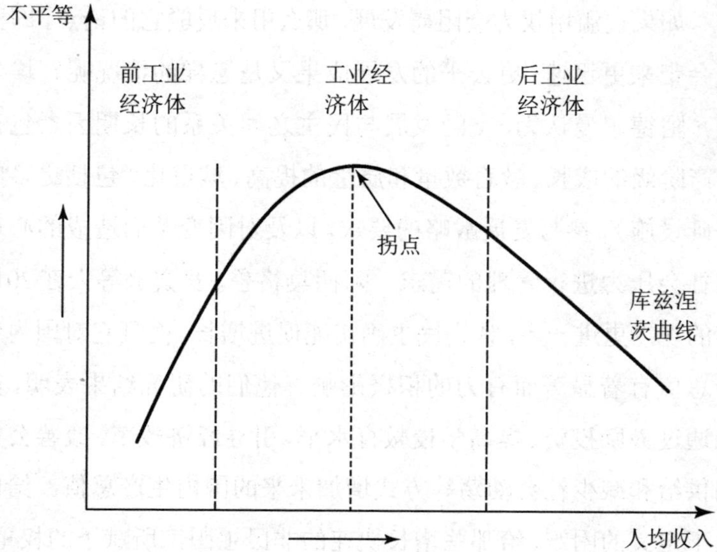

44 图3 库兹涅茨曲线

人向工业部门的转移加剧了不平等，但在后期阶段，教育和技能的提高，以及发展过程中人口增长的减少，也带来了广泛的好处。然而，库兹涅茨曲线受到了广泛的批评，因为随后的研究表明，不平等可能会随着时间的推移而持续存在。近几十年来，国家之间的不平等程度似乎在降低，因为新兴国家的平均增长速度比发达经济体快三倍。然而，在几乎所有国家内部，不平等都在加剧。这表明，无论是在发达国家还是在发展中国家，技术变革、贸易开放、福利支出的减少以及其他因素，正导致发展的好
45 处更大程度地集中在全国人口中比例更少的那些人手中。

第四章

如何促进发展？

发展经验的显著多样性表明，各国为发展选择了许多不同的可行路径。每一条路径都要求有一个获取成功的决心，并要求能够为长期目标和社会目标牺牲短期利益。发展很难加速，而且取得的成果很容易被逆转。冲突和战争破坏了发展，不仅毁灭了生命，也摧毁了基础设施以及对发展至关重要的凝聚力。若无和平稳定，发展难以为继。

扫盲与教育至关主要，特别是妇女受教育的作用在克服性别不平等方面更加重要。妇女更广泛地参与社会，是降低生育率与改善家庭营养和健康的关键因素。基础设施投资，特别是在清洁水、污水处理和电力以及农村公路方面的投资，对增长和投资是必不可少的，并且可以带来健康成果的改善。法治以及通过竞争和监管政策建立一个公平的竞争环境，对促进私营部门的繁荣至关重要。垄断寡头或少数精英常常在政客或公务员共谋纵容下占有市场，使得发展偏离了方向，导致不平等加剧。 46

没有一个国家在经济上是一座孤岛，各国与世界其他国家的交往方式，是其发展结果的关键性决定因素。世界一体化的不断加强——金融、贸易、援助和其他经济流动性方面，以及卫生、教育、科学和其他发展机会方面——要求具备一种日益成熟老练的政策能力。管理那些因不断融入国际社会带来的各种风险，也同样如此。大流行病、网络攻击、金融危机、气候变化，以及其他方面的全球性发展——像人工智能和机器人等颠覆性新技术（机器价格而非劳动力成本将决定生产地点）——所带来的威胁，可能会破坏布局最好的发展努力。系统性风险对发展成果具有显著的负面影响，并造成消极的分配结果。有效政策的存在或缺失，决定着能否收获全球化带来的上行机会，并减轻全球化带来的风险。

识字率、教育和医疗卫生

在理论和经验上都有充分理由认为，识字率和教育对经济和社会发展至关重要。女童受教育降低了普遍存在的性别不平等现象，且改善了贫穷国家妇女的相对地位。对妇女的教育和赋权，一直与许多积极发展成果的改进，特别是婴儿死亡率和生育率的急剧下降相关联。

教育、卫生和发展之间的联系是多种多样的；在许多情况下，“所有的好事”（或“坏事”）都是交织在一起的。人口转型描述了生育率和死亡率在经济和社会发展过程中的变化。在发展的早期或第一阶段，由于教育不足、营养不良和健康护理差，出生率和死亡率很高。在这种情况下，人口增长保持在低位，这是许多发展中国家在第二次世界大战之前的特点。在转型的第二阶段，随着生活水平、营养状况和公共医疗卫生的改善，死亡率趋于下降。由于出生率保持在高位，人口增长变得越来越快。47 非洲、亚洲和拉丁美洲的大部分地区在20世纪下半叶经历了这种增长趋势（参见表2）。

世界上一半以上的国家，包括许多发展中国家，目前已进入人口转型的第三阶段。其特点是教育和医疗卫生的改善，以及技术上的改变，包括避孕药具的广泛提供，使妇女有了更多的选择。在这个阶段，城市化和女性更多参与劳动大军，降低了生育子女的经济和社会受益，并提高了成本。在人口转型的第四阶段，死亡率和出生率都下降到较低或稳定的水平，人口增长开始下降。许多发达国家已经过了这一阶段，现在面临着人口零增长或负增长的前景。随着这一趋势的继续，各国的生育率迅速下降，低于人口更替水平。生育率的迅速下降和预期寿命的持续增长，导致第二次世界大战以来年龄中间值的快速增加，预计到2050年，拉丁美洲和亚洲的年龄中间值将翻一番（只有非洲的中间值要落后一些）。

性别与发展

性别不平等和不平等的权力关系扭曲了发展过程。在许多发展中国家，妇女从事有收入形式的就业机会仅限于自给农业，往往没有充分的土地所有权或获得信贷和技术的机会，而这可能改变生产关系和妇女的议价能力。48

在许多社会中，妇女被限制在以家庭为基础、闭塞的低回报生产形式中，或者在收入极低和工作条件恶劣的非正规经济中从事边缘工作。此外，妇女通常不得不忍受工作和家务的“双重

表2　按地区统计的世界人口

	总人口（百万）							平均年增长率（%）					
	1980	1990	2000	2010	2018	2030	2050	1980—1990	1990—2000	2000—2010	2010—2020	2025—2035	2045—2055
世界	4 458	5 331	6 145	6 958	7 633	8 551	9 772	1.79	1.42	1.24	1.14	0.67	0.52
非洲	480	635	818	1 049	1 288	1 704	2 528	2.79	2.54	2.50	2.54	1.98	1.73
亚洲	2 642	3 221	3 730	4 194	4 545	4 947	5 257	1.98	1.47	1.18	0.98	0.30	0.10
欧洲	694	722	727	737	743	739	716	0.39	0.08	0.14	0.09	−0.17	−0.21
拉美和加勒比地区	364	446	526	598	652	718	780	2.02	1.65	1.28	1.06	0.41	0.19
北美洲	254	280	313	343	364	395	435	0.97	1.10	0.92	0.74	0.46	0.39
大洋洲	23	27	31	37	41	48	57	1.63	1.43	1.60	1.46	0.90	0.76

资料来源：作者的计算和联合国资料，《世界人口展望：2017年修订版》（经济和社会事务部人口司，2017），自定义数据来自网站：https://esa.un.org/unpd/wpp/DataQuery/（最近访问时间为2017年11月12日）。

注：包括基于中位变差的2015年后预测。

负担”，后者包括家务、做饭、挑水和拾柴，以及照顾孩子等其他许多任务。事实上，在世界范围内，如果算上家务劳动，女性的工作时间往往比男性更长。

过去四十年的一系列研究表明，家庭不会自动地集中资源，而且赚取和控制收入的一方可以对家庭福祉产生重大影响。大量实证研究考察了妇女的市场工作、婴儿喂养实践和儿童营养之间的关系，表明收入高、经济实力强的母亲，其孩子营养更好。例如，在非洲的采金业中，妇女赚取工资机会的增加与获得医疗卫生服务机会的增加、婴儿死亡率（尤其是女孩）的减半，以及妇女对家庭暴力的可接受程度降低24%相关联。

当妇女拥有更大的发言权与更多的教育和就业机会时，福利和负担的分配就会更加公平。改善妇女的经济机会，是减少贫困、提高妇女及其子女相对地位的有效途径。通过确保更多的妇女接受教育，能够读、写和计算，并拥有适当的工作技能，整体家庭福祉就可能会得到改善。解决有关妇女受教育、加入劳动大军、土地和其他资产所有权、继承权、婚姻以及参与社会交往自由等的限制性文化规范和各种法律的措施，在这方面做出了重要贡献。

其中许多举措可能转化为具体部门的优先事项和政策，比如职业培训、获得廉价交通以及进入储蓄和信贷市场。妇女在 50
信贷市场处于不利地位，因为她们通常没有提供担保的、较小的日常人际网，这主要是由于她们被相对地限制在家庭领域。创新的小额信贷计划设法克服了这一问题，通过提供附优惠条件的灵活贷款，投资小规模生产活动，通常不需要担保，或者利息很低，比如饲养几只鸡或一只山羊等小生产活动。一个著名的例子就是格莱珉银行，该银行自20世纪70年代末以来一直在为贫困的孟加拉国人提供贷款。到2015年，该银行累计发放的贷款超过180亿美元，给近900万个人提供了贷款，其中97%是妇女。

另一个关注妇女和超贫困人口的发展组织的成功案例是“布拉克”（BRAC）。自20世纪70年代中期以来，“布拉克”发展迅速，现已被公认为世界上最大的非政府发展组织，在11个国家有11万名员工，每年全球支出9亿美元。除了提供小额信贷外，“布拉克”还专门设法通过一系列非营利性项目赋予妇女权力和促进社会正义。除其他举措外，“布拉克”还在女童的教育、技能发展、公共卫生、社会保护以及合法权利的捍卫方面投入了大量资金。该组织甚至创建了布拉克大学，并在亚洲、非洲和拉丁美洲的13个国家提供服务，其中包括给塞拉利昂的150多万人提供服务。

工作场所中妇女的参与，以及在薪酬、晋升和商业领导力方面的性别差异，都是赋权的重要方面。政治代表权以及医疗卫生和教育领域的性别差异（在世界许多地方往往反映为“偏好男孩”）也是社会进步的关键指标。自1990年提出“千年发展目标”以来，许多国家的妇女在实现男女平等方面已取得了进
51 展，尽管仍有许多工作要做（参见表3）。

尽管男女之间还普遍存在明显的差距，但在解决女婴死亡率和使少女能够上学方面已取得了重大进展。尽管取得了一些显著进展，但从根本上对妇女加以限制的做法继续构成重大的发展挑战，其中最严重的是女性生殖器官切除，这影响了30多个国家的至少2亿名妇女。

妇女在劳动力市场就业方面取得的进步要小一些，特别是在亚洲，以及进步程度更小的中东和北非，这些地区在过去

表3 与性别有关的发展指标

	婴儿死亡率（每千名活产儿）				中学入学率（总体，%）				劳动力参与率（%，15岁以上）				妇女在议会中的席位（%）	
	1990		2015		1990		2014		1990		2016		1990	2016
	男	女	男	女	男	女	男	女	男	女	男	女		
南亚	94.8	88.3	39.7	37.7	45.1	26.0	65.1	64.4	70.9	33.0	53.2	20.3	6.3	19.4
东亚和太平洋地区	46.5	40.1	14.7	12.3	43.6	34.7	86.1	86.9	74.2	72.4	56.7	48.9	17.2	19.8
撒哈拉以南非洲地区	116.2	99.4	58.2	48.1	26.5	20.2	45.9	39.5	58.9	48.8	56.1	50.1	—	23.5
中东和北非	53.5	47.6	22.0	18.7	64.5	47.5	78.2	74.4	55.1	18.2	48.0	14.6	3.7	17.6
拉美和加勒比地区	48.9	40.3	16.6	13.5	73.5	78.5	91.0	97.2	72.1	39.1	59.7	40.2	12.3	29.8

续 表

	婴儿死亡率（每千名活产儿）				中学入学率（总体，%）				劳动力参与率（%，15岁以上）				妇女在议会中的席位（%）	
	1990		2015		1990		2014		1990		2016		1990	2016
	男	女	男	女	男	女	男	女	男	女	男	女		
北美洲	10.2	8.1	6.0	5.0	91.4	92.3	97.9	99.5	68.8	60.9	53.8	51.5	9.3	22.3
欧洲和中亚	27.7	22.3	9.3	7.4	91.4	90.4	106.5	105.4	57.3	47.6	46.8	36.4	16.6	26.1
世界	68.6	60.7	32.5	28.3	55.6	47.0	76.9	76.0	67.4	51.3	53.9	37.1	12.7	23.0
发展中国家	74.7	66.3	35.2	30.7	—	—	—	—	69.1	51.4	54.8	36.3	12.9	21.8
最不发达国家	116.8	100.7	52.5	43.6	22.9	13.4	45.8	40.0	69.0	58.3	62.3	51.5	—	22.8

资料来源：世界银行，“世界发展指标”，参见网址：http://data.worldbank.org/（最近访问时间为2017年11月5日）。

二十五年已经失去了进步的基础。这可能产生各种深远影响，超出了我们对公平和性别正义的关注。最近的一项推测性研究表明，到2025年，促进工作场所的性别平等将为全球国内生产总值增加多达12万亿美元（假设世界上每个国家在性别平等方面的进步都能与进步最快的邻国相称）。尽管发达经济体获益最多，但发展中国家和地区的收入有望在2025年前得到显著增加，包括印度（0.7万亿美元或其国内生产总值的16%）、拉丁美洲（1.1万亿美元或其国内生产总值的14%）、中国（2.5万亿美元或其国内生产总值的12%）、撒哈拉以南非洲地区（0.3万亿美元或其国内生产总值的12%）、中东和北非（0.6万亿美元或其国内生产总值的11%）以及其他国家和地区。

认识到教育、医疗卫生和营养以及性别平等和其他事项对发展至关重要，也只是一个开始。制定政策解决这些问题是一项重大挑战。比如，在许多国家，教育制度的失败是由于所花费的资源缺乏质量而不是数量不足。在印度，许多案例研究罗列出一系列问题，包括培训不足与教师不太合格、无意识与重复性的学习体验、书籍与学习材料的缺乏、不够尽责的教师与工会、学校上课日没有正式活动，以及教职员工和学生的高缺勤率。 54
此外，改善结果要比为上学费用或教师预算筹集资金复杂得多。许多问题，诸如穿合适的衣服走路上学或学校是否男女分厕，尤其对女孩而言，可以起一种决定性作用。

农业和食品

农业是全世界70%农村贫困人口的收入和就业的主要来源。粮食和农产品的价格与可得性，也极大地影响着营养状况和城市贫困人口购买主食的潜在能力。

价格控制和出口限制等政策歧视农民，并试图通过压低农产品价格来创造廉价的城市食品，这可能会不正当地导致贫困加剧，尤其是对大多数贫困人口集中的农村来说更是如此。低廉的农产品价格抑制了农民收入，也抑制了粮食和农产品的生产和供给。然而，城市贫困人口在政治上的影响力比农村贫困人口更强大，尤其是在省会城市。1789年法国大革命的一个重要原因是面包价格翻了一番，于是城市的食品抗议活动对政府构成一种持续性的严重威胁。

在许多发展中国家，这些人为压低的农产品价格是对农民的歧视。相比之下，在许多更加发达的经济体，尤其是美国、欧盟和日本，某些农民群体已经获得了特别保护的地位。关税壁垒和限制进口的配额，加上生产、投资补贴、免税和其他激励措施，使发达经济体中一小部分享有特权的农民受益，牺牲的是消费者和纳税人的利益（参见第七章）。这从根本上破坏了发展
55 中国家农民的未来——他们无法在一个更自由的市场上出口他们本来应该很有竞争力的产品。这也使得这些产品的价格在全球市场更加不稳定，因为只有一小部分的全球生产进行了交易，因此国际市场成为倾倒过量生产的残渣收留处，导致世界价格崩溃或产品短缺，进而又导致价格大幅上升。

不稳定的另一个原因是，在美国和欧洲，生产集中在特定地理区域，增加了与天气相关的风险的影响，加剧了世界粮食价格的不稳定。由于许多发展中国家的农民无法出口许多受保护的农作物，他们被迫集中生产发达经济体不生产的农作物，比如咖啡、可可和其他纯热带农产品。这降低了多样性，导致过度专

门生产这些农产品，压低了价格，并增加了与单一栽培相关的风险。实现农业竞争环境的公平，是世界贸易组织于2001年发起，但受到阻碍的多哈发展回合贸易谈判的一个主要目标，也是发展政策的一个重要目标（参见第七章）。

农业研发投资的不平衡是另一个发展挑战。在发达国家，政府和私营企业拨出数十亿美元用于有利于农民和消费者的农业研究，但在贫穷国家，只有一小部分研究支出用于对穷人的生计至关重要的作物。由于这种市场失灵，各种国际机构和基金会通过提高发展中国家的农业生产率和改善营养状况，在提供公共品方面起到了一种至关重要的作用。国际农业研究磋商组织联盟由15个国际粮食和农业研究中心组成，是促进这种公共品的一种发展伙伴关系例证。在盖茨基金会、世界银行以及众多双边和多边机构的资助下，国际农业研究磋商组织支持对种 56
子以及与贫穷国家重大农业进展有关的制度进行研究。其中包括亚洲的“绿色革命”，它使水稻产量和质量得到大幅提高。非洲主要作物的产量尚未从这一革命中受益，因此这是国际农业研究的一个关键优先事项。不断增长的人口以及对土地、水和其他资源日益增长的压力，再加上气候变化的影响，意味着持续的生产改进可能是一个日益严峻的挑战。逐步加强全球努力，提高农业产量和质量，是全球发展议程的一个重要方面。

在我们拓展对发展的理解的同时，也日益认识到营养的重要性。微量营养素的微小改善可以产生重大影响。这些改善措施包括在食盐中添加碘，以及全球改善营养联盟所倡导的在其他领域的一些做法。某些产品的过度消费日益令人担忧，发展中国家的心脏病、中风、糖尿病和肥胖症等非传染性疾病的负担日益加重就是明证。事实上，发展中国家的死亡人数几乎占所有死亡人数的四分之三；而且在发展中国家，超过五分之四的过早死亡是由这些“生活方式”疾病造成的。

基础设施

基础设施包括经济和社会发展所需的各种基本的物质和组织的结构与设施。这包括水与下水道设备、电力、运输（公路、铁路和港口）、灌溉和电信。基础设施为发展提供物质基础。基础
57 设施投资往往需要非常巨大的、不可分割的财政支出和定期维护。这些投资塑造了好几代人的城市、市场和经济发展，并锁定了城市化、水和能源使用的特定模式。对能源和交通基础设施的谨慎投资会对环境的可持续性产生显著的影响，要确保更低的排放、更高的效率以及对气候变化的适应能力。在污水处理和卫生设施以及水的循环利用方面进行投资，同样可以在减少用水量和降低污染方面发挥至关重要的作用。

对基础设施的投资往往有很高的经济回报。对南亚四个经济体（印度、巴基斯坦、孟加拉国和斯里兰卡）进行的一项研究使用了1980年至2005年间的面板数据，得出的结论是基础设施发展对产出有显著贡献，并强调了总产出和基础设施发展之间互馈的重要性。世界银行为其农业基础设施项目确认的平均回报率为17%。根据一项研究，2014年，印度频繁停电造成的经济损失相当于其国内生产总值的5%（约为1 020亿美元）。根据对非洲进行的一项类似研究估计，电力部门质量差的基础设施每年拉低了2%的国内生产总值。因此，克服关键基础设施各种积压问题的投资会产生高回报，这是有道理的。

鉴于所需投资的规模和相应的风险因素，给发展中国家的基础设施提供贷款具有挑战性。这些风险因素包括以下现实情况：建设阶段通常需要大量的前期风险资本；许多基础设施项目面临未来收入流的不确定性问题，这与政策变化、宏观经济不稳定以及终端用户的费用负担能力有关。这些因素以及其他因素意味着，政府在基础设施投资，以及为私人投资建立一个可预见的长期监管和政策框架方面起着一种关键作用，这种框架可 58
以为投资者提供保证——他们的投资在未来几十年的时间范围内都将是安全的。

据估计，全球基础设施投资在未来十五年需要从2014年的3.4万亿美元增加到平均每年5.3万亿美元。总的来说，在2015年到2030年间需要大约80万亿美元的投资，这个数字远远超过了目前基础设施存量的价值（估计为50万亿美元）。大约70%的计划开支（平均3.5万亿至4万亿美元）需要用在发展中经济体（见图4）。这些合计数字掩盖了不同国家和区域以及不同部门所需投资规模的巨大差异：能源、水利和交通的投资需求最高。目前，发展中国家一半以上的基础设施由国内提供资金，其余的由世界银行和区域开发银行等国际机构提供资金。如果要克服基础设施赤字，这种国际投资将需要发挥更大的作用，这就是亚洲基础设施投资银行等新倡议受到欢迎的原因所在。

各种公私合作关系可以发挥重要作用，尤其是在城市地区以及电信和能源领域。越来越多的发展中国家正在利用项目融资和一系列其他私人投资结构来鼓励私人投资基础设施。结果很显然，喜忧参半。在政策环境相当复杂的英国，国家审计署发

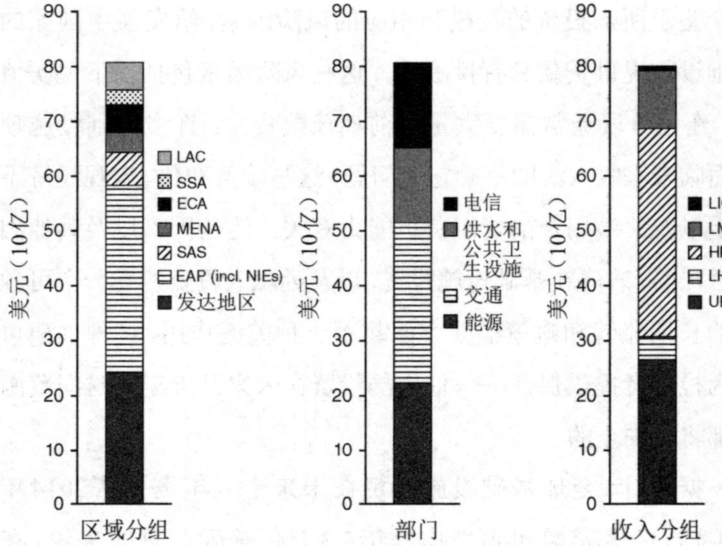

LAC=拉丁美洲和加勒比地区；SSA=撒哈拉以南非洲地区
ECA=欧洲和中亚；MENA=中东和北非
SAS=南亚；EAP=东亚和太平洋地区
NIE=亚洲新兴工业化经济体

LIC=低收入国家；LMIC=中低收入国家
HMIC=中高收入国家；LHIC=高收入后列国家
UHIC=高收入前列国家

图4 年度基础设施建设支出需求（2015—2030）

现公私合作关系的资金价值很低。在发展中国家，继墨西哥的收费公路和阿根廷的水务公司破产后，发展中国家已经吸取了教训，发展中国家当前在基础设施领域的私人投资超过了全球
59 的一半。鉴于基础设施建设需求和政府资金的不足，越来越需要电力、电信和其他基础设施私人投资者为建设和运营这些设施提供资金。近几十年来喜忧参半的经验表明，需要谨慎行事，并需要建立独立而强大的监管机构，以保护消费者利益不受那些可能成为自然垄断或寡头的损害。

法律框架和公平

法律有助于塑造社会，尤其是会影响公民彼此之间以及与政府之间关系的性质。法律框架包括“规则和条例体系、影响 60
这些规则和条例的各种规范，以及裁决并执行这些规则和条例的各种手段”。法治通过法律、法规和执法的实施塑造了发展进程；使各种条件和能力成为发展结果所需的必要条件；而且其本身始终是发展的核心目标。因此，法治对发展结果至关重要，因为它表达并实现了一个社会的社会和经济正义概念，更具体地说，是它对极端贫困和匮乏的态度。它还框定了财富、资源和权力的（再）分配。

有效的法律和司法制度是经济发展的重要组成部分，也是人类发展和基本公民自由的重要组成部分。确保决策和正义不是由个人喜好或腐败决定的，并确保所有公民都能平等地享受法治，这对克服不平等和社会排斥至关重要。它也是建立透明和运转良好的金融及其他市场所必需的。

法律制度与发展之间的关系是复杂的。1990年，道格拉斯·诺斯等人指出，财产权保护与长期经济增长之间存在高度正相关关系。批评人士质疑，保护财产权是经济发展的原因还是结果？同样，他们还质疑，健全的制度是发展的原因还是结果？这个方面的若干研究表明，获得法律信息和实现法治可以增强参与和促进社会经济发展，赋予穷人和边缘群体权力去要求其权利，利用各种经济和社会机会，并抵制剥削。法律和法院可以在界定身份以及保障经济和社会机会方面发挥重要作用。法治可以通过重新分配权利、特权、义务和权力来改善服务提供

61 的获取状况。加强防范各种破坏公民福祉的暴力和犯罪的法律机构，可以促进发展。

促进问责制和透明度以及遏制腐败的法律机构同样可以促进发展。一致和公平的监管和纠纷解决有助于市场体系的顺利运行，并可以减少腐败、裙带关系和寻租的机会。法治还可以保护环境和自然资源，因此通过把工人的、社会的和环境的权利写入宪法和法律，可以促进可持续发展。

冲突、和平与稳定

和平与稳定以及法治是发展的必要条件。战争和冲突让发展逆转，不仅是因其造成死亡和破坏，而且因其摧毁和恶化基础设施、制度和社会凝聚力而削弱发展。尽管自第二次世界大战以来世界未遭全球冲突破坏，因为各方认识到它可能导致同归于尽，但国内战争和武装冲突持续困扰发展（见图5）。在过去的二十五年，内战的所有主要衡量手段（次数、与战争相关的死亡人数，以及平民死亡人数）都在下降；尽管自2013年以来，由于“伊斯兰国”组织的扩张，与国家相关的冲突急剧上升；但后来又收缩了。2016年，记录在案的武装冲突有49起，比前一年减少了3起。过去五年是自20世纪90年代中期以来最血腥的五年之一，与战争相关的死亡人数（尤其是与叙利亚危机相关的死亡人数）在2014年达到10.5万人的峰值，2016年降至8.7万人。自1989年冷战结束以来，世界还发生了624起非国家冲突，而且近年来呈现出类似的上升趋势。总的来说，在1989年至2016年间，受冲突影响最严重的10个国家有160
62 万人死亡。

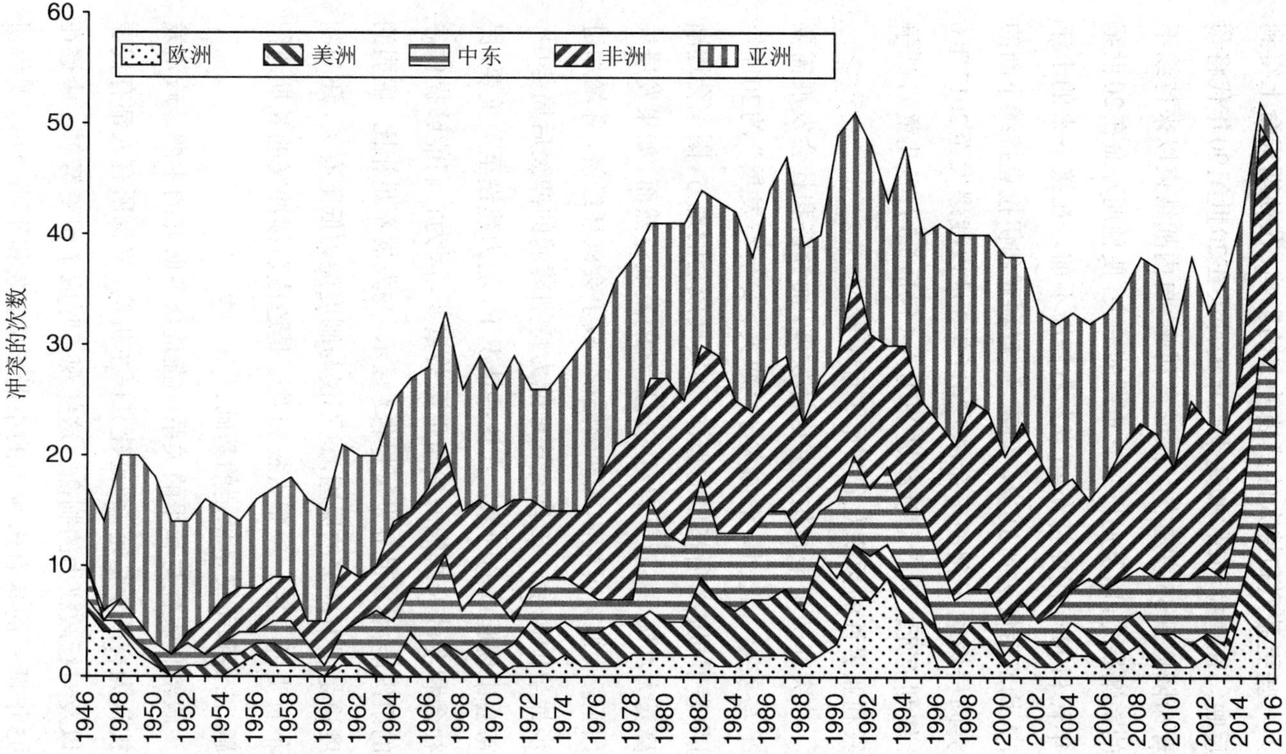

图5　按地区分列的武装冲突（1946—2016）

一些更激烈和持久的武装冲突的影响，在预期寿命上得到了反映。在塞拉利昂，长达十一年的冲突在20世纪90年代将预期寿命降低到35岁左右。在尼日利亚，自内战结束以来持续不断的宗派暴力，以及尼日尔三角洲的冲突，使预期寿命在20世纪80年代和90年代保持在46岁左右停滞不前。在接下来的十年里，人均寿命仅达到51岁。阿富汗、叙利亚和伊拉克持续不断的冲突同样影响了预期寿命，自2011年3月内战爆发至2017年6月，叙利亚死亡人数估计超过23万人（包括5.5万名儿童），战争使叙利亚男性的预期寿命缩短了近十岁。

冲突和战争摧残生命并破坏发展，而经济和社会发展需要和平与安全。此外，正如关于“冲突、安全与发展”的2011年《世界发展报告》所指出的那样，在发展成功的地方，国家会逐渐远离暴力冲突，从而更容易实现后续的发展。然而，如果发展失败，国家就很有可能陷入冲突陷阱，战争会破坏经济，并增加进一步战争的风险。在政府管理能力特别薄弱的冲突后局势中，通常会出现脆弱的国家。在这些情况下，能力建设至关重要，民间社会和非政府组织的参与也至关重要，因为它们能够提供急需的组织能力。《世界发展报告》显示，与发展不足相比，虚弱的制度更是引发冲突的原因，这不仅与制度能力低下有关，还与制度不负责任有关。侵犯人权和腐败是造成后续冲突的长期遗留问题，法治和正义是稳定的基础。

64 政治代表性与和平的关系一直是众多研究的主题。政治发展被认为有助于稳定，通过建立民主机构，确保所有人都有代表权以及对行政权力的制衡。这些观点呼应了伊曼努尔·康德在1795年撰写的具有影响力的小册子《永久和平》。许多现代研究证实了这种统计学上的关联。

然而，民主国家对较弱的国家发动了战争，美国对中美洲、越南、伊拉克和其他地方的干预，法国对阿尔及利亚的干预，以及英国对利比亚和伊拉克的干预就是明证。各种民主转型也可能导致民族暴力。在某些情况下，如前南斯拉夫、高加索地区和印度尼西亚，从独裁统治到更加多元化的政治体制的转型与民族独立运动的兴起休戚相关，引发可能超越国界的分离主义战争。新独立的国家和“无体制政体”（带有不连贯民主成分的不稳定独裁政权）也特别容易陷入内战。在此背景下，南苏丹陷入内战，反映出为维护脆弱的南苏丹国家而建立的治理结构，未能充分解决根本的不满，并在治理结构上存在弱点。

民族和宗教信仰可能是巴尔干地区冲突以及一些非洲国家冲突和中东冲突的主要原因。然而，这些因素本身不能充分解释各种暴力的爆发——共存了几代人的族群团体突然变成了歧视和暴力的对象，比如在德国和奥地利纳粹主义兴起之前就共存好多代人的犹太人，或者在巴尔干半岛和其他地方的穆斯林。

有许多国家倡议、区域倡议和全球倡议，旨在减少和防止各种潜在的社会断层升级为冲突。“适度的”、“直接的”或“行动性”干预，试图防止潜在的或初始的暴力演变为全面的武装冲突。可以采取的行动包括外交干预、联合国特派团和维持和平 65
部队。这些措施通常不能解决冲突的根源。和平建设的一揽子措施需要一系列的干预措施，包括战后援助、安全的提供、非军事化、鼓励难民返回、就业方案以及振兴经济的其他措施。可能还需要进行法律和政治机构的改革，尤其是要保障人权。除了援助外，国际社会还可以施加政治和经济压力，对个人采取经济制裁、旅行禁令以及其他行动措施，包括可能的逮捕和移交海牙国际刑事法院。

联合国是预防冲突的主要国际机制。联合国1992年的《和平纲领》做出了全面的努力，确认并支持有助于巩固和平，增进人民之间信任感和福祉的组织机构。这些工作包括解除以前交战各方的武装和恢复秩序，保管武器并可能对其进行销毁，遣返难民，为安保人员提供咨询和培训支助，监督选举，推进保护人权的努力，改革或加强政府机构，促进各种正式的和非正式的政治参与程序。

根据《联合国宪章》，安全理事会对维护国际和平与安全负有首要责任。它的15个成员国——其中5个是常任理事国，10个按照两年任期进行轮换——旨在确定是否存在对和平构成一种威胁，或确定是否存在国际侵略行为。安全理事会有权实施制裁或授权使用武力以恢复和平。安全理事会2001年8月第
66 1366号决议扩大了其授权范围，将保护责任纳入其中。决议授权它在一个国家内干预内部冲突和防止内部攻击或种族灭绝行为。实践中，由于任何一个常任理事国——中国、法国、俄罗斯、英国和美国——都可以否决任何一项决议，因此安理会一直无法达成一致在叙利亚或其他近期冲突中发挥积极的作用。即使达成一致时，也要取决于联合国成员国执行其决议而采取的行动，这严重限制了它实现已商定的有限行动的能力。

近几十年来，一些倡议试图通过限制与采矿和其他自然资源投资有关的资金流动来限制冲突的资金筹措。“采掘业透明度倡议”旨在确保企业全面披露石油、天然气和矿业公司向政府缴纳的税款和其他款项。这个倡议旨在加强问责制，降低资金被

转用于个人或政治利益，或用于购买武器和资助冲突的可能性。“金伯利进程”则是另一个例子，其目的是制止为军备提供资金的“冲突钻石”贸易。这一过程涉及一个全球鉴定制度，旨在追查未经加工的钻石的来源，并限制鉴定渠道以外的钻石贸易。另一项很有前途的倡议是2005年最初由英国和非洲委员会批准的《国际武器贸易条约》。尽管在国际机构（如八国集团）方面进展缓慢，并遭到古巴、委内瑞拉和埃及等国的反对，但该条约在2014年12月24日得以生效，而且目前已获得92个国家的批准。 67

第五章

发展援助的演变

国外援助是指主要为经济发展或福利救济而向发展中国家提供的任何形式的官方发展援助、优惠贷款或专项财政赠款。表4显示，战后时期的援助资金有所增加。多边援助是指由多个国家提供的援助，通常是通过世界银行或联合国等国际机构提供的援助。双边援助是指一个国家，比如英国、美国、法国或德国等国家，向另一个国家直接提供援助。在过去二三十年里，盖茨基金会、乐施会和喜剧救济基金会等非政府组织，已经成为越来越重要的援助捐赠者。新的特点是非国家行动者贡献的规模和范围，而不是他们最近才进入援助领域；洛克菲勒基金会成立于1913年，福特基金会成立于1936年，乐施会成立于1942年。

援助一词涵盖了各种各样的干预措施。援助可包括技术援助、基础设施项目、结构调整措施、政治目标、教育和福利计划、人道主义工作、救灾，甚至消除毒品生产的医疗援助或计划——美国在哥伦比亚执行的各种根除古柯植物的计划都被列为援
68 助，在阿富汗消灭鸦片罂粟种植的同等计划也被列为援助。

表4 年平均净援助资金(1960—2015)

以2015年美元定值为准(百万)	1960—1969	1970—1979	1980—1989	1990—1999	2000—2009	2010—2019
非洲	11 313	17 450	26 009	27 881	34 725	57 958
北美和中美洲	1 351	1 899	3 863	3 768	3 566	5 766
南美洲	3 482	2 468	2 312	2 892	3 303	4 361
中东	1 880	7 340	8 481	5 027	11 251	16 895
南亚和中亚	9 864	9 487	10 505	8 128	11 908	21 586
远东	6 391	6 910	6 500	8 419	7 391	6 666
欧洲	2 602	1 092	1 296	3 097	4 897	8 178
大洋洲	793	2 017	2 334	2 155	1 314	2 124
发展中国家	39 579	54 688	71 338	71 644	96 306	160 858

资料来源：作者基于经济合作与发展组织的数据进行的计算，网址：https://stats.oecd.org/qwids/（最近访问时间为2017年7月15日）。

人道主义工作和救灾工作的例子，包括各种粮食援助和疫苗接种计划。疫苗接种计划产生了巨大的影响，消灭了天花并消减了许多其他地方病就证明了这一点。

援助有时对发展做出重大贡献，但有时也破坏发展，冷战期间就造成了很大的伤害。当时，援助被用作政治和军事工具，以推进地缘政治目标，而不是实现发展目标。不足为奇的是，当援助给了那些不是用它来减贫而是其他目的的政府，或者给了腐败的政客，或者用于支援维护成本高昂而无任何效果的“白象”项目——这些项目通常与使用捐赠者的专家和相关出口业务联系在一起，那么这样的援助就是浪费，而且会适得其反。历史上有很多这样滥用职权的例子，其中包括超过100亿美元（65亿英镑）转移给蒙博托·塞塞·塞科，这位扎伊尔（今称刚果民主共和国）的前独裁者。然而，将过去的失败归咎于所有的援助是不恰当的，因为这些失败从来就不是大多数援助的特征，而且它们越来越成为一个大为改善的援助格局中的例外情况。

自冷战结束以来，援助的有效性得到了提高。非洲、拉丁美洲和亚洲的五十多个发展中国家已实现民主，大多数受援国的宏观经济管理已得到改善。受援国的透明度更高，审查力度也有所增强。捐赠者已变得更加协调一致。“千年发展目标”和捐赠者的协调一致（为援助）提供了共同的方向。经济合作与发展组织的发展援助委员会通过同行审查和集体审查，帮助制定了更加协调一致的方法，并减少职权滥用；而且不再把军事援助
70 作为发展援助，并减少了滥用出口信贷和其他限制性资金。在20世纪90年代以前，限制性援助很常见，其中包括要求援助必须被用于援助国或一些特定国家的付款，通常用于支付援助国

的机器、顾问及其他产品和服务。向发展中国家出口的公司也可以从出口信贷中受益，通过这种信贷，援助以贷款、保险和担保的形式提供优惠融资。

随着对发展的概念性理解的深入，捐赠者和受援者在确定什么有效、什么无效方面做得更好，比如通过引入随机试验等技术。发展中国家的专业知识也有所提高，随着资本市场的增长，以及中国和印度等新的双边捐赠者的崛起，受援国已经降低了对以前垄断援助的国际捐赠者和专家的依赖。由于这些相互关联的原因，现在援助的总体有效性比历史上任何时候都大，并在继续改善。

戴维·道勒等人的研究发现，1990年，政策最差的国家获得的人均官方发展援助比政策较好的国家要多（44美元对39美元）；到20世纪90年代后期，情况发生了逆转，即政策较好的国家获得的人均官方发展援助几乎是政策最差国家的两倍（28美元对16美元）。因此，总体官方发展援助的每美元减贫效果得到了迅速提高。

改变援助

国际援助是第二次世界大战后出现的一种现象，它起源于欧洲复兴计划或马歇尔计划，该计划为欧洲、亚洲部分地区以及英国、法国和其他国家的殖民地战后重建提供资金。早期的发展理论强调，贫穷国家的政府需要进行干预，以便在投资和工业 71
化中发挥决定性作用。如前所述，发展规划者主张对工业发展实施大推进，以帮助克服储蓄和投资市场的瓶颈，并提供至关重要的基础设施。现代化理论家认为，发展中国家只是缺乏推进经济起飞、进入自我持续增长所需的资金。

最初的援助侧重于支持前殖民地，或根据与冷战有关的政治或军事动机进行分配。但到了20世纪70年代，国际援助机构开始强调增长、收入分配，并越来越多地关注基本需求。自1990年以来，冷战的结束，通过更直接地针对减贫的努力，让援助的效果得到了提高。然而，最近的事态发展使这一点受到了质疑，因为美国和其他一些国家越来越多地恢复了援助的战略性分配。

2000年，“千年发展目标”首次为189个签署国确立了标志清晰且可加以衡量的共同目标。在随后举行的一系列会议上，捐赠者承诺联合起来支持各种国家发展计划。2005年《援助成效巴黎宣言》强调了受援国要承诺让援助资金项目成功实施（这后来被称为“所有权”）、捐赠者政策的一致性、关注结果和成果，以及捐赠者和受援国之间的相互责任。2008年《阿克拉行动议程》重申了加强国家所有权、建立有效伙伴关系及发展成果的重要性，随后在韩国釜山举行的2011年援助成效峰会也重申了这一点。2015年7月，在埃塞俄比亚首都亚的斯亚贝巴举行的联合国发展筹资会议回顾了以往会议取得的进展，并寻求解决“可持续发展目标”中提出的新出现的各种问题，包括应对
72 气候变化所需投资的融资问题。

目前，所有经合组织和非经合组织捐赠者的官方发展援助总额约为1 710亿美元（1 270亿英镑），自2000年商定“千年发展目标”以来按实值计算增加了115%。大多数援助流向中等收入国家和具有重要战略意义的国家，如哥伦比亚和埃及；最近，叙利亚、阿富汗和伊拉克接受了大量援助，这些援助不是基于这

些国家的贫困集中程度进行分配的，而是根据不稳定和冲突进行分配的。

官方发展援助占捐赠国国民总收入的比例，已从20世纪60年代的约0.47%，降至2016年的约0.32%。1970年10月，联合国通过一项决议，要求发达国家在1975年之前达到将国民收入的0.7%用于对外援助这一目标，只有瑞典和荷兰实现了。1970年，经济合作与发展组织，发展援助委员会成员国，也同意将其国民收入的0.7%用于发展。随后，包括在2005年八国集团格伦伊格尔斯首脑峰会和2005年联合国世界首脑峰会上，这一目标一再得到重申。最初的协议签订五十年后，除了瑞典之外，发展援助委员会其他28个成员国中只有4个国家在过去的四年里持续达到了这一目标，它们是丹麦、卢森堡、挪威和英国；英国是七国集团成员中唯一一个庄严宣告把这一承诺写入法律的国家（另外两个国家——荷兰和德国——分别在2015年和2016年实现了这一目标）。

援助的资金通常只占到发展中国家预算的一小部分（平均1%），但对于最贫困国家来说能够占到其预算的10%至20%。对特定国家在特定时间来说，这些资金在解决“自然灾害”或“物价崩溃”等方面带来的预算不足或预算冲击中能够发挥至关重要的作用。

良好的制度和健全的公共政策会提高援助的有效性，这不
足为奇。即使是精心设计的项目，也会因宏观经济不稳定或腐 73
败而受到破坏。地方机构缺乏权威，加上外国捐赠者的主导支配，可能导致政策或计划实施的失败。当地的所有权，以及国家和社区领导人对项目承担的义务，对于援助的有效性至关重要。

千年发展目标和可持续发展目标

“千年发展目标”是通过政策圈的高级别谈判应运而生的，借鉴了过去几十年达成的国际协议。联合国的“千年发展目标”超越了发展援助委员会的各种目标，表明在许多方面都向前迈进了一大步（见方框3）。在发展的历史上首次建立了全球伙伴关系，捐赠者和受援者的目标及工具实现了同步，并建立了一致的大目标、具体目标和指标。虽然围绕8个目标的选择以及21个具体目标和60个中间指标的定义和衡量存在很多争论，但建立一个共同的和透明的框架是一项重大成就。

方框3　千年发展目标

目标1：消除极端贫困和饥饿

目标2：普及初级教育

目标3：促进性别平等和女性赋权

目标4：降低儿童死亡率

目标5：改善产妇卫生健康

目标6：防治艾滋病、疟疾和其他疾病

目标7：确保环境可持续性

目标8：建立全球发展伙伴关系

资料来源：联合国“千年发展目标指标官方清单”（2008年1月15日生效），网址：http://mdgs.un.org/unsd/mdg/Host.aspx?Content=Indicators/OfficialList.htm（最近访问时间为2017年8月19日）。

十五年来，在实现“千年发展目标”方面的进展是不平衡的。将世界贫困人口减半的第一个目标已经实现，生活在极端贫困中的人数减少了10亿多（与1990年的基数相比），这在很大程度上要归功于中国的巨大进步，主要是依靠其自身的资源（见图12）。然而，对于大多数国家来说，第一个目标和“千年发展目标”其他许多方面都没有达成，而对于许多最贫穷的非洲国家来说，根本没有数据来评估其成就。

2015年9月，在纽约举行的有史以来最大规模的国家元首会议上，各方达成了一套新的“可持续发展目标”（参见方框4）。与“千年发展目标”一样，“可持续发展目标”反映了发展思想的演变状态。“千年发展目标”被广泛认为是由联合国和经合组织的外交官和技术官员策划的自上而下的行动，与之不同的是，联合国成立了一个“开放工作组”来制定新的目标。善于表达且有组织的利益相关方的范围和力量的不断增长，扩大了对发展议程的参与。越来越多的证据表明，发展面临的新挑战，尤其是气候变化和对生态系统的威胁带来的挑战，扩大了发展问题的范围。“可持续发展目标”有17个大目标和169个具体目标，涵盖了一系列广泛的可持续发展问题，包括消除贫困和饥饿、改善健康医疗和教育、提高城市的可持续性、应对气候变化，以及保护海洋和森林。通过2016年3月举行的联合国统计委员会第四十八届会议商定的“全球指标框架”，这些大目标和具体目标得到了进一步阐述。修订后的清单目前包括232项已达成协议的明确指标。

“可持续发展目标”超越了“千年发展目标”，把更广泛的问题和行动者纳入其中。这反映出人们越来越多地认识到，发展没有灵丹妙药；除了市场和国家之外，城市、新的捐赠者、企业和 75

方框4 可持续发展目标

目标1：消除每一个地方所有形式的贫困

目标2：消除饥饿，实现粮食安全并改善营养，促进可持续的农业发展

目标3：确保健康生活，促进各年龄段所有人的福祉

目标4：确保为所有人提供包容、优质教育，并促进终身学习

目标5：实现性别平等，并赋权所有妇女和女童

目标6：确保人人都能获得水和卫生设施

目标7：确保人人都能获得负担得起的、可靠的、可持续的现代能源

目标8：促进包容性和可持续的经济增长、就业，以及人人享有体面工作

目标9：建设有弹性的基础设施，促进可持续工业化，促进创新

目标10：减少国家内部和国家之间的不平等现象

目标11：让各种城市都变得包容、安全、有弹性和可持续性

目标12：确保可持续的消费和生产模式

目标13：采取紧急行动应对气候变化及其影响

目标14：保护并可持续地利用各大海、洋及海洋资源

目标15：可持续管理森林，防治荒漠化，阻止和扭转土地退化，阻止生物多样性丧失

目标16：促进各个社会实现公正、和平与包容

目标17：重振全球可持续发展伙伴关系

资料来源：联合国，“可持续发展目标”，网址：http://www.undp.org/content/undp/en/home/mdgoverview/post-2015-development-agenda.html（最近访问时间为2017年8月19日）。

自然系统的作用必须纳入发展议程。这种更加微妙的发展方法日益受到欢迎，但它也带来了许多新挑战，包括给有关发展如何发生、如何衡量的一种已过度延伸且有时过度复杂的理解，又增加了一种更大的管理、衡量和协调负担。

开发金融机构

开发金融机构在全球、区域和国家层面运作，为促进发展而提供资金、技术支持和其他服务。这些机构倾向于利用公共资金，即纳税人的钱。它们利用政府为其贷款提供担保的承诺，以低于资本市场所能提供的成本筹集更多资金。这样做的目的是将这种较低融资成本的好处传递给发展中国家。如果得到多个政府的支持，这些开发金融机构也被称为多边开发银行或国际金融机构。

国际复兴开发银行是在1945年布雷顿森林会议上成立的，目的是协助欧洲和日本在第二次世界大战遭到破坏后的重建工作。国际复兴开发银行利用189个成员国所缴的166亿美元资本，设立了6 590亿美元的贷款。国际复兴开发银行是世界银行集团的一部分，世界银行集团拥有超过6 450亿美元的资产，包括向最贫穷国家提供高度优惠贷款的国际开发机构、向投资者出售政治风险担保的多边投资担保机构，以及投资发展中国家私营部门的国际金融公司。国际金融公司是促进私人资本流入发展中国家的最大专业开发机构。自1956年成立以来，它已在100多个国家投资超过2 450亿美元。 77

开发金融机构受制于大股东的政治偏好，就世界银行而言，这些股东就是七国集团的大国。他们还受到学术和政策观念的影响。20世纪90年代，政策发生了变化，在诺贝尔奖得主罗纳德·科斯、道格拉斯·诺斯和约瑟夫·斯蒂格利茨的领导下，出现了一批强调制度重要性的新学术著作；而且在1997年，斯蒂格利茨被任命为世界银行首席经济学家，在詹姆斯·沃尔芬森的手下工作。1999年，世界银行采用了一种比以往更异于传统的发展方法——“全面发展框架”，该框架寻求推进一种整体发展方法，在宏观经济与结构、人力和物质发展需求之间取得平衡。“全面发展框架”是通过“减贫战略文件”开展业务的，该文件侧重于在个别受援国进行改革和投资的优先事项，而这些国家的所有权至关重要。但是，“全面发展框架”和“减贫战略文件”之间的联系是不均衡的，由于世界银行认为有必要下放权力，以使各项活动更能响应国家的需要，因此在实施方面的不均衡现象变得更加明显，“全面发展框架”不同方面的权重会根据权力下放的银行领导人和他们相应的国家同行之间的相互作用而有所不同。

与此同时，在联合国开发计划署，《人类发展和能力办法》超越了经济指标，而把更广泛的衡量人民福祉的措施放在发展问题的中心位置。由于联合国开发计划署的资源和能力远小于世
78 界银行和其他多边银行，它的影响力主要体现在理念范畴。

继世界银行成立之后，国际社会又成立了美洲开发银行（1959）、非洲开发银行（1963）、亚洲开发银行（1966），苏联解体后，又成立了欧洲复兴开发银行（1991）。

次区域一级也设立了国有的开发银行。其中最大的一家是欧洲投资银行，由欧盟成员国所有。欧洲投资银行支持欧洲国家，以及与欧盟有关系且资产超过5 700亿欧元的发展中国

家发展基础设施和其他资产。其他次区域也建立了类似的开发银行，其中包括我曾担任首席执行官的南部非洲开发银行。种族隔离制度结束后，南部非洲开发银行成为南部非洲地区14个国家基础设施最大的资助者。类似的机构包括安第斯开发公司（覆盖安第斯山脉诸国）和加勒比开发银行，以及2015年增加的两大新倡议：由巴西、俄罗斯、印度、中国和南非（金砖国家）建立的新开发银行，以及中国发起的亚洲基础设施投资银行。

国家开发银行的历史比多边机构要长久。重建信贷银行（名字最初来自德语，即“重建信用协会”）成立于1948年，在协助德国，以及20世纪90年代东德和西德统一时发挥了重大作用，它也是一个负责德国海外开发投资的机构。随后，许多发达国家和发展中国家都建立了开发银行。它们继续发挥积极作用的程度，取决于它们根据不断变化的情况进行改革的能力。 79

积极的私营部门资本市场的发展，以及进口替代保护主义理念——保护特定工业和公司不受进口和国内竞争的影响——的衰微，使得许多产业发展银行的主要目的不复存在。这些国有银行通常以补贴利率方式为受保护企业提供资金。但是，如果国家开发银行已经进行了必要的改革，它们可以在市场失灵地区促进基础设施和小企业发展方面发挥关键作用。2012年，英国保守党政府成立了绿色投资银行，利用公共资金补充支持私营部门对可再生技术的投资，这是对开发银行业务的现代化适应。最大的几个国家开发银行在中国。中国国家开发银行的资产有12.6万亿人民币（2万亿美元），约为世界银行集团的三倍左右。虽然它投放的大部分贷款都在中国境内，但它每年向发展中国家提供的贷款现在已经超过了世界银行。

除了提供发展援助外，许多国家还拥有各种国家开发金融机构，通过赠款、贷款和私募股权投资等方式对发展中国家进行投资。最大的双边捐赠者是美国，其核心预算约110亿美元，以及英国的国际发展部，其年度预算为100亿英镑（130亿美元），几乎可以肯定这会在未来几年内上升，达到国内生产总值0.7%的开支需求。国际发展部是英联邦发展公司集团（前身为英联邦发展公司）的唯一股东，该集团致力于支持私营部门对贫穷的发展中国家进行投资。（自1996年以来，我一直担任其联邦发展公司董事会的高级独立非执行董事。）同样，法国开发署及其私营部门代理机构法国经合投资公司、德国复兴信贷银行的开发机构及其私营部门附属机构德国投资与开发公司、荷兰开发银
80 行发展金融公司，以及日本国际协力事业团等，都是强调公共和私营部门发展的国家开发机构的典型。

开发金融机构为发展做出了重大贡献。在遵循最佳实践的情况下，它们增强了受援国政府建设基础设施、教育、医疗卫生和其他发展基础的能力，并促进私营部门的发展。

有效的发展支持需要吸取过去许多失败的教训，需要各机构协调并统一其政策，以确保它们不会增加行政负担和破坏国家决策。随着经济的增长、政府征税能力和投资的增加，以及个人储蓄和资本市场的发展，开发金融机构的作用也需要改变。随着政府预算能力和资本市场的发展，各种开发机构的相对优势越来越多地体现在公共品领域，而市场无法提供这个领域所急需的投资。对于贫穷国家来说，这包括公共基础设施、医疗卫生、教育以及政府无法充分投资的其他系统。

除了补充国家政府为发展“硬件”而获取资金的能力之

外，国际机构在贫穷和中等收入国家中还可以发挥一种重要作用，即分享理念以及从经验比较中吸取的教训，帮助建设发展“软件”。这包括培塑开放和透明社会的法律与监管体系，这样的社会可以提高公民的发言权，减少经济学家所说的“寻租行为”——寻租行为会导致发展被少数受益群体所扭曲，它们通过保护主义、垄断行为或腐败获益。 81

开发金融机构还可以发挥催化作用，动员国内和国外储蓄支持私营部门发展，与国际金融公司、英联邦发展公司、法国经合投资公司以及其他这样的机构一道投资私营部门，以降低风险，并提供欧洲复兴开发银行所谓的“额外性”，以鼓励那些可能夭折的私人投资。与商业银行和私募股权集团筹集的资金相比，开发金融机构提供的资金支持规模较小。然而，“前沿”市场中特别艰苦的工作环境和小规模的运营，通常会导致私营部门不愿为发电和其他基础设施提供所需的长期融资。由于规模较大的商业银行之一就拥有2万亿美元的个体资产，它调动资金的潜在能力远远超过了国际开发金融机构，因此，开发金融机构的开发融资重点以及它们所带来的独特知识和各种关系是它们的区别所在。如果开发金融机构提供的资金和技能是对官方资金流的补充，即为那些私营部门不会提供资金的项目提供融资，并支持和鼓励私人融资，而不是与私人来源的融资竞争，那么它们在未来将继续发挥重要作用。

债务危机与应对

如前所述，在20世纪70年代，许多非洲、拉丁美洲和南亚国家大量举债，为工业化的大推进提供资金（见图6）。许多发展中国家的经常账户（贸易和其他出口与进口的差额）和资本账户（资金流入与资本流出的差额）出现了赤字。越来越多的发展中国家开始依赖大量的援助资金来为其外部进口和债务利息
82 支付融资。随之而来的债务危机，是资金流出（或欠款）与资金流入之间日益失衡的结果。1985年到1994年间，发展中国家每年偿还的债务平均为1 330亿美元。到世纪之交，债务危机已经恶化，从2000年至2009年间，每天偿还的债务超过10亿美元。到2014年，发展中国家平均每天偿还的债务超过20亿美元，到2016年，这一数字上升到每天偿还债务超过25亿美元。

为偿还债务造成的资金外流，使许多国家无法在国内动员足够的储蓄来满足其投资需要。由于很多个人和公司将他们的个人资金（以及他们通过腐败行为从国家和其他人那里挪用的资金）转移到其他地方，通常是隐秘转移到避税国，使得国家利用国内资源为发展提供资金的能力遭到了进一步削弱。这种资本外逃在拉丁美洲和非洲非常严重，自1970年以来，仅非洲就有估计超过1万亿美元的外逃资本。资本外逃与非法或不正当地向国外转移资金有关，这意味着它不会出现在有记录的国家统计数据中，因此只能进行估计。资本外逃的一个主要来源是出口发票少开和进口发票多开，贸易伙伴将差额存入外国账户。相对于经济规模而言，那些资源丰富但治理不善的国家，资本外逃的程度最高，但精英的人数和经济体规模也很重要，这就是为什么巴西和南非，以及最近的中国和印度，被认为是资本外逃的最大来源地。

债务危机之后，私人资金来源枯竭，捐赠国授权国际货币基金组织和世界银行——由于股权安排，它们在这两个机构中发

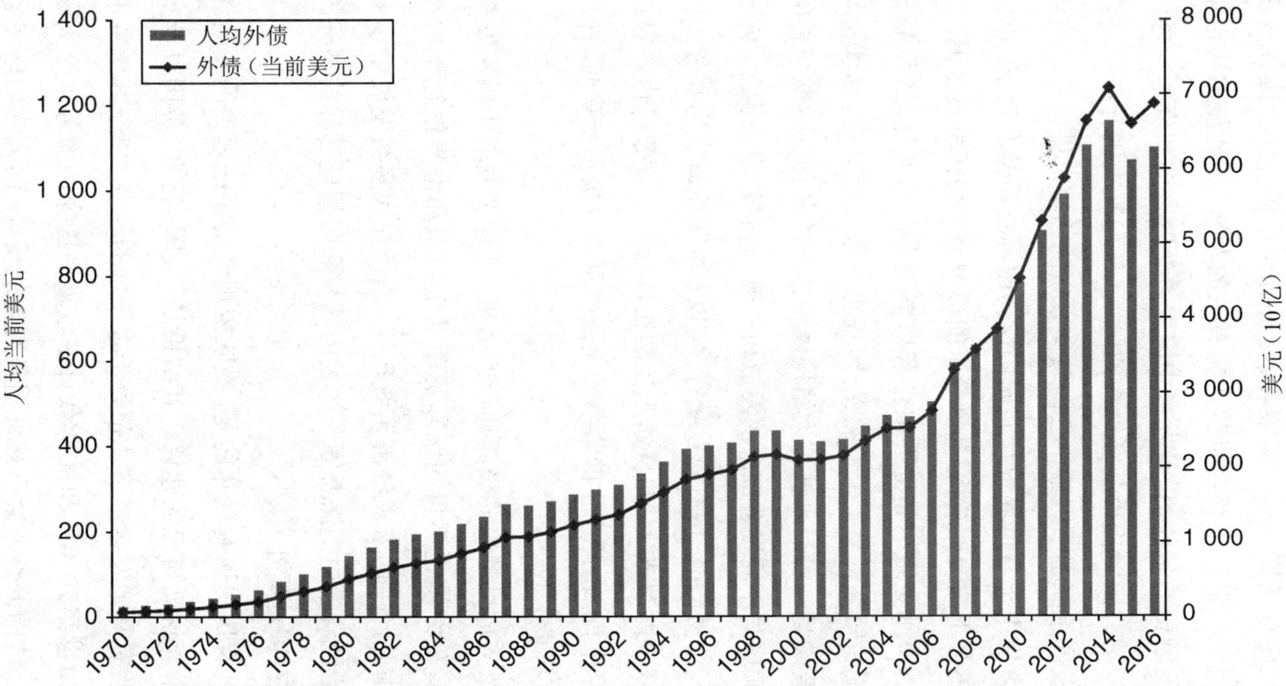

图6　发展中国家的外债情况（1970—2016）

挥了决定性的影响——恢复稳定，并确保偿还外债。国际货币基金组织和世界银行对贷款实施有效的垄断，因此能够决定紧急纾困融资的条件，以及发展中国家重新融入全球资本市场的
84 条件。没有国际货币基金组织的同意，任何私人银行或经济合作与发展组织捐赠国都不会向负债累累的国家提供援助。将绝对权力集中于与世界银行共同协作的国际货币基金组织，以及它们不公平的治理结构，其所带来的影响至今仍在引发怨恨。

货币基金组织和世界银行密切协调它们的项目，货币基金组织提供短期贸易支付差额支持，而世界银行提供长期贷款，前提是要满足一组后来被称为结构调整方案的条件。这些条件的先后顺序与不同资金部分的发放相一致，包括汇率自由化、恢复财政和贸易平衡、国有企业私有化，以及大幅削减支出和货币供应以减少财政赤字，并将通胀控制在较低的个位数以内。对许多国家来说，由此产生的紧缩影响是严重的且极不受欢迎，许多政府（因此）下台。

债务危机带来的极其痛苦的后果，使许多发展中国家发誓即使身处绝境也不再向国际货币基金组织和世界银行卑躬屈膝。由此产生的宏观经济正统理论，已经在大多数发展中国家的政治经济学中根深蒂固。像委内瑞拉和阿根廷这样的例外国家，现在都是局外人。

具有历史讽刺意味的是，鼓吹宏观经济正统理论的发达经济体未能遵循自己的建议。其结果是，美国、日本、英国以及实际上所有其他发达经济体都处于很糟糕的经济状态，其债务水平与20世纪70年代和80年代许多发展中国家的债务水平大致相当。结构调整方案已被证明是有害的设计，因为它们破坏了

发展的关键基础，削弱了摆脱债务危机周期的潜能。 85

过度削减医疗卫生、教育、研究和基础设施系统的经费破坏了增长潜力。存在的危险是，人们没有吸取上一时期债务危机的可怕教训，而且希腊、意大利和葡萄牙等国在寻求摆脱债务螺旋上升的过程中，注定会重蹈许多发展中国家的覆辙。

自20世纪90年代末以来，大多数发展中国家已经恢复了国家财政的健康状态，目前的债务远低于发达经济体。国际援助大大促进了这种改善。1996年设立的“重债穷国倡议”为39个债务难以为继的国家提供了救济。2005年，“让贫困成为历史”运动和苏格兰格伦伊格尔斯的八国峰会，又拨出400亿美元用于债务减免。2006年，“多边债务减免倡议”对“重债穷国倡议”方案进行了补充，使符合条件的低收入国家能够全面减免债务，从而腾出资源用于减贫。“多边债务减免倡议”计划提供34亿美元的债务免除，用于免除2015年2月前符合免除条件的债务。

国际公共品

双边或多边援助者的定向援助，可在协助个别国家实现其发展抱负方面发挥非常重要的作用。国际社会在创造有利于发展的条件和支持创建国际公共品方面的作用更为重要。

全球公共品是指那些对不止一个国家产生影响的产品。由于这些产品的非排他性和非竞争性，因而一般无法由市场提供。也就是说，不能排除某个人消费这些产品，而且一个人享受这些产品时并不会损害其他人消费。此外，全球公共品不能为了任 86
何一个国家的利益而进行垄断。比较突出的公共品包括金融稳定、全球人类安全（和平）、全球共有之物（清洁空气、雨水、森林、海洋），以及公共医疗卫生（包括应对天花、疟疾或河盲症等传染病）。除此之外，公平的全球贸易制度、防止气候变化以及创造新的疫苗或水稻品种，也可能会被增列到全球公共品清单之中。

这些产品的共同特点是，它们带来的各种好处会溢出国界，而且无法仅靠私营部门创建。全球公共品日益成为发展议程的一个重要组成部分。即使消除了贫困，而且今后不再有个别国家需要发展援助，国际社会在资助和支持跨国界公共品的提供方面也可能会发挥越来越大的作用。

过去有很多创新性全球计划，强调了直接用于多国或全球计划的经济援助的好处，包括为解决西非河盲症而于1974年建立的“盘尾丝虫病控制计划”。这种疾病导致患者失明、毁损容颜和难以忍受的瘙痒，并使大片农田无法居住。根除计划遏止了盘尾丝虫病的传播，并在11个国家次区域几乎根除了盘尾丝虫病的流行，保护了4 000万人免受感染。这一成就带来的广泛好处包括60万例盲症的预防，使1 800万儿童免受河盲症的感染，并建立了2 500万公顷可安全耕种和重新定居的土地。随后的盘尾丝虫病防治计划扩展到非洲和拉丁美洲其他地区。2015年，在非洲超过1.15亿人次感染得到治疗；自2006年在拉丁美
87 洲成功部署大规模治疗力量以来，哥伦比亚、墨西哥、厄瓜多尔和危地马拉最近成为世界上第一批被世界卫生组织宣布为没有盘尾丝虫病的国家。

最近，因疟疾造成的死亡率在2000年到2015年间大幅下降了60%；而且寄生虫通过蚊子传播疾病的新发病例在这十五年里下降了37%，这是全球“遏制疟疾倡议”成功实施的结果。

该行动强调提供经杀虫剂处理的蚊帐、诊断性检测、以青蒿素为基础的治疗，以及喷药消杀和其他相关活动。这种下降与23个国家即将根除这种疾病有关。尽管取得了这一进展，疟疾仍然对发展构成一种破坏性威胁，每年估计有2.14亿人感染疟疾，其中每年仍有超过43万人死亡，这突出表明需要采取进一步行动。

全球援助计划影响力的另一个例子是国际农业研究磋商组织联盟，该联盟与20世纪70年代的“绿色革命”有关。高产量作物的发展使粮食产量大幅增加，于是降低了穷人的粮食价格。由于国际社会的投资，再加上对许多国家进行的能力建设，亚洲和拉丁美洲的谷物和粗粮产量增加了一倍以上。当前一个重大的发展挑战是在非洲扩大“绿色革命”的范围（那里的作物产量已经开始上升），并确保全球生产率能够在气候变化和其他可持续问题的重大挑战面前继续保持增长势头。

发展援助支持的公共品，也可能涵盖推进技能和理念进步的领域。这方面的一个例子是非洲经济研究联盟（缩写为AERC），该联盟成立于1988年，目的是加强非洲当地的能力，以 88
便对那些与撒哈拉以南非洲地区经济管理有关的问题进行独立和严格的调查。非洲经济研究联盟对研究人员和学术机构，以及各种经济学硕士课程提供支持。它通过增强当地政策分析和制定能力，为许多非洲经济体提供了一种公共品。

增强应变能力

阻止全球灾难，需要对全球公共品进行更高层次的投资。很容易证明，任何一个国家的风险都可能溢出国界，并在其他地方造成巨大影响。一场发端于穷国的大流行病，或者一场宗教极端主义运动在一个失败国家得以立足，对那些即使最富裕和最发达的国家也会构成一种潜在威胁。因此，对国际医疗卫生、和平与发展进行投资，符合我们所有人的利益。

风险并不只出现在贫穷国家，但穷人和贫穷国家最容易受到风险的影响。这既是因为他们没有储蓄、保险和其他手段来保护自己免受风险影响（例如投资防洪措施、灌溉系统或坚固的基础设施），也是因为最贫穷的人往往聚集在风险最高的地方，如没有卫生设施的贫民窟，易受洪水影响的脆弱农田，以及易受洪水影响的谷底和洪泛区。

气候变化对所有国家都构成了一个重大挑战。它加剧了贫困，并可能对易受海平面上升或农业系统易遭到气候冲击影响的社区产生破坏性后果。科学家们毫不怀疑地认为，这个问题的出现是由于温室气体的连续累积排放，特别是大气层吸收了二氧化碳——这是自工业化开始以来的二百多年里化石燃料燃
89 烧不断增加所致。

虽然目前富裕国家的进步与它们使用化石燃料密不可分，但减缓气候变化要求未来的排放量必须大幅减少。由于发展中国家目前占全球碳排放的近三分之二，它们如何在不加重气候变化影响的情况下攀登能源阶梯，提供急需的能源以满足其电力、交通和其他能源需求，这个问题是一个极其困难的发展挑战。解决这一挑战的责任不能只由发展中国家来承担，而且由于经济、政治和道德方面的原因，富裕国家应该承担很大一部分责任。由于减缓气候变化成为一项重要的国际公共品，因此要求颠覆性的资金流的快速转移，目前估计每年需要700亿到

1 000亿美元之间，到2050年将上升到2 800亿到5 000亿美元之间。与此相伴的是，需要促进技术转让和提供专门知识，以帮助发展中国家增加能源消耗的同时，减缓且在不远的将来终止它们的碳排放以及其他温室气体排放。

这些所需转移的（资金）规模表明援助的性质、目的和去向发生了转变，而不是援助的减少。

援助的未来

各种援助在鼓励发展和减少贫困方面从来没有像现在这样有效过。原因很简单。第一，发展中国家的平均治理水平从未有这么好，它们的经济管理也从未这么有效率。第二，尽管这种情况确实存在逆转的危险，但援助越来越多地流向那些能够有效利用援助的国家，而不是受冷战、军事或其他地缘战略目标的控制。第三，援助界和学术界在过去七十年中不断发展。对于什么有效，什么无效，以及援助与宏观经济、贸 90
易和其他政策之间所需要的一致性，都有了更好的认识。重要的是，已经确立了共同的进程和目标。“千年发展目标”最有力地阐述了这些目标，“可持续发展目标”也重申了这些目标，它们极大地提高了援助的有效性，减少了限制性援助、面子工程和腐败。

第二次世界大战以来的发展援助实践，提供了许多可供吸取教训的经验。援助仍用于军事和战略目的，例如，为国际安全目的向阿富汗、叙利亚和埃及提供援助，并为哥伦比亚根除毒品的项目定向提供援助。但是，随着需要援助的国家数量的减少，以及政府和非政府捐赠者数量的增加，在重要之处真正发挥作用的潜力比以往任何时候都更大。在国家层面和支持国际公共品方面都是如此。

目前，世界上超过一半的贫困人口生活在世界银行所定义的中等收入国家——包括中国和巴西，对国际社会来说就存在这么一个重要问题：这些国家在多大程度上需要外部资金或技术援助来实现其发展目标。中国拥有3万亿美元的外汇储备，而对于巴西这样的国家来说，援助只占其很小的一部分——远远低于预算支出的1%。

然而，国际社会仍然可以继续以各种各样的方式在中等收入国家和贫穷国家发挥重大作用。还需要采取行动，通过支持国际公共品惠及所有国家，包括通过多哈发展回合贸易谈判达
91 成一项决议，坚持有效的气候变化承诺，以及支持国际农业研究磋商组织、公共卫生和其他公共品。即使在中等收入国家，国际社会也可以通过对潜在示范效应很大的项目和计划进行投资而发挥一种重大作用。由于与融资需求相比，援助通常规模较小，因此按比例增加援助项目，并从援助融资项目中吸取教训的能力，是发展干预措施成功的一个重要标准。应从发展的经验教训和资金方面寻求杠杆作用，因为项目的成功将带来官方和私人资金的进一步投资。开发金融机构在促进最佳实践，以及将其项目示范效果最大化方面发挥着一种特殊的作用。

世界银行由于具有广泛而深入的经验、业务规模和内部能力，因此其潜能最大。然而，它未能从七十五年的发展历史和全球视角中充分吸取教训，从而分享其观点——什么有效、什么无效。世界银行有潜力做出更大贡献，成为一个有效的全球发展知识库和全球公共品的资助者。这种经验教训的分享在解决看

似最严峻的发展挑战方面特别有价值，例如许多特定国家和地区面临着棘手的贫困和治理能力薄弱问题。

随着越来越多的国家摆脱贫困，可以预见的是，国际发展援助的需求将迅速减少，因而国际发展援助将集中于最贫穷和最脆弱的国家、冲突后和人道主义援助及灾后恢复。国际公共品也会发挥着越来越大的作用。

中等收入国家从私人资金流中大大受益，外国直接投资、私募股权、债务和汇款远远超过了对这些国家的援助（见图7）。
然而，私人资金流并未惠及大多数最不发达的国家；由于这些资 92
金主要流向少数最贫穷国家的采掘业，使它们高度依赖援助，并日益依赖汇款。

自20世纪90年代以来，私营部门投资（包括外国投资）已成为中等收入发展中国家发展资金的主要来源。就发展中国家整体而言，近年来外国直接投资量几乎超过全球官方发展援助量的5倍（见图8）。私募股权资金，即外国人投资于直接购买发展中国家企业股份的基金增长迅速。仅2016年一年，就有近40亿美元的私募股权投资进入许多非洲国家（参见第七章）。鼓励负责任的私人投资，尤其是在资金缺乏的国家进行投资，需要建立国家和国际层面的规则、法规和规范。国际金融公司和英联邦发展公司等机构致力于发展，能够调动长期资本，即便在最艰难的环境中也能发现私人投资机会，因此可以在这方面发挥重要作用。

建立各种“发展资金”池，可用于支持对发展中国家的开拓性投资，这是发展机构工具包中的又一件工具。利用公共资金来撬动私营部门投资可以采取多种形式，包括共同融资、担保、后偿贷款（在违约情况下私人投资者将首先得到偿还）和共同投资，在这种情况下，公共部门投资者可能要接受其所获得的回报会低于私人投资者预期的较高利润。

创新性融资机制包括许多范围不断扩展的金融工具，而
93 且往往涉及公共和私营部门之间的一种伙伴关系。据估计，自2001年以来，创新金融伙伴关系每年增长11%，调动了1 000多亿美元。这种增长在很大程度上是由于出现了新的融资工具。这些金融产品包括绿色和其他主题债券、各种担保、基于业绩的合同、影响力投资基金、高级市场承诺、债务互换和发展影响力债券。

据估计，“可持续发展目标”每年需要大约2.5万亿美元，这是当前相关国家的公共和私人投资的两倍多。除此之外，还必须增加减少碳排放所需的紧急投资，并且允许发展中国家解决其常常造成严重后果的能源赤字。这意味着需要各种更高级别的援助（特别是对最不发达国家）和（对所有发展中国家）私人融资。

图9和图10表明，近年来国际援助的来源、组成和数量已发生了演变。发展中国家之间的援助正变得越来越重要。近年来，发展中国家之间的援助几乎与非政府组织的援助一样多，远超过多边金融机构提供援助的一半。据经济合作与发展组织估计，2014年仅中国一国就提供了超过34亿美元的援助；而一些独立研究的估计表明，中国的援助高达54亿美元。2015年，沙特阿拉伯捐款超过64亿美元，印度和俄罗斯各自的捐款都超过10亿美元。中国与非洲的关系已受到广泛关注。这种关系有着
96 悠久的历史。20世纪70年代，在中国的资助和支援下，在坦桑

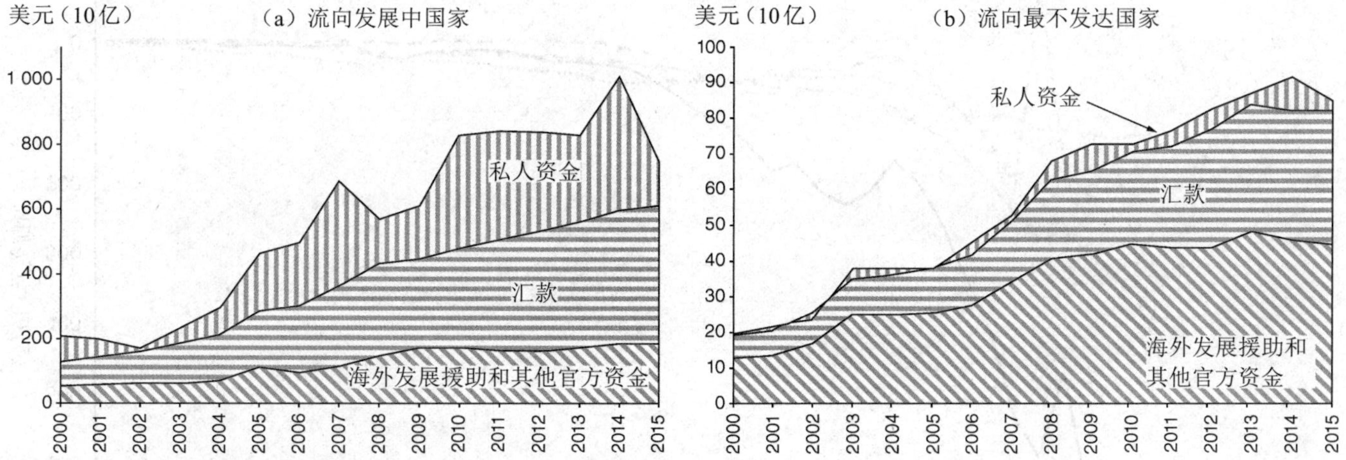

图7　流向发展中国家和最不发达国家的资金（2000—2015）

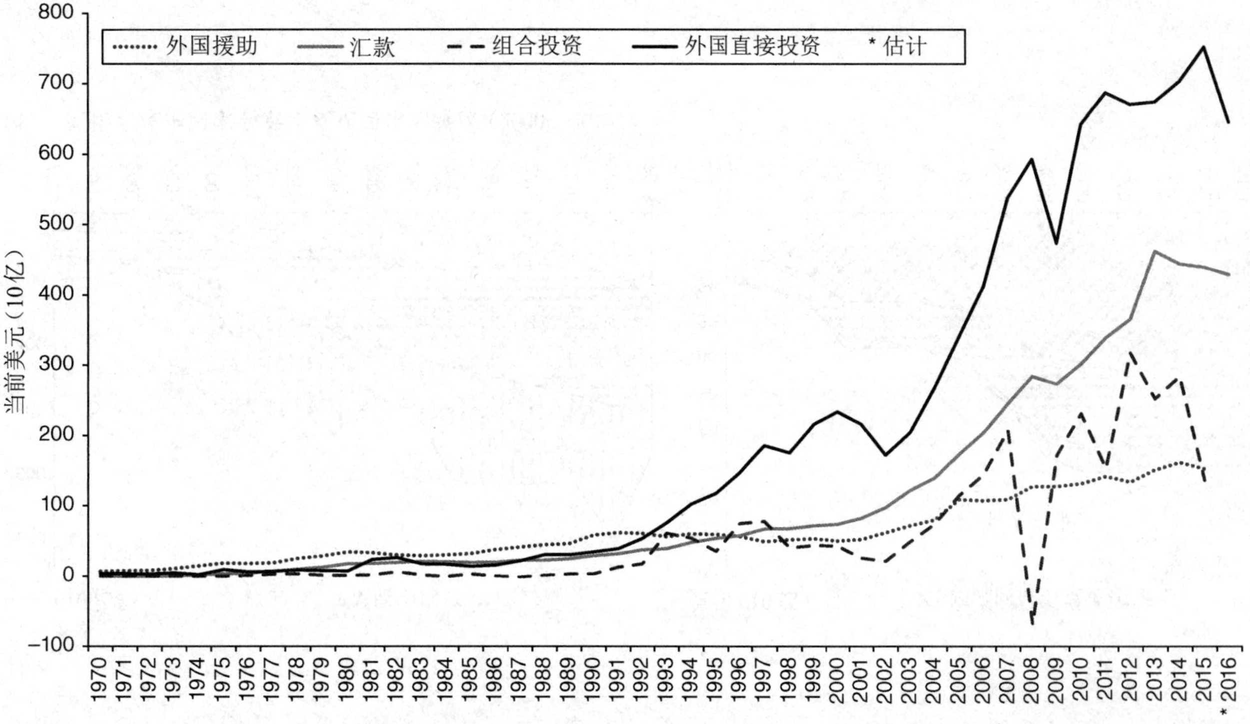

图 8　流向发展中国家的资金——外国援助、汇款、组合投资和外国直接投资（1970—2016）

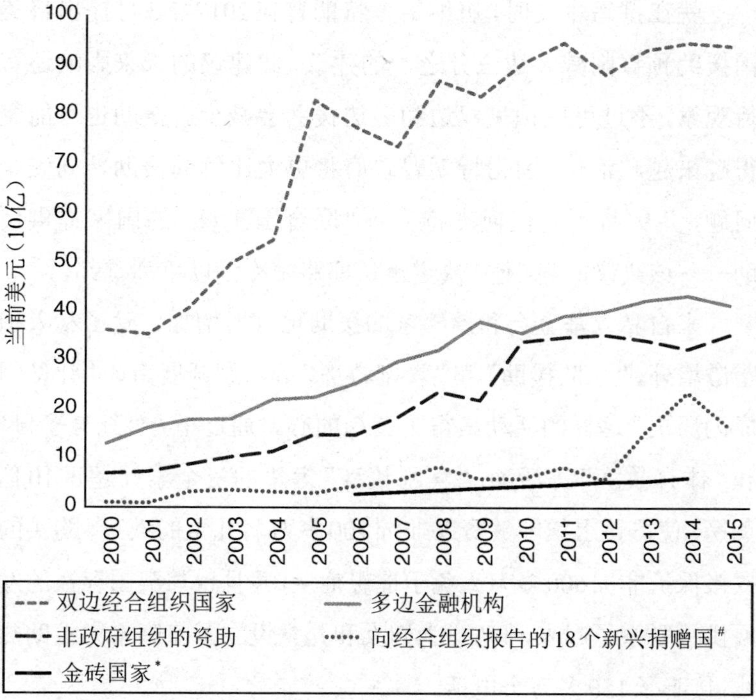

图9　传统和非传统援助的捐赠者（2000—2015）

注：*巴西、俄罗斯、印度、中国和南非

#不包括金砖国家以及其他不向经合组织报告的国家

尼亚和赞比亚之间修建了约1 860公里（约1 160英里）长的坦赞铁路。近年来，大量的中国投资与中国重新融入世界经济联系在一起，包括购买那些总部位于发展中国家的公司的大量股权。

从发展的角度来看，资金和理念来源的多样化深受欢迎，尽管参与的条件及其与经合组织富国集团的发展援助委员会已确定的条件相协调的程度仍有待解决。经合组织的捐赠国近年来已承诺减少对独裁者的支持并限制腐败，而且重要的是，新的捐赠国不能为腐败和独裁政权提供融资的后门。

就在撰写本文时，唐纳德·特朗普在2017年3月提出将美国援助预算削减多达三分之一的建议，此建议的未来影响还有
97 待观察，不过可以预见双边和多边援助会减少。援助也可能变得越来越政治化，因为特朗普政府将更大比例的援助转向安全问题，并威胁不向任何支持一项“联合国决议”的国家提供援助——该决议批判（他）决定承认耶路撒冷为以色列首都。

来自私人基金会和慈善家的援助也有所增加。除了私人捐赠激增外，“乐队援助”和“喜剧救济”等组织开展诸如“让贫困成为历史”这样的活动赢得了公众的心。通过举办“红鼻子日”和“体育救济”等活动，“喜剧救济”筹集的资金累计超过10亿英镑，使得该组织能够资助非洲100多万名儿童的教育，购买的蚊帐保护非洲600多万人免于罹患疟疾，并且也与英国存在的发展挑战联系了起来，例如，为妇女和儿童设立了家庭暴力求助热线，接听了150多万个电话。

根据最新的估计，每年总额大约640亿美元的私人捐赠，约占官方援助总额（每年约1 370亿美元）的一半。最大的单个私人捐赠者是盖茨基金会——2016年，该基金会从其约403亿美元的基金中捐赠了43亿美元。

就像所有融资以及其他资金一样，对于各种慈善捐款而言，关键问题是它们在多大程度上起到了促进发展的作用。几乎所有国家的国内储蓄和投资，加上政府财政，都会使得官方和私人的国际援助资金相形见绌。国际援助资金的影响力取决于它们在多大程度上提供了一个最佳做法实践，显示了对这些国家的信心，并处理了那些当地提供者可能忽视或处理不到位的最困
99 难的问题。

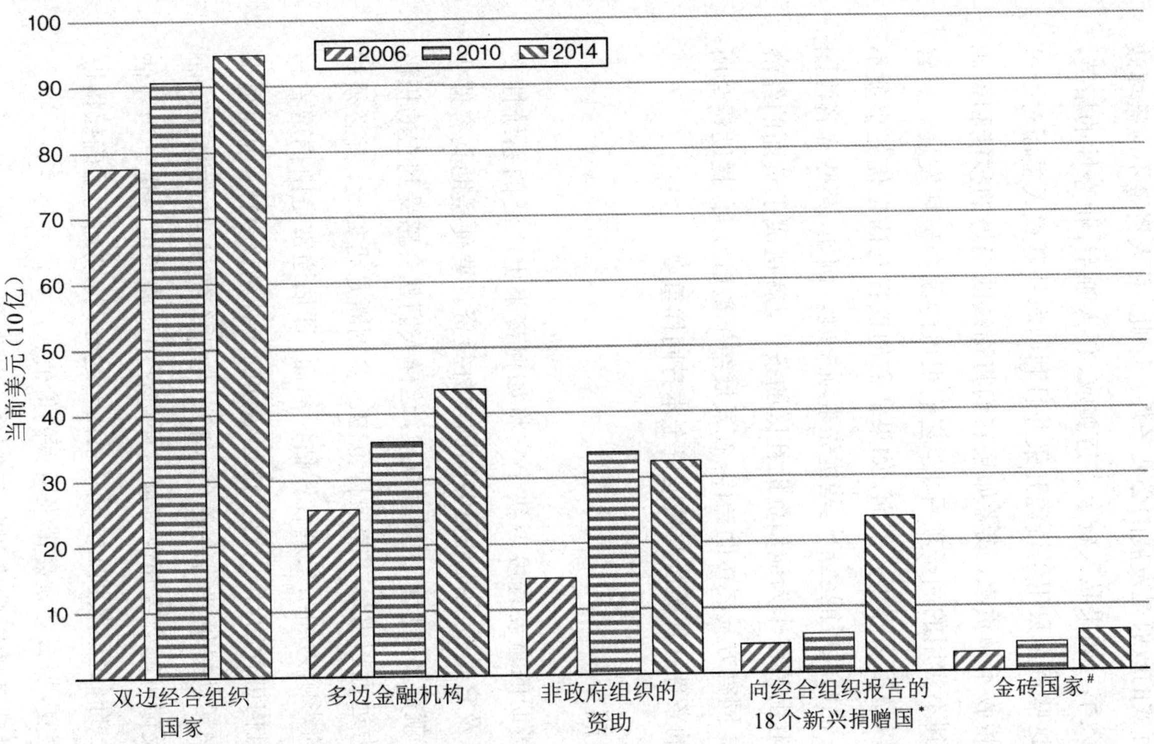

图10　非传统援助捐赠者的崛起

注：*不包括金砖国家以及其他不向经合组织报告的国家

#巴西、俄罗斯、印度、中国和南非

私人融资至关重要。创造就业和增长的是私营部门。不过，有效的政府是发展的必要条件。因此，私人资金不应破坏政府的效率。如果私人资金支持腐败、任人唯亲、掠夺性的精英，或者这些资金只用于资源开采并且利用海外避税天堂而对国家财政税收不做贡献，或者如果它们将稀缺的当地的技能和资源转移到不实用的面子项目上，它们很可能就会破坏发展。慈善家可以做很多好事。然而，如果他们的议程与国家优先事项不一致，他们就可能会把这些优先事项搞砸。例如，某些福音派团体把阻止节育作为他们资助社区的条件，就造成了负面的经济后果。同官方发展援助一样，在发展结果塑造方面，援助资金所附带的条件往往至少与援助资金本身同样重要。

评　估

援助的重要程度取决于它将如何带来更广泛的系统性变化，以及它是否能撬动更多的国内外投资。要使援助具有催化作用，就需要逐步扩大援助规模，这样人们就会感受到它的积极影响力远远超出最初的项目范围。要判断是否如此，就必须对发展的影响力和结果进行评估。然而，评估通常是由捐赠者和国际机构进行的，作为对其过去活动的一种稽核审计；因而很难为未来活动提供评估佐证（资料）。它没有提供及时的反馈，而这些反馈可能会告知现有项目要进行中途修正或改进。当评估与真正的（经验教训）学习联系在一起时，特别是为了确保错误不再重复，那么它就会带来巨大的价值。

对改革的影响力进行仔细负责的衡量——无论这些改革是由援助资助还是国内提供资金——一直都是影响力评价的核

心，评价的目的是为更有效地使用干预措施提供衡量标准。影响评估旨在对发生的情况与没有进行干预的情况进行比较，将变化归因于特定干预措施。它越来越受欢迎，也反映出捐赠者，100 尤其是那些具有商业背景新加入的私人慈善家，渴望对援助成果加以衡量。

引入随机对照试验，为发展研究专家所用的工具箱增添了一种有效的新方法。这些试验的支持者旨在进行被认为是现场试验的实验——尽可能地复制最初在医学临床上用于评估新药药效的研究方法。随机对照试验的支持者认为，专注于实用的项目可以提供经过测试的解决方案，并能够消除与大型复杂项目相关的各种不确定性。这些工具的首批应用，包括设计用于改善教育和医疗卫生成果的有条件现金转移方案。巴西的"家庭补助"计划和墨西哥的普洛斯佩拉计划都展示了随机试验的潜力，这些方法随后在许多国家得到使用。阿比吉特·班纳吉和埃斯特·迪弗洛在他们的《贫穷经济学》一书中提出，通过向穷人和决策者提供有效、有根据的信息，有可能打破持续贫困的循环，建立新的发展道路。

随机对照试验可以提供很多东西。然而，正如马丁·拉瓦雷和其他人所论证的那样，发展的复杂性意味着并不是所有东西都适合进行随机实验。依赖这些工具可以使发展政策转向那些可以衡量的干预措施。这可能导致在那些有时间序列和比较数据且治理相对稳定的国家或项目中过度注重短期干预。这种依赖不适合治理薄弱、数据差或不存在数据的地区或地方。由于各种数据不足，最贫穷的国家和地区可能会在不经意间被落下了。也不可能对国家改革努力进行随机试验，比如司法或宏

101 观经济改革，这些改革不能只在某些特定的地方进行，而且很少出现与事实相反的情况。在诸如分发预防疟疾蚊帐、接种疫苗或艾滋病抗逆转录病毒药物等改善生活的干预措施中，为了进行随机试验而故意不向所有潜在接受者分发救命药物或给予治疗的决定，就会给决策者带来一个深刻的道德伦理问题。没有任何工具能够满足所有需求，因此认识随机试验的局限性至关
102 重要，以便理解它们对发展所做的有效的潜在贡献。

第六章

可持续发展

环境与发展密切相关，但这种关系只是最近才成为发展关注的中心。1972年，联合国人类环境会议标志着人们对环境重要性的早期认识。1987年，世界环境与发展委员会在《我们共同的未来》中发表了其调查结果，该报告被称作《布伦特兰报告》，根据该委员会主席格罗·哈莱姆·布伦特兰的名字命名。委员会向广大受众介绍了可持续发展的概念。这一概念承认，虽然经济增长提高了世界各地许多人的生活水平，预期寿命得到提高，但它通过大量消耗（或不可逆转地破坏）自然资源基础，从而对环境产生了不利影响；而且从长远来看，这损害了未来的发展前景和生活水平。

在《布伦特兰报告》发表后的三十年里，经济增长和环境破坏都在加速。世界上至少有一半的森林已被破坏，虽然近年来森林砍伐的速度已大大减缓，但森林砍伐造成的累积影响仍然大得惊人；自1990年以来，大约有1.29亿公顷的森林（大约相当于南非的面积）消失了。每年约有1 200万公顷良田因土地退化 103

和荒漠化而丧失，令人类付出大约420亿美元收益损失。水资源短缺正在加剧，并已影响到全球40%以上的人口；2015年，估计有21亿人无法获得安全饮用水。过度捕捞使鱼类资源严重枯竭，全球约34%的鱼类资源捕捞量达到生物上不可持续的水平，另有58%的鱼类资源被充分捕捞。在过去的三十年里，世界上一半的珊瑚礁已经消失，科学家估计，到2050年，超过90%的珊瑚可能会死亡。人们普遍认为，人类活动造成生物多样性的丧失对发展构成重大威胁。2005年的"千年生态系统评估"报告强调，由于过去的人类活动，10%至50%的哺乳动物、鸟类和两栖动物等面临物种灭绝的危险。国际自然保护联盟随后的研究发现了更严重的生物多样性丧失和对发展的各种威胁。

硫、铅、汞、硝酸盐和许多其他污染物的严重性直到最近才开始被认识到。从我们对温室气体给臭氧层和气候造成威胁的迟到认识可以看出，人类的这些活动与其造成的影响被我们普遍认识到之间实际上可能有很长的时间差。人们花了两个世纪的时间才认识到以化石燃料为基础的经济发展所带来的后果，以及由此产生的碳排放对气候系统的累积影响。人们才刚刚开始认识这种情况对发展的各种影响。

气候变化会在多大程度上影响发展，关键取决于对全球二氧化碳和温室气体排放进行的各种限制。要防止危险的气候变化，最低的要求是，与工业化前的平均温度相比，温度升幅不高于2摄氏度。这需要在几十年内彻底改变能源系统并实现零碳
104 排放；不过，一些科学家指出，这一雄心勃勃的上限仍可能导致全球气候变化的不稳定，并很可能给许多社区带来灾难性的气候变化。

气候变化已经影响到世界上最贫穷和最脆弱的人。穷国和穷人往往集中在最贫瘠脆弱的土地上。他们也缺乏应对的能力和资源。通过限制温室气体来减轻气候变化的影响至关重要。但由于气候变化已经发生，即使可以将其升幅限制在两摄氏度以内，它也会对许多人的发展前景产生潜在的灾难性影响。因此，加强适应气候变化的干预，正在成为国家和国际层面的发展重点。这种干预主要体现在洪水和海岸地区防护，灌溉和蓄水，抗灾性作物，住宅、办公室和其他建筑物改造以减少热量吸收，以及努力抵消气候变化影响的其他措施。

海平面上升可能会对低洼岛屿产生巨大影响，马尔代夫和其他一些国家可能会完全消失。沿海平原也可能同样被淹没。由于孟加拉国25%以上的地区海拔不足一米，而且大多数人口都生活在这片肥沃的三角洲地区，因此海平面的上升对孟加拉国构成了根本性威胁，就像对主要在亚洲的大约10亿沿海人口造成的威胁那样。

气候变化可能对农业系统构成重大威胁，因为它增加了天气模式的不稳定性，导致最高和最低温度、风、降雨分布和强度，以及影响农业生产力的其他重要决定因素的剧烈波动。在生长季节的关键时期，即使季节性和日常天气模式的微小变化，也会对作物产生毁灭性影响。 105

水资源短缺同样可能因气候变化而加剧，这就需要大幅度提高用水的有效性，尤其是因为超过一半的管道用水估计是由于渗漏而流失的。还需要对循环利用和更有效的灌溉系统进行投资。

要发展能从根本上减少碳排放的能源系统，不仅需要风能、太阳能、水能、潮汐能、生物质能等可再生能源的迅速增长，而且还需要改进现有的能源系统以减少碳排放。提高能源使用效率和降低碳浓度的增幅也至关重要，需要采取紧急行动，包括对建筑物的翻新改装和运输系统的改造。

增长的极限？

《布伦特兰报告》对多多益善的观点提出了质疑。质疑基于罗马俱乐部的工作，以及1972年该俱乐部出版的一部影响力极大的书《增长的极限》。该书对经济增长和发展的传统理念构成了强大的挑战，它表明发展已造成水和空气污染、森林砍伐、土地荒漠化，以及生物多样性丧失。该报告指出，自然环境作为吸纳废弃物的“污水坑”的能力正在减弱。其次，工业产出、人口数量和能源使用都急剧增加，导致碳、甲烷和二氧化硫排放量迅速增加。随着气候变化和生物多样性丧失的证据越来越多，以及快速发展带来的许多其他溢出效应，可持续发展的挑战才开始迟迟地进入发展思想的主流。只是在少数几个国家，尤其是在中国，这些问题成为发展辩论的中心议题。

与罗马俱乐部的工作相呼应，斯德哥尔摩恢复力研究中心
106 的约翰·罗克斯特伦等人试图界定地球的边界。这项工作与“全球足迹”及其他组织一道都强调这样一个事实：在许多领域，我们已经超出了地球的承载能力，沿着目前的轨道进一步发展是不可持续的。

“环境库兹涅茨曲线”有一些证据表明，在发展周期中，污染强度首先增加，然后降低。工业发展首先会破坏环境，但随着收入的增加和优先考虑的重点发生改变，各国越来越重视解决环

境问题。许多经济学家仍然相信市场解决这些问题的能力，途径是对生成新技术的人力和自然资本进行投资。环境库兹涅茨曲线表明，从长远来看，发展对环境是有利的。这里借鉴了库兹涅茨的假说，即经济增长首先会加剧不平等，但随后，当人均收入提高时，不平等会缩小。这一假说的环境变量表明发展和环境恶化之间存在类似关系：随着国家变得更加富裕以及收入的增加，经济增长可能对环境产生负面影响；但一旦收入增加，公民和监管机构限制污染行业，这种环境恶化就会下降。尽管一些证据在某些环境影响上支持这一论点，如水和空气污染，但这种模式并不适用于所有污染物。最富有的国家造成了许多最严重的环境问题，高收入国家的人均温室气体排放量远远高于中低收入国家。

未来几十年独特的发展挑战是，即使目前的发展轨迹最终导致较低的负面溢出效应，现在仍然存在一个非常现实的风险，即我们可能在远未达到这一目标之前就破坏了全球生态系统。原因有很多：首先，在许多严重地区，目前的污染程度远远超过 107 可持续水平，污染程度下降不足以抵消风险。美国的碳排放就是如此，虽然最终减缓了，但还是处于过高的排放水平。其次，随着大量人口进入发展的污染高峰阶段，可能会产生严重消极的全球影响。中国和印度总共有超过25亿人口，即使人均污染水平相对较低，也会产生灾难性、累积性的全球影响。

要将发展需求与生态和其他自然系统的需求协调一致，就要求市场选择的溢出影响在定价和资源配置中得到反映。实现这一目标的诸多方法中就包括污染者付费原则。根据该原则，那些对环境恶化负有责任的人应该承担全部代价。环境公益服务评价提供了一种方法，让那些节约环境资源的人从受益的人那里得到补偿。（哥斯达黎加的“环境服务费”就是一个例子。）据估计，生态系统服务的年度货币价值高达125万亿美元，几乎相当于全球收入的两倍。其中只有极小一部分反映在生态系统服务或保护的费用支付上，这就造成为人类提供服务却得不到承认和奖赏。

近几十年来，关于发展的定义与衡量问题的学术和政策辩论范围不断扩大，而对人类、生态和自然资源系统的当前选择和未来结果之间关系的日益关注，也让这场辩论更加丰富多彩。政府和企业对未来预期收益的折现率对未来的估值有很大影响。随着越来越多的人认识到仅靠经济学无法看透发展问题，
108 人们也认识到，经济工具箱无法充分解决有关未来前景的一系列重大问题。

各种经济模型通常都是以对当代人的折现率来评估后代的偏好。这种价值应算作未来的，这是一个引起大量争论的主题，比如，诺德豪斯对斯特恩在分析气候变化时使用的低折现率就提出了批评。采用较低的折现率，并赋予较高的未来价值，意味着我们更加关注长期目标，并更加注重自然系统保护。今天的行动可能对后代产生何种影响存在不确定性，倒也提供了一个强有力的理由去维持自然资源。应用到气候变化方面，这意味着，即使当前政策给未来世代的前途带来破坏的风险很低，我们也应该采取预防原则，以降低这些潜在的灾难性风险。

政府和国际组织已经采取了一些行动来保护和恢复环境。1992年联合国环境与发展会议（里约热内卢《21世纪议程》）将人置于可持续发展的中心，并强调贫穷与环境退化之间的关系。

联合国环境规划署和全球环境基金等国际组织，也为解决发展中的环境问题提供了急需的咨询意见和资金。非政府组织，诸如世界自然保护联盟、绿色和平组织、世界自然基金会和自然保护组织（现在是美国最大的非政府土地拥有者），以及国际农业研究磋商组织农业研究系统内的研究机构和在世界各地大学或国家研究中心工作的许多研究团体，都能够发挥一种重要作用。这些团体都有各自的长处与短处，因而有提高效率和加强协调 109
的余地，特别是在处理孤儿问题方面——任何机构都没有充分涵盖这一问题。然而，鉴于需要新理念、新技术和新资金来解决可持续发展需求的规模和紧迫性，需要对环境意识和环境保护进行更大的投资。

为处理环境问题签署了许多国际条约，召开了许多会议，其中许多会议的重点是发展与环境的关系。1992年地球首脑峰会通过了《联合国气候变化框架公约》。共有196个签署国同意限制温室气体排放，不过，尽管每年举行缔约方大会，却尚未取得足够的进展。少数签署国已经实现了其目标。一些国家，如美国和澳大利亚（两国均未批准该条约）认为减排目标将严重损害本国经济，并且认为其他国家（印度和中国）必须做出坚定承诺。在2015年12月的巴黎第21次缔约方大会上，196个国家首次同意设定一个目标，将全球变暖幅度控制在不高于工业化前平均温度两摄氏度。这不仅需要兑现在巴黎会议上做出的承诺，还需要做得更多，以确保在未来三十年到五十年内实现真正脱碳的全球经济，人为温室气体净排放为零。实现这一目标意味着，现有大多数化石燃料储量永远都不可能被开发。这也意味着新的发电厂或依赖化石燃料能源的其他投资项目的使用寿命

可能会缩短。对于许多仍处于能源曲线最陡峭上升阶段的发展中国家来说，在满足发展的能源需求的同时进行脱碳是一项非
110 常困难但也是至关重要的国家和全球发展挑战。

2016年11月，在摩洛哥马拉喀什举行的《联合国气候变化框架公约》第22次缔约方大会上，世界各国重申了对《巴黎协定》的承诺。到目前为止，已有195个国家签署了《巴黎协定》，尽管美国在唐纳德·特朗普当选后表示打算退出该协定。在美国，和其他地方一样，减少排放的责任越来越多地落在各州、城市和公司的肩上。将全球变暖控制在《巴黎协定》的范围内，需
111 要美国像其他所有主要温室气体排放国家一样加大努力。

第七章

全球化与发展

全球化可以用多种方式解释，而且可以被理解为一种跨越国界的人类活动影响力的增强。全球化是一个与社会一体化有关的进程，可以用跨越国界的流动来衡量。这些流动可能是经济的、文化的、政治的、社会的、技术的、环境的、人类的（旅行和移民）、生物的（疾病）或虚拟的（网络、电信和互联网）流动。主要的经济流动是金融、贸易、援助、移民以及知识产权和创意的流动。

全球化和发展之间的关系是有争议的。对一些人来说，全球化是减少贫困的强大力量，还带来了预期寿命和其他重要发展维度上的飞跃。对另一些人来说，全球化具有负面影响，被视为日益加剧的不平等、贫困、失业和环境破坏的根源。这两种观点的支持者都可以拿出证据来支持他们的观点，因为在实践中，代表全球化的各种流动可能既有积极的也有消极的影响。其结果取决于社会管理流动的政策和准备，以确保在获得积极潜能的同时管理并减轻消极的后果。 112

金融与发展

全球金融流动是发展中国家一种重要资源。这些资本流动增加了国内储蓄，并有助于投资、增长、金融部门发展、技术转让和减贫。除了援助外，还有四种不同类型的资本流动：第一个是外国直接投资；第二个是股权投资；第三个是债券融资和债券发行；第四个是商业银行贷款。在实践中，这些资本流动可能会以多种混合形式组合和融合在一起。2015年，这些流向发展中国家的私人资金总额估计约为9 000亿美元（见图8）。

外国直接投资涉及收购外国企业10%以上的股份，这通常意味着要参与外国企业的管理。股权投资涉及购买外国企业的股份。当持股量太小，不涉及参与管理工作时，称为股权组合投资。这些投资是间接投资而不是直接投资，是为了接触外国公司而不是为了行使管理控制。私募股权是一种投资形式，投资者购买未在股票交易所公开交易的非上市公司的股票。如果它们是上市公司，私募股权投资会导致上市公司被全部买下并退市。私募股权投资通常由私募股权公司或非常富有的个人实施，而组合投资可能由大量投资者通过购买上市股票实现，或由共同基金和金融经纪人进行投资。

债券融资是债券发行的一种形式，包括政府或公司发行的债券——由投资者购买，投资者以可变或固定利率向发行人提供一定期限的贷款。债券被政府、公司、城市、州和其他机构用
113 来筹集资金，可以采用本国货币或外币进行发行。与债券无法偿还相关的风险被称为违约风险，由信用评级机构进行评估。在发展中国家的债券市场进行国际投资，需要确定这些国家和

公司的信用评级。近几十年来，对这些市场进行评级的数量迅速增多，从十几个国家增加到一百多个国家。摩根大通新兴市场债券指数等新兴市场基准的建立，增加了发展中国家对共同基金、养老金和其他集中投资管理公司的敞口，提高了这些市场发行者的流动性和筹资潜力。国际投资者通常需要两家评级机构提供投资等级评级。标准普尔和惠誉将投资评级定为BBB级以上，穆迪投资服务公司则定位为Baa3级以上。

商业银行贷款是债务的另一种形式，不过债券可以买卖，因此是可交易资产，而银行贷款是不可交易的。直到20世纪90年代，商业银行贷款一直是许多中等收入国家和公司的主要资金来源。随后，股权组合投资和债券融资就变得更加重要。在1997年亚洲金融危机、2007年至2009年全球金融危机和最近一次全球金融危机中，这些资本流动的波动性得到了证明。从2009年7月到2014年6月底，总共有2.2万亿美元的净资本流入新兴市场经济体。随后，市场情绪的变化和美国收紧货币政策的影响导致了资本流动的逆转，使得新兴经济体2015年的净资本流出达4 490亿美元，2016年为3 140亿美元。

自2000年以来，美国财政部一直是最大的债券发行者，欠债近20万亿美元，其中超过6万亿美元是欠外国人的。中国持有超过3万亿美元的外汇储备，其中三分之二的外汇储备被认为是美元。由于美国、欧洲等发达国家的这类交易，发展中国家已 114
成为资本的净出口国。这完全颠覆了此前的观点，即发达国家越发达，储蓄就会越多；资本应该流向投资需求最高、储蓄水平低于发达经济体的发展中国家。

近年来，发达国家的固定收益、债务和债券产品的回报率有所下降。与此同时，由于发展中国家的经济绩效改善和强劲增长，相对于发达经济体，它们已成为更具吸引力的投资目的地。2016年，主权财富基金投资的400亿美元中，有三分之一投向了经济合作与发展组织以外的市场。目前管理的最大主权财富基金有挪威（9 030亿美元）、阿联酋（8 280亿美元、2 010亿美元、1 250亿美元和几个较小的基金）、中国（8 140亿美元和2 950亿美元）、新加坡（3 540亿美元和1 780亿美元）、卡塔尔（3 350亿美元）、沙特阿拉伯（1 900亿美元）和俄罗斯（1 100亿美元）。私营企业越来越多地转向债券市场而不是银行贷款来筹集资金，发展中国家的企业在过去五年通过公司债券筹集了1.4万亿美元。2017年，新兴市场预计在公共部门和公司债中有望吸引1 830亿美元的净流入，高于2016年的1 120亿美元记录。作为许多发展中国家的融资来源，私募股权同样增长迅速。2011年，流向新兴市场的私募股权达到了一个高点，占全球私募股权基金的五分之二。尽管这一份额稳步下降至五分之一，但新兴市场在2016年仍成功筹集了450亿美元的私募股权基金，而且在未来几年里这一份额预计将会增加。

许多私募股权基金得以建立，吸引机构投资者和私人投资
115 者联合投资，并将这些储蓄调动起来投资到发展中国家的企业。这些基金通常有十年左右的可投资期，随后基金经理退出，将成熟的公司出售给他人或在股票市场上市。基金往往标定特定的部门（采矿、农业、卫生或其他）和规模（中型或大型投资），以及特定的国家。尽管近年来投资于中国的基金主导了市场，但其他地区的基金也吸引了相当规模的投资组合。流入非洲的私募股权资金从2005年前平均每年约5亿美元增加到随后十年平

均每年10亿美元以上，2014年达到81亿美元，2015年回落至25亿美元，2016年为38亿美元。在过去的二十年里，私募股权发展迅速，为发展中国家的私人投资提供了新的融资来源，自2011年以来，仅在非洲的累计投资就超过220亿美元。

贸易与发展

贸易是全球化的一个重要方面。促进公平贸易包括改善发展中国家进入重要国际市场的机会。通过取消关税和补贴等贸易壁垒开放市场，对发展的贡献可能远远超过国际援助流。

农业保护主义有多种形式，其有害影响已在第四章中讨论过了。欧洲、美国和日本每年向谷物和其他从事受保护农产品工作的农民提供约2 600亿美元的补贴。由于这些补贴，欧盟平均每头牛估计每天能得到2.5美元的补贴，这比5亿多非洲人的收入还要多。此外，某些产品的进口配额，如北非西红柿和柑橘，以及关税和非关税壁垒，削弱了发展中国家农产品在受保护市场上的竞争力。由于这些措施，穷人生产的产品所面临的关税通常是富裕国家生产商的两倍。 116

关税升级是指进口方征收的关税随着加工水平的提高而增加的过程。这损害了发展中国家通过加工其原材料出口的生产来增加相关价值的潜力。例如，西非出口生咖啡或可可时面对的进口关税很低，但当出口制成品时，如速溶咖啡粉或巧克力，就要面临较高的关税。自2008年以来，平均关税已下降了约两个百分点，2015年农业和制造业的平均关税分别降至15%和7%左右。一个主要原因是，与欧盟的绝大部分贸易和与美国的大部分贸易——尤其是制造业——都属于优惠贸易协定范畴，这些协定的数量在过去十年中翻了一番，在2015年达到近290个。这一趋势反映出，人们已清醒地认识到多哈回合多边贸易谈判的失败，并利用国家间的双边协议来促进贸易。与此同时，非关税壁垒（尤其是技术法规和标准）的出现频率有所增加。更高的关税现在常常成了发展中国家间贸易的一个特点。南亚的关税升级幅度尤其大，制造业提高了20%以上，农业提高了30%以上。关税和非关税壁垒的共同作用，大大降低了从贸易中可获得的各种收入与机会。

新西兰、澳大利亚、加拿大等发达国家的国内保护水平和进口壁垒较低。然而，最大的发达市场，尤其是欧盟、美国和日本，
117 现有的贸易政策阻碍了对其市场的出口，从而破坏了许多出口商的前景。这些政策降低了通过加工增加价值的可能性，同时鼓励发展中国家专门生产橡胶、可可和油棕榈等不受保护的商品，从而增加了世界粮食和农业市场的不稳定性。

农业保护主义不仅对贫穷国家的贫困人口产生负面影响，对富裕国家的人也产生负面影响。由于他们限制从发展中国家和其他国家进口的保护主义政策，美国、欧盟和日本的人们为一些基本商品支付的价格是世界价格的两倍多。由于穷人的这些食品开支占收入的比重高于富人，因此这些补贴产生了倒退的社会影响，加剧了富国内部、富国与穷国之间以及穷国内部的不平等。

在许多情况下，发展中国家也缺乏与更大更强经济体平等参与贸易谈判的能力。除了缺乏谈判技巧和政治杠杆外，许多发展中国家对日益复杂的贸易谈判结构的了解和理解也很有限。一些最不发达国家甚至无法获得有效参加贸易谈判所需的

基本经济和贸易数据。实现更公平的竞争环境，是2001年启动的多哈发展回合贸易谈判的核心目标。完成该回合贸易谈判显然存在的不可逾越的障碍，也意味着贸易壁垒继续破坏着发展议程。保护主义也是全球经济增长的一个阻碍。评估表明，多哈回合贸易谈判为全球带来的收入可能超过1 600亿美元，仅有略多于四分之一的收入惠及发展中国家。

尽管在发达经济体中，农业保护主义通常被认为是在帮助
小农户，从而改善穷人的粮食安全，并保护农村；但实际上情况 118
恰恰相反。在欧洲和美国，农业保护的好处高度集中，即少数地位靠前的农场主们每年从纳税人和消费者那里赚取数百万欧元或美元。由于这些补贴助推了土地价值，农业保护主义增加了土地使用的强度，并鼓励过度使用化肥和农药。美国和欧洲的保护主义导致了土地所有权的集中，因为它主要资助了大农场主。生产没有补贴的作物的小农场主发现他们越来越没有竞争力。虽然许多投票者认为这些政策支持田园诗般的乡村形象，但事实往往是相反的，因为这些政策导致了过量的氮和其他化学物质的使用，以及河流和地下水的污染。与此同时，单一作物耕种导致受保护程度最高的地区失去了生物多样性。从国内和国际发展的角度来看，这些政策在经济、环境和伦理上都是荒谬的。这些政策之所以能够存在，是因为一小部分人——远低于投票人口的1%——能够行使游说和其他权力来维持既得利益。

许多发展中国家在世界贸易组织的代表人数不足，或缺乏充分有效利用谈判程序的能力。需要做更多的工作来解决世界贸易组织管理结构中的权力不平衡问题，并提高贫穷国家的谈判能力。能力方面的必要投资就包括法律培训。这是由一些机

构主动提供的，比如世贸法律咨询中心和国际贸易中心的世界贸易网络等。

知识与创意的贸易是改革的另一个重要领域，因为“贸易相关的知识产权”对发展中国家变得越来越重要。人们常常认为，知识产权能够推动创新，并通过激励人们追求新创意来促进发
119 展。给发展中国家带来的问题是，知识产权是一种合法的贸易限制。它们会导致先行者对创意和创新的垄断。发展中国家担心，拥有更好研究和法律体制的国家将阻止人们以买得起的价格获得对发展至关重要的技术。需要迫切关注知识产权保护的两个领域是药品和农业研究。

需要做更多的工作来改善防治艾滋病以及疟疾、霍乱和血吸虫等热带疾病基本药物的供应、价格和有效性。2001年，由于美国的专利提高了巴西、印度和南非艾滋病患者的抗逆转录病毒药物价格，这三个国家对美国的专利提出质疑而引起了全球媒体的关注。自那时以来，“贸易相关的知识产权”就有了各种灵活性，于是一线抗逆转录病毒药物的价格也降了下来。

发展中国家（特别是非洲）缺乏购买力，严重限制了各种商业激励措施去开展研究和投资那些旨在预防低收入国家流行疾病的药物。目前，撒哈拉以南非洲国家的人均年度医疗卫生支出低于100美元，而美国的人均医疗卫生支出为9 404美元，几乎高出一百倍。即使在有药品的地方，负担能力也是一个问题。例如，麻疹和风疹倡议（发起于2001年）使用了目前能够获得的最具成本效益的一种疫苗，只需2美元就可以购买和使用这种疫苗。尽管该倡议使全世界死于麻疹的儿童人数从2000年的56.2万人降低了五分之四，但由于缺乏资金和资源，在2014年估计仍

有11.5万名儿童死于麻疹。 120

农业研究和技术对发展中国家至关重要。种子和适当农业技术的获得情况反映了健康方面的问题。全球农业生物技术市场目前价值320亿美元，其中大部分利润来自生物种子；专利已经集中在少数公司。据估计，70%以上的农业生物技术专利由该领域内前五家公司拥有，其中一家公司的转基因种子占当今世界转基因种子的90%。

技术和发展

发展与技术进步之间的关系复杂。技术进步体现了新的创意，并通常与广泛的技能、工艺、基础设施、文化和其他变革捆绑在一起。因此，有时将技术的特定作用分离出来作为发展的一种驱动因素，可能会夸大它的作用。车轮、火药、印刷术、蒸汽机、电报、盘尼西林（青霉素）和互联网都对发展产生了深远的影响。然而，它们的影响却高度不均衡。没有一种技术是万灵药，技术变革的采用、适应和传播，需要在更广泛的制度、经济和社会背景下加以观察。

技术已逐步与“硬件”（如计算机、机器和设备）相关，但它也与“软件”密不可分，包括用于实现特定科学目标和其他目标或与商品和服务生产相关的系统、方法和程序。

采用新技术是发展的一个重要方面。对技术进行调整和修改，以满足当地需要并适用于特定社会也是如此。技能、态度和
基础设施对技术在国内和国际间的这种扩散有很大的影响。国 121
际和国家层面的管理和政策环境也是如此。货物和服务贸易以及资本流动往往与创意和创新捆绑在一起，因而有大量的研究

文献研究技术转让在外国投资中的作用。

正如前文所见，知识产权是发展中最具争议的一个概念。图11显示专利的全球份额呈高度不平等状态，并反映了之前在农业和生物技术市场观察到的趋势。这意味着给后来者带来的问题是，专利会限制创意的流动和关键技术在卫生、食品安全、教育、贸易、产业政策、传统知识、生物技术、信息技术以及娱乐和媒体行业等领域的应用。争论的另一方认为，保护企业的知识产权可以刺激这些行业的创新。在一个充满强大参与者和既得利益者的世界里，实现平衡是一个极其严峻的发展挑战。

将知识产权保护扩大到传统知识、民俗和文化，会使发展中国家从自己的本土知识中获益，并提高穷人知识的商业价值。现代医学中使用来自发展中国家的植物和药物，或使用来自非

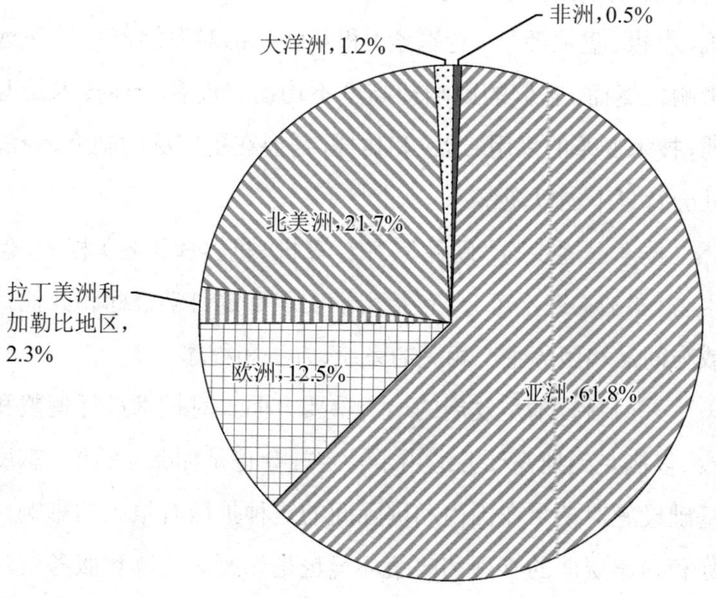

 图11　区域间专利份额（2015）

洲或拉丁美洲传统社区的工艺设计，即使有也极少会像富裕国家设计师和艺术家那样得到支付版税的奖励。

利用被专家称为ICT4D的信息和通信技术来促进发展，可以显著改善机会，并使社会跳过固网基础设施的缺乏，以确保在城市和农村社区的高普及率。在肯尼亚，“移动钱包”（M-PESA）为那些之前被忽视的贫困社区以及使用手机的城市中产阶级提供金融服务，在降低金融转账和其他服务成本的同时显著增加了使用。在其他地方，信息和通信技术正在用于通报市场价格，改善医疗卫生和教育，并提供范围不断拓展的电子服务。要想确保信息和通信技术用于协助发展，就必须克服“数字鸿沟”。其中一个关键因素就是，要给那些通常比较偏远而贫困的社区提供高速宽带覆盖。

“中间技术”这个术语是由E.F.舒马赫在他的书《小的是美好的》中明确提出的，现已被那些主张需要“适当技术”（旨在满足当地需求）的人移用到发展语境之中，以避免资本和能源密集型的进口，因为这样的进口无法用当地的技术或能源（最好是可再生能源）运转。 123

世界见证了科学发明的快步发展，在计算技术、纳米医学、干细胞研究、遗传学、人工智能、机器人技术等方面的进步都表明，科学有潜力应对严峻的挑战。乐观主义者指出，这些技术和其他许多技术都有潜力满足发展的需要。另一些人则担心，变革步伐的加快可能会使许多贫穷国家和贫困人口越来越落后。有可能扩大不平等的一个趋势是技术扩张，即用机器人和机器智能取代人类。尽管自动化本身并不是什么新鲜事物，但这一领域最近产生许多有前途的创新，如互联网和人工智能的扩展，很可能在未来给制造业和服务业带来进一步的革命。2016年《世界发展报告》引用了牛津大学马丁学院最近的一项研究，该研究表明：未来几十年欧盟会有大约三分之一的工作岗位，美国会有一半的工作岗位，像中国和墨西哥这样的发展中国家会有高达三分之二的工作岗位，可能会因为自动化而消失。一种观点认为，自动化只在高科技产业中有利可图，这些产业集中在发达经济体和中等收入经济体。由此可以得出结论，贫穷国家可以通过培育劳动力相对便宜的产业（比如纺织、服装和皮革业）实现工业化。但是，随着时间的推移，自动化在轻工业和服务部门（通过建立呼叫中心和后勤办公室）很可能变得愈加可行。自动化还可能影响全球需求格局，这可能对较贫穷的经济体产生不利后果。尽管也会创造出新的工作岗位，但与失去的工作岗位数量相比，这些新岗位数量可能显得微不足道。许多新的工作还可能是低等的，而且涉及更低的工资、更差的工作条件和职业机会。

自动化在处理以规则为基础的简单任务方面是最便利的，这些任务不需要很大的灵活性或多少肌肉力量。它首先影响的是重复性制造任务，现在正应用于行政、账单登记和后勤职能，
124 在诸如法律、金融、保险和医药之中较为普遍。呼叫中心也极易受自动化的影响。近几十年来，把这些半熟练的制造业和服务业工作岗位选在发展中国家，为发展阶梯提供了至关重要的中间梯级。现在，这种发展模式受到机器人技术和自动化的威胁。在机器和人工智能执行任务的地方，决定生产地点的可能是资本价格，而不是劳动力价格。再加上日益增长的保护主义、3D技术和其他技术，很可能会导致自动化生产和服务转移到资本

成本更低的发达经济体。这一趋势对许多发展中国家的增长和就业前景构成了根本性挑战，需引起迫切关注。

这里存在一个真正的风险，即技术变革可能会加剧不平等，因为大量的个人群体由于文盲、缺乏宽带和无法使用计算机技术而断了与外界的联络。即使对那些能够接触到新技术的人来说，也可能会产生重大后果。随着各个社会都变化得越来越快，越来越多的人面临被甩在后面的风险。如何在未来一个世纪管理这一风险，将是发展的核心。随着自由的扩大和发展的增加，责任也更大。从发展中受益最多的人和国家，需要更多地认识到其活动对其他人和社会的溢出效应。需要在国家和国际层面采取更大的行动来解决系统性的不平等，并确保最脆弱的人和国家不被排除在发展利好之外。

技术变革提供了巨大的可能性，但技术需要嵌入社会。适当技术的可得性和适用性，以及辅助教育、技能、管理规章和机构的质量和适应性，将决定技术在多大程度上有助于应对发展挑战或在多大程度上造成新的发展障碍。 125

国际监管与合作

防止转移定价和避税，对于建立一个可靠的收入基础以推动发展十分重要。转移定价或错误定价涉及操纵同一公司控制的子公司之间销售的商品和服务的价格。通过收取高价格，跨国公司可以将利润从一个国家转移到另一个国家，以利用避税天堂的低税率或零税率。大公司还利用了其他一系列复杂的避税措施，包括税收漏洞、合理避税手段和财务安排（如人为地向受控实体支付高利息），以实现其税单的最小化。

许多企业和资金流动日益全球化，但政府只能在国家的管辖范围内运作。国际规则和条例的制定有时是为了跨越国界发挥作用，但这些国际协定的演变往往严重滞后于跨国界活动的流动速度。这是因为实现合作和谈判条约需要相当长的时间，尤其是在各国对最终的利益有截然不同的理解时更是如此。

各国政府竞相提供特别有吸引力的合理避税手段和其他激励措施，让那些不受地域限制的企业在其管辖范围内落户。虽然少数大国的合作可以在某些领域产生重大影响，比如气候变化或安全理事会改革，但在其他领域，许多小国的合作也是必不可少的。因此，举例来说，为了确保企业缴纳公平份额的税收，像开曼群岛、摩纳哥、卢森堡和列支敦士登等小岛和飞地将不得
126 不停止充当跨国公司和富人的避税天堂。

2012年，几家大型跨国公司因未缴纳公平分额的税款而受到公开批评。被媒体点名批评的公司包括苹果公司，据称该公司在美国以外只缴纳了2%的利得税；据称谷歌公司在2011年通过将近100亿美元转移到百慕大（一个不征收企业所得税的地方）的一个子公司，从而规避了20亿美元的税单；据称亚马逊公司在英国有33亿英镑的收入没有缴纳企业所得税；据报道，星巴克公司十四年里在英国的收入为30亿英镑，却只缴纳了860万英镑的企业所得税（低于1%）。

避税对低收入国家来说代价尤其高昂，这些国家迫切需要财政收入，但缺乏有效的税收执法资源。据估计，由此产生的避税总额，在富裕国家占到公司利得税总收入的四分之一，而在贫穷国家占比则更大。2012年的媒体风暴之后，八国集团和二十国集团承诺通过共享信息和汇集资源在解决避税问题上发挥真

正的作用。十八个月后（2014年9月，在澳大利亚凯恩斯市），二十国集团财长最终批准了这些提议；但这些提议并没有达成广受讨论的统一税，该税种要求企业在实际产生利润和销售的国家纳税。经济合作与发展组织把这些更具限制性的建议向前推进，并制订了一套改革方案。尽管存在诸多妥协，但2015年10月达成的改革方案得到了60个国家的支持，这些国家占全球经济的90%。根据新规定，跨国公司要向税务部门披露其在不同司法管辖区活动的详细账目。新规则也会让利用各国税收结构差异的做法更加困难。为了努力结束“滥用税收协定”，将对通过第三国进行投资所能获得的税收优惠设置上限。关于在一个国家内什么是应纳税企业的规定更加严格，这将使亚马逊这样的公司更难从海外发货，同时声称自己没有在该司法管辖区积极采购产品。对谷歌等数字跨国公司实施更严格的控制，意图防止其将密切相关的商业活动分割成在岸和离岸两部分（进行避税）。

根据该协议采取的行动，要求对一系列双边协定进行修改。然而，即使签署了这样的协定，各国政府也不一定执行。事实上，各国发现签署协议要比在国内执行协议容易得多，这导致国际法和协定中出现的内容与签署国的执行之间越来越脱节。

有人认为，全球化越鼓励资金和贸易流动，非法贸易也就越活跃——据联合国估计，非法贸易占全球收入3.6%左右。破坏发展的各种流动包括小型武器、有毒废物、奴隶和性交易、象牙以及其他非法贸易。并非所有贸易都是有益的，管制有害的非法贸易是合作的一个必要部分，以确保全球化有助于而不是阻碍发展目标的实现。

在人均武器进口最多的国家中，有很多是世界上最贫穷的国家。正如前文所示，由此产生的暴力最终导致许多冲突和无数的死亡（参见第四章）。管制武器贸易，特别是对冲突地区的武器贸易管制，需要给予更多的关注。可对环境造成严重影响的危险废物和濒危物种贸易，就像奴隶贸易、人口贩卖和其他非法贸易形式一样，是另一个需要采取行动的领域。一个令人吃惊的事实是，据估计，当前全球仍然存在的奴工比两个多世纪前“大西洋奴隶贸易”结束时还要多。据自由行走基金会估计，全
128 世界约有4 580万人被困在各种现代形式的奴役之中。

国际移民与发展

从历史上看，移民一直是摆脱贫困的最有力手段。它使我们人类在受到自然灾害威胁时得以生存，并且是各种文明得以发展成为我们当前社会的一个主要原因。20世纪初护照的发明，以及随后一百多个国家的出现，边界越来越难以跨越，表明移民和发展之间的关系正在发生变化。虽然世界人口的迁移比重一直保持在3%左右，但这在很大程度上是因为国家数量的增加。由于已加强了边境管控，个人利用移民来摆脱贫困的能力随着时间的推移而下降。然而，国际移民与发展仍然相互交织。

目前有超过2.5亿国际移民。其中，约9 300万人在发展中国家之间流动，另有8 400万人从发展中国家流向发达经济体，其余7 000万人在发达经济体之间流动，或从发达国家流向发展中国家。移民的主要动机是经济原因；不过也有数百万人跨越国界去学习、与家人团聚，或逃避压迫、歧视、自然灾害和其他风险。在许多情况下，这些“推拉”因素是相互关联的。无论国

际移民的原因是什么，对原籍国和接受国的发展都产生深远的影响。

汇款是移民的一种明确反映。这些是移民寄给他们家人和其他亲属的资金转移。由于移民往往会在收款人最需要这种支 129
持和时运艰难的时候寄更多的钱，因此汇款发挥着反周期的作用。一部分汇款被用于教育、住房和其他支持发展的长期投资。

1990年，有记录的流向发展中国家的汇款约为290亿美元，2017年估计已达到4 500亿美元。显而易见的14倍增长，部分归功于更好的测量方法。虽然以前的汇款可能没有记录，或通过非正式流动方式进行，但对资金流动监控的加强，加上专业汇款代理商的增加，促成了汇款申报量的增加。2017年，流入最多的是印度（650亿美元）和中国（630亿美元）。对于较小的国家，按比例来说影响力更大，有许多发展中国家的汇款占其国内生产总值的比例已远超20%，比如吉尔吉斯斯坦（37%）、海地（31%）、塔吉克斯坦（28%）、尼泊尔（27%）、利比里亚（26%）、摩尔多瓦（21%）、科摩罗（21%）和冈比亚（20%）。汇款是指个人自愿将资金汇给其所选受益人的私人资金流动。它们不应被归为援助，或直接进入官方金库。汇款手续费用通常占汇款总额的10%以上，减少汇款手续费用对发展有非常积极的影响，因为它让受益人收到的资金增加了，并且这些钱常常用于改善他们的福祉。

有技术的毕业生和专业人员离开发展中国家，这样的人才外流可能会对发展前途造成破坏，不过，这样的人才流动的影响不一定都是负面的，而且可能符合发展需要。例如，菲律宾是最大的保姆输出国，但由于该国在保姆培训方面的投资，以及从国

外结束工作回国的许多"熟练"保姆，该国的保姆占人口比例也
130 是最高的。虽然人才外流可能会产生负面影响，但毕业生和专业人员要具备在其他国家工作的能力，也会促进本国建立更高水平的职业教育（受移民意愿刺激），移民回国（带来新技术和技能），以及强大的海外侨民网络（鼓励投资和经济援助）等其他好处。侨民也可能提供一种强大的政治支持来源，比如中国台湾和以色列的域外散居人口所扮演的角色就很明显。

如果国际移民得到适当管理，它可以对发展产生强有力的积极影响，而且对派遣国和接受国都有利。

在移民接受国进行的国家层面研究表明，移民比本土人更有生产能力和灵活性，他们刺激增长，促进创新，促进文化多样性，而且与普遍的看法相反，他们是公共财政的净贡献者。全球层面的研究表明，即使移民的小幅增加也会为全球经济带来巨大收益。世界银行2005年估计，在2005年至2025年间，如果移民数量适度增加——相当于全球劳动力总数的3%——将为全球带来3 560亿美元的收益，其中三分之二的收益将流向发展中国家。一些经济学家认为，完全向移民开放边境将带来高达40万亿美元的收益。麦肯锡咨询公司最近的研究表明，移民每年给全球收入增加3万亿美元，相当于全球收入的4%。这一数字包括移民转移到发展中国家的6亿美元，占其国内生产总值的3%。

国际移民需要国际社会给予比以前更多的关注，需要民族国家之间更大的合作，以增加国际劳动力流动的收益，实现由汇款推动的发展潜力，以及管理因人才流失而给发展中国家带来
131 的负面影响。全球移民与发展论坛和国际移民组织等的倡议已

经做出了重大贡献，但联合国还没有一个组织负责发展与移民问题，因而这一问题仍然是全球体系的孤儿。即使是相对简单的问题，如移民的定义，或跨国界转移养老金的权利，也未能成为全球协议的主题。同时，移民的国际权利也被忽视了。

移民与发展的交集提出了深刻的有关责任的问题，即享有移民与发展成果的那些人有责任更广泛地分享这些成果。大多数欧洲国家未能接纳那些逃离叙利亚、厄立特里亚和其他国家的战争与贫困的绝望移民，这就提出了许多有关发展责任的深刻问题。在我们这个脆弱的星球上，大家都共享过一个共同的迁徙祖先，尤其是与我们曾经的祖先东非人共享。许多国家——无论富国还是穷国——反对外国人的反移民情绪可以理解，但这种情绪是错误的。允许移民死在地中海或南亚海域，反映了全球发展的不平衡，也是对我们共同的人类起源的一种否定。我们的迁徙能力让我们人类与众不同，并决定了我们定居于世界和我们的文明。随着国家的数量、边界和限制的增加，选择变得非常有限；在此之前，移民是个人和国家发展的最强大动力。

难民与发展

自20世纪70年代末以来，内战、种族灭绝和其他形式的迫害导致难民人数上升。难民是指害怕因社会、政治、宗教或民族原因受到迫害而在其国籍国以外寻求保护的人；难民受联合国《难民地位公约》（1951）的保护。在过去的五年中，难民人数增 132
加了65%，2016年达到2 250万，这反映出人们需要逃离叙利亚和其他地方的冲突。最大一个难民群体是530万登记在册的巴勒斯坦人，源于那些因1948年的冲突和以色列建国而失去家园和谋生手段的人，他们与巴勒斯坦人被驱逐相关。

2016年，被迫流离失所的人数估计为6 560万，这一数字与难民人数之间的差距表明，大多数人寻求庇护的方式是转移到自己国家内的另一个地点，而不是另一个国家。被迫离开家园的人数已达到第二次世界大战以来的最高值。2015年，叙利亚、阿富汗、厄立特里亚和其他地方的100多万名绝望难民的到来，给欧洲各国政府造成了重大挑战。截至2016年年底，欧盟接纳了230多万名难民。仅德国就接收了669 482名难民，是法国接纳的两倍多，比欧盟其他国家接纳的总和还要多。自从欧洲移民危机爆发以来，许多逃离叙利亚和中东的难民已经被安置在土耳其，那里现在是290万名难民的家园。与此同时，黎巴嫩、伊朗、乌干达、埃塞俄比亚和约旦是近600万名难民的家园；而全球84%的难民是被发展中国家收容的，这大大增加了它们的发展挑战。难民的绝望处境和危险旅程已导致数千人死亡，面对这些情况，欧洲国家和评论人士的反应不一，常常忽视保护难民的法律义务和道德义务。

难民的法律定义范围相当狭窄；联合国难民署确定了其他几类“受关注的人”，包括“国内流离失所者”和“无国籍者”。
133 难民的定义和待遇是发展面临的日益严峻的挑战，由于气候变化、宗教极端主义的增长和其他移民渠道的关闭，预计难民数量还会增加。

难民人数大大超过了联合国难民署管理的重新安置名额。难民可以直接申请庇护，但绝大多数庇护申请的处理需要数年时间，并且会遭到拒绝。因此，难民遭受不确定性和不安全感的折磨，无法返回家园或在新的国家永久定居。他们很容易受到政策变化的影响，这些政策变化使他们面临赤贫、被捕或非自愿遣返的危险，他们可能被限制在不稳定边界附近的难民营或收容区，使他们可能再次遭受暴力。他们通常居住在偏远地区，依靠政府或慈善机构提供住所和满足基本需求，教育或就业机会很少。在那些被剥夺行动自由、几乎没有经济机会谋生的地方，难民常常变得越来越绝望，成为犯罪、走私和其他虐待行为的受害者。正如巴勒斯坦难民所证明的那样，难民可能会在未来几代人的时间里被困在地狱的边缘。

人类的安全威胁是多种多样的，可能来自武装冲突和内战，也可能来自人口贩运和现代形式的奴役，以及其他严重侵犯人权的行为。种族灭绝是指有系统地按照种族、民族、宗教或国家界线迫害和消灭所有或大部分特定群体的人，是发展可怕的对立面。现代史上最著名的种族灭绝例子是“大屠杀”，估计有600万名犹太人在第二次世界大战期间死于纳粹之手。其他令人震惊的案件包括1994年的卢旺达种族灭绝事件，其中胡图族多数派在一百天的时间内屠杀了80万名图西族人和其他人，以及1992年至1995年间的波斯尼亚种族灭绝事件，其中20万名穆斯林平民被杀害，另有200万人成为难民。 134

种族灭绝比人们通常意识到的更为普遍。尽管我们决心不再重蹈1915年亚美尼亚种族灭绝或第二次世界大战中纳粹对欧洲犹太人和其他民族实行的种族灭绝的覆辙，但20世纪下半叶和21世纪初仍不时出现几起其他类型的种族灭绝悲剧。尽管细节往往难以确定，但这些对人权和发展的悲剧造成了大约500万人被屠杀，以及更多的人被迫重新安置（见表5）。

表5　第二次世界大战以来种族灭绝和相关难民的人数估计

种族灭绝事件	日　期	遭屠杀的人数估计	难民、流离失所者的人数估计
孟加拉国	1971	50万—300万	—
柬埔寨	1975—1979	约170万	—
东帝汶	1975—1979	约20万	—
危地马拉	1981—1983	约20万	—
波斯尼亚	1992—1995	20多万	约400万
卢旺达	1994	约80万	约200万
达尔富尔（苏丹）	2003年以来	约50万	约280万
叙利亚*	2011年以来	多于15 550	400多万

资料来源：斯科特·兰姆，《1945年以来的种族大屠杀：再也不会发生了吗？》，见《明镜周刊》网络版，网址：http://www.spiegel.de/international/genocide-since-1945-never-again-a-338612.html（最近访问时间为2017年8月5日）；达尔富尔谋杀人数估计来自埃里克·里夫斯的“放弃达尔富尔种族灭绝受害者”，见《世界邮报》网络版（2015），网址：http://www.huffingtonpost.com/eric-reeves/abandoning-the-victims-of-genocide-in-darfur_b_7486878.html（最近访问时间为2017年8月5日）；难民人数的估计来自《没有种族灭绝行为的世界》（2015）的“种族灭绝与冲突”部分，见《没有种族灭绝行为的世界》网络版，网址：http://worldwithoutgenocide.org/genocides-andconflicts（最近访问时间为2017年8月5日）；叙利亚的数据来自罗素·戈德曼的文章《阿萨德的化学武器袭击和其他暴行的历史》，见《纽约时报》（2017年4月5日版），网址：https://nyti.ms/2oC1bdY（最近访问时间为2017年8月5日），以及叙利亚人权观察组织的文章《自宣布建立哈里发国家以来的二十八个月内，4 500名叙利亚平民中约有2 450人被“伊斯兰国”处决》（叙利亚人权观察组织，2016年10月29日），网址：http://www.syriahr.com/en/?p=53469（最近访问时间为2017年8月5日）。

注：根据参考资料来源的不同，已公布的人数估计差别很大；*尽管“种族灭绝观察”发布了一个警告，但叙利亚尚未被广泛认定为种族灭绝事件。叙利亚因种族灭绝而死亡的人数被低估了。这包括：该政权处决的人数估计多达1.2万人，至少有1 100人死于该政权发动的化学袭击，自宣布建立哈里发国家以来，“伊斯兰国”还处决了2 450名平民。尽管没有可靠的统计数字，但该区域的其他团体也可能对种族灭绝负有责任。区分与冲突有关的死亡和与种族灭绝有关的
135 死亡并非易事。后者仅限于意图摧毁或迫害某一特定种族或宗教团体的行为。

根据国际法，种族灭绝是违法行为（1948年，联合国通过了一项决议确认种族灭绝为非法行为），但是只有到了20世纪90年代随着国际刑事法院的发展，国际社会才获得授权在联合国框架下采取行动防止种族灭绝行为。“保护责任”的概念还与一个框架的发展相关，即克服联合国历史上对干涉成员国国内活动的厌恶情绪。尽管制定了一个框架，但正如叙利亚和其他地方发生的事件所证明的那样，国际社会依然不能防止种族灭绝行为以及对平民有计划的攻击。

建立全球安全并执行旨在防止种族灭绝和促进移民和难民安全流动与公平待遇的各项协定，是国际社会的一项重要责任。实现这一目标直接关系到发展问题。 136

第八章

发展的未来

在过去的七十五年里，关于发展责任的理念已经从殖民主义和恩赐的观点，即认为贫穷国家无法发展自己，需要富裕的殖民列强指导和帮助，转向另外一种观点，即每个国家对其自身的发展目标和结果负有主要责任，发展不能从外部强加。然而，尽管殖民主义和马克思主义关于先进国家与发展中国家相互作用的观点令人怀疑，但外国列强和国际社会仍然可以对发展产生深远的影响——无论是好是坏。这种影响远远超出了发展援助，因为国际贸易、投资、安全、环境和其他方面的政策通常更为重要。然而，援助的数量和质量、类型、可预测性以及与国家目标的一致性，可以在促进发展成果方面——特别是对低收入国家和最不发达经济体来说，发挥着一种至关重要的作用。适当技术和能力建设的获得，有助于奠定改善民生的基础。因此，尽管发展必须由当事国和公民自己来完成，但国际社会促进或阻碍发展的程度继续影响着，有时甚至极大地影响
137 着发展轨迹。

在减贫方面取得的非凡进步证明发展确实存在。从图12可以明显看出，在1990年至2013年间，尽管发展中国家的人口数量增加了20多亿，但每天生活费不足1.90美元的人口（按2011年购买力平价计算）却减少了10亿多。这种下降在很大程度上要归因于中国取得的进步，东亚和印度也有一定程度的进步。最大的发展挑战依然在撒哈拉以南非洲地区。我们前文曾指出，特别是对最贫穷的国家而言，援助对发展来说仍然起着核心作用；不过，援助在解决中等收入甚至较富裕国家的公共品问题方面，也发挥着至关重要的作用。

最新的2015年贫困估计数显示，生活费在1.90美元贫困线以下的人口将减少到7亿左右，其中绝大多数贫困人口依然分布在南亚和撒哈拉以南非洲地区（参见表6）。预计到2030年，生活在贫困线以下的人数将再次几乎减半（约4.12亿），取得的进步绝大多数发生在南亚；预计有2.68亿人摆脱极端贫困。

人们现在普遍认识到，尽管政府必须为基础设施、医疗卫生、教育和其他公共品奠定基础并进行投资，但私营部门才是发展和就业岗位创造的引擎。

所有国家面临的一个重大挑战，是确定不同政策改革和投资努力的优先排序。鉴于发展中国家政府面临大量紧迫需求，但资金和机构能力却很有限，因此必须做出艰难选择，以确定应该把什么放在首位。资金、人员、设备短缺和其他能力限制意味着，即使最基本的需求——比如清洁水、卫生设施、电力、道路、教育和医疗卫生——也不是每个人都能同时得到满足的。一个国家内所有地区的需求也不可能同时得到满足。 138

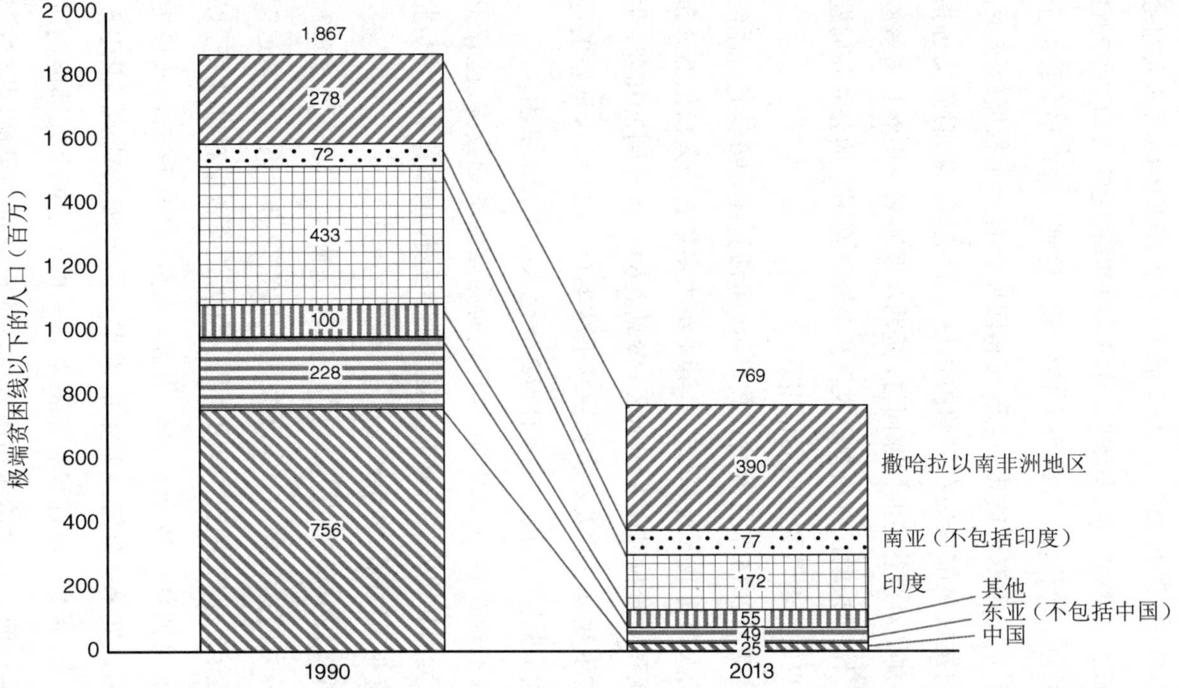

图12　按地区划分，每天生活费低于1.90美元的人口（1990—2013）

注：印度的估计数分别对应1993年和2011年。对印度的最新估计是基于新的混合修正系数参考方法，换算成12.4%的较低贫困率。

表6　1.90美元贫困线以下的人口总数和比例(1990—2015)

	每天生活费低于1.90美元的人口比例（按2011年购买力平价）				每天生活费低于1.90美元的百万人口（按2011年购买力平价）			
	1990	1999	2013	2015	1990	1999	2013	2015
东亚和太平洋地区	61.4	38.5	3.7	4.1	983.5	691.6	73.9	82.6
欧洲和中亚	2.4	8.0	2.2	1.7	11.0	37.8	10.4	4.4
拉丁美洲和加勒比地区	16.0	14.0	4.9	5.6	70.4	71.6	30.1	29.7
中东和北非	6.2	3.8	2.3	—	14.2	10.5	8.3	—
南亚	44.6	—	14.7	13.5	505.5	—	249.1	231.3
撒哈拉以南非洲地区	54.4	57.6	41.0	35.2	278.1	375.6	390.2	347.1
全世界	35.3	28.6	10.7	9.6	1 867.0	1 728.6	768.5	702.1

资料来源：世界银行（2017），衡量贫困的在线工具PovcalNet（世界银行发展研究小组），网址：http://iresearch.worldbank.org/PovcalNet/index.htm?1（最近访问时间为2017年11月10日）；2015年的统计数据来自世界银行的预测，《2015—2016年全球监测报告：消除贫困和共享繁荣》（世界银行，2016），第4页，表0.1。

社区敏锐地意识到了这些限制，使公民参与选择提供什么以及如何提供基本服务的办法，通常会产生最大的发展影响。培养技能和促进私营部门发展的投资和改革，会为未来的就业和税收奠定基础，并随着时间的推移可以实现更多的目标。包括水和公共卫生的提供、可靠的电力供应和运输系统在内的基础设施，是发展的重要基础。普及基础教育和医疗卫生至关重要。改善治理、减少腐败以及提高教育水平和技能的政策可以鼓励就业。虽然在发展的早期阶段和危机时期，可能需要国外借贷和援助来补充国内收入，但至关重要的是，政府必须提高收入和支出，以确保可以在不依靠高风险债务水平的情况下保持其增长。

排序决策的分配结果会对发展成果产生巨大的影响。在许多国家，首都城市的富裕居民利用他们与权力的关系，确保他们的需求优先于穷人得到满足。这往往会使投资向大城市富裕地区倾斜，并加剧社会中日益增长的不平等。扩大初级教育和医疗卫生、电力和水等基本服务的获得，采用反映支付能力的税收和收费结构，可以在任何预算范围内实现基础更加广泛的发展。

私人投资和外国援助的作用和排序是另一个重要的考虑因素。私人投资至关重要，事先制定透明和负责有效的法律和条例，包括保障工人的医疗卫生和安全、控制污染、确保尊重所有
141 权和良治，会鼓励能够促进发展的私营部门的繁荣。在资源丰富的国家，需要吸取过去许多失败的教训，以避免资源诅咒，这种诅咒往往与掠夺性投资自然资源有关。确保矿业和其他自然资源的收入让多数人受益，而不是被少数人攫取，这一点至关重要；让主权财富基金和其他机制提供一种降低风险的手段。

援助和其他政策的连贯性是一个重要的考虑因素。比如，就像我们在前几章已介绍的那样，支持发展中国家的农业系统不仅需要投资于农村道路和灌溉，还需要支持提供种子改良的国际研究，使人们能够获得农作物的贸易改革，以及采取行动阻止气候变化对许多最贫穷国家农业系统的破坏性影响。如前所述，建立公平的贸易竞争环境，特别是减少富裕国家的农业补贴和关税及非关税壁垒——这对农业发展构成严重的歧视并增加粮食价格的不稳定——对许多发展中国家所提供的推动力会比援助更大。并不是所有的贸易都是好的，应该遏制小型武器贸易、有毒废物、奴隶和人口贩卖以及其他非法贸易，并果断处理腐败问题。防止转移定价和避税对于建立一个扎实的收入基础非常重要，这为政府提供了投资基础设施、医疗卫生、教育以及为发展奠定基础的其他系统的手段。

能源投资与减少碳排放以限制全球变暖的迫切要求之间的关系至关重要，需要更高的连贯性。减少碳排放需要帮助发展中国家对非碳能源进行投资。这就需要大幅增加对可再生能 142
源和其他非碳能源融资的支持，以及对技术转让和能力建设的支持，以确保发展中国家能够攀登满足其人民需求所需的陡峭能源曲线。我们面临两大挑战：消除贫困和减缓气候变化。确保我们在迎接这两项重大挑战时所采取的行动协调一致，至关重要。

提供全球公共品与向单个国家提供发展援助一样重要。例如，这些措施可以改善疫苗和药物的可得性、价格和效力，特别是针对热带疾病的疫苗和药物以及艾滋病的治疗。国际社会的另一个重要作用是建立一个知识产权制度，使人们能够买得起药物，并鼓励对药物和那些促进发展（尤其是农业方面）的技术进行研究。

国际社会在保护和恢复全球公共领域，尤其是在气候变化和环境方面，可以发挥核心作用。国际社会的另一项主要责任是建立全球安全，并执行旨在防止种族灭绝以及便利移民和难民安全流动与公平待遇的协定。防范系统性风险也是如此。贫困人口和贫穷国家最容易受到各式各样风险的影响，降低跨越国界的系统性风险的国际努力，是另一个需要国际社会共同完成的领域。

发展是一种国家责任，但在日益一体化的世界中，国际社会有更大的责任帮助管理全球公共领域，因为越来越多的问题都
143 溢出了国界。世界各国共同承担着保护地球的集体责任，但国家越大、越发达，就越有能力承担更大的责任。

我们共同的未来

随着个人变得更加富有并摆脱贫困，他们做出的选择就越来越多地影响到其他人。个人选择和集体结果之间的紧张关系并不新鲜，公地管理的研究至少可以追溯到五百年前。公地是指共享的土地、河流或其他公民可以使用的自然资源。在英国，这种公地可及权在习惯法中得到了界定。这些权利在18世纪的圈地运动中被剥夺了，圈地运动将大部分公共土地变成了私人财产。

公地的悲剧是指对公共资源的过度开发。早期的例子包括河流的过度捕捞、村庄田地的过度放牧或地下水的枯竭。公地管理导致了习惯性的以及最近具有法律强制性的规则和条例的

发展，以对共享资源的开发进行限制。然而，近几十年来，随着人口和收入的增加，给共同资源，特别是给“全球公域”带来的压力有所增加。“全球公域”指的是地球共有的自然资源，包括海洋、大气、极地和外太空。

发展意味着我们将从20世纪80年代仅有5亿中产阶级消费者的世界，在未来十年内发展成为超过50亿中产阶级消费者的世界。这种成功的发展值得庆祝。但它使人们越来越担心，我们是否有能力在这美丽星球上以可持续的方式合作共存。对许多人来说，更多的个人选择是发展过程的一个重要目标与结果。其他 144
结果还包括预期寿命的延长、更高的收入和消费的提高。发展导致人口快速增长——在过去的二十五年里增加了20亿人，预计到2050年将再增加20亿人（见表2）。而全球化不仅带来了更加密切的互联互通，而且由于可以从更远的地方获得产品和服务，所以还促进了全球商品和服务的流动。稀缺资源的压力从未如此之大。管理稀缺资源的难度之大也是前所未有的。

因此，管理“全球公域”的挑战急剧上升，同时出现了新的共同挑战。抗生素耐药性是这些新挑战之一。尽管个人服用抗生素来战胜感染是合理的，但人们服用抗生素越多，产生耐药性的风险就越高。再加上抗生素在动物身上的使用越来越多——在美国，动物消耗了超过70%的抗生素；而在大多数其他国家，动物消耗的抗生素超过50%——因此抗生素耐药性的风险不断上升。这将导致抗生素的效力迅速下降，对现代医学的基本组成部分带来严重的负面后果。我们个人选择与集体结果之间紧张关系的其他例子还包括：对金枪鱼的消费与其他面临灭绝威胁的鱼类之间的关系，或者我们个人对化石燃料能源的使用与由此带来的气候变化共同影响之间的关系。

由于发展提高了收入和消费，并增强了互联互通，因此个人行为的溢出效应也在增加。这些溢出效应中有许多是积极的。积极的证据包括城市化和发展之间的密切相关。当人们聚在一起时，就可以做一些无法独自做到的事情。然而，随着收入的增加，意想不到的负面溢出效应往往也在增加，例如肥胖、气候变
145 化、抗生素耐药性以及生物多样性的丧失。日益加剧的不平等和社会凝聚力的削弱，也是日益增大的风险。

另一种可能破坏发展的风险与技术创新有关。正如我们前文所述，加速创新的一个可能后果是，许多工作岗位由于基于常规和规则的制造业自动化而丧失。最新的研究表明，技术诱发的去工业化进程并不限于发达经济体，而且正在大多数发展中国家铺展开来。说明这一现象规模的一个惊人发现是，目前正经历工业发展的许多国家正在以比过去低得多的收入水平达到工业化峰值——如果把1990年之后实现工业化的国家与之前工业化的国家相比，平均收入要低40%左右。

自动化的兴起也可能意味着在一些国家根本不会经历工业化进程。就制造业而言这可能是真的，因为以前可能注定去往发展中国家的制造业现在又转移到发达经济体，因为越来越多地决定制造业地点的是资本的价格（以机器人和自动化程序的形式体现），而不是劳动力的价格。如果发展中国家的制造业继续存在，特别是为了满足国内需求而存在的制造业，它们也可能会实现自动化。在发展中国家，由于常规制造业的自动化以及这些工作被机器取代，工作岗位被再次转移到发达经济体，这给发展中国家造成了一个严峻的挑战。从历史上看，制造业通过更高的生产率

增长，在中长期内对经济发展做出了不成比例的贡献。

服务业（通常被认为是增长引擎）不太可能同等地充满活力，因为自动化的兴起很可能同样破坏服务业的许多部门。与 146
制造业一样，服务业涉及许多常规的和重复的服务工作（如呼叫中心和后勤办公室）；尽管这些服务工作越来越容易受到自动化的影响，但这一直是墨西哥、印度和南非等国就业迅速增长的一个来源。

技术变革对制造业和服务业就业构成的挑战突显了管理系统性风险的必要性，并确保发展战略要考虑到我们当前这个发现的时代快速变化的动力。由于技术取代了许多日常工作，发展中国家有潜力在创意产业和护理（医疗卫生、退休和相关工作）、旅游和其他服务领域创造就业，共情与经验在这些领域提供了发展机会。就像建立一个促进人类繁荣的社会和经济环境那样，教育和技能将继续成为发展的一项重要基础。

正如森所确定的那样，发展的一个重要目标就是（实现）积极的自由。避免匮乏和饥饿的自由，克服不安全和歧视的自由，最重要的是能够实现那些我们有理由珍视的事情。但这种自由也带来了新的责任。作为未来世代的守护者，我们个人对共同成果的贡献随着我们自身的发展而增大。如果要为所有人实现发展，无论是现在还是将来，我们都要实现个人发展——这一点至关重要。我们需要确保自己知道自己的行为是如何与其他人相互作用的。发展既带来了自由，也带来了新的责任。

发展的理念

本书已证明，发展没有简单的方法。对发展的追求，必然

147 要受到历史与地理的综合影响。但历史并非命运，有着相似历史和类似地理位置的国家所取得的成果截然不同就说明了这一点。

（经济）增长是一个重要但不充分的目标。资源丰富的安哥拉多年来一直是非洲和世界上增长最快的国家之一，但在大多数发展指标上，它仍然是表现最糟糕的国家之一，因为增长的好处被一小部分精英攫取了。与此同时，其邻国博茨瓦纳虽然拥有丰富的钻石资源，却逃脱了资源诅咒，并通过更好的治理让其大部分人口摆脱了贫困。居住在任何地方的一个古巴人可能会比邻国巴巴多斯、多米尼加和海地等岛国的公民多活四到十七年，而且古巴人甚至比美国公民的预期寿命都要高，但美国人按实值计算通常要比古巴人富有八倍。

近几十年来，世界范围内取得的进步已经非常显著。当人们和社会抛弃旧理念，接受新的、更好的理念时，就会有发展。这些理念使人们摆脱贫困，过上更长寿、更健康的生活；这些理念结合了对经济和社会变革的理解，这些变革不分性别、年龄、残疾、信仰、种族或性取向，涵盖了整个社会。近几十年来，由于互联网的使用增强了读写能力和互联互通的优势，人们对理念的获取出现了跨越式发展。可是，不仅仅是好的理念传播得更快，邪恶的理念也传播得很快，比如“伊斯兰国”组织和其他极端主义运动宣扬的理念。随着理念斗争已成为全球性斗争，更加重要的是确保那些促进发展的理念得到更广泛的传播，并要确保所有社会中的每个人，尤其是青年人，都怀有发展的希望。

发展就是学习。学习什么有效，什么无效，在什么地方有效
148 以及为什么有效。这不仅需要分析成功的案例，也需要分析失

败的案例。领导人、援助机构和专家们经常吹嘘他们所谓的成就，却忽略了从失败中吸取的重要教训。在追求发展的过程中有许多重要因素，但公开与问责是持续进步的一个重要因素，领导人可以听取公民的洞见，并从他们过去的经验和其他人的经验中汲取灵感。将长期的展望和目标结合起来，以确保发展的好处在未来几十年得到维持，降低与资源枯竭、气候变化相关的风险，以及可能从根本上威胁到发展的持续追求的短视增长，它会带来越来越多的灾难性后果。

让贫穷成为历史

无论富国还是穷国，发展从来都不仅仅是政府的专职任务。近几十年来，参与发展问题的公民和企业数量迅速增加。数以千计的非政府组织参与了各种基层运动，提高认识、筹集资金、影响政策和建立团结，以实现广泛的发展目标。

人们通过音乐、社交媒体，以及将知名人士和品牌与强调发展问题的宣传运动之间建立联系，提高了人们的发展意识。1971年，前披头士乐队成员乔治·哈里森和拉维·尚卡尔一起组织了一场开创性的慈善音乐会，并制作了一张唱片，以提高人们对孟加拉国种族灭绝受害者的关注，为他们筹集资金。1984年，鲍勃·吉尔多夫成立了公益组织“乐队援助”，并与音乐大腕们在“拯救生命”音乐会中一起表演，以支持埃塞俄比亚饥荒中的受害者。随后，越来越多的音乐家和演员参与了广泛的公益事业。在20世纪80年代，许多歌曲和音乐会都为反种族隔离斗争和纳尔逊·曼德拉的释放提供支持。 149

2005年，“让贫困成为历史”运动给参加2005年格伦伊格尔斯八国集团首脑会议的与会者增加了压力——要求他们增加援助承诺，并拥护“千年发展目标”。2007年的“拯救地球”音乐节活动旨在提高人们对气候变化的认识。在每年的“红鼻子日”和“运动慈善募款”活动中，戏剧救济基金会邀请名人来提高人们的意识，吸引那些可能还未意识到发展目标的公民，并鼓励他们支持本地和国际发展事业。联合国儿童基金会等组织把名人在提高公众意识方面的作用正式化，儿童基金会就与巴塞罗那足球俱乐部建立了伙伴关系，并任命了包括大卫・贝克汉姆和安迪・穆雷在内的名人大使。联合国难民署同样任命安吉丽娜・朱莉为其特使，以提高人们对难民困境的认识。与此同时，摇滚歌星波诺几十年来一直活跃在发展及相关问题上，包括通过一个专门的活动组织进行宣传。

虽然对发展需求的一个积极看法正取得进展，但由于日益增强的相互依赖性而产生的威胁也在增加。2001年9月11日世界贸易中心大厦被毁的悲剧和随后美国对阿富汗的袭击表明，世界上最贫穷国家发生的事情可能会对地球上最富裕地区的生命产生巨大的影响。最近，中东宗教极端主义的发展更加凸显了与该区域发展失败相关的各种风险。大流行病也会带来越来越大的风险；随着大型枢纽机场将世界各地的旅客连接起来，据估计，一场流行病可能在48小时内就蔓延到全球。网络攻击预示着潜在的瞬时破坏，因而也为超国界系统性风险增加了一个新的维度。

在互联网、其他技术进步和社交媒体的推动下，理念、人员、
150 产品和服务的跨境流动不断增长，我们对普遍人性的认识也在不断增强。我们生活在这样一个时代，我们有史以来第一次能

够切实地想象，并在有生之年实现一个没有贫穷且摆脱几千年来一直折磨人类的许多疾病的世界。值得注意的是，消除贫困已被全球一致认定为“可持续发展目标”。最近几十年已经证明，发展确实在发生，而且确实改变了人们的生活。虽然没有可复制的万灵药来实现这一点，但我们对发展的认识在概念和实践上都有所演进，从而可以提供一个日益有效、广泛适用的工具箱。

在本书中，我已指出了一些重大经验教训，以及这些教训为社会进步发展提供的机遇。发展前景从未像现在这样光明。但风险也在上升，发展可能受阻或倒退。全球化既是最大的机遇之源，也是影响我们所有人未来的新的系统性风险之源。

我们的未来都与发展中国家的未来紧密相连。发展中国家将产生非凡的创造力和机遇。随着50多亿识字且受教育程度越来越高的人开始为全球发展做出贡献，我们可以期待会出现许多现代爱因斯坦、莎士比亚和其他创造性天才的大繁荣。与此同时，我们应该意识到，我们正在应对我们生命中最大的挑战，比如气候变化、冲突、宗教极端主义和大流行病。这需要加强合作和伙伴关系。发达国家和发展中国家的前途前所未有地交织在一起。事实上，“发展”一词越来越少地与某个地理位置有关，而是越来越多地关乎我们在获得全球机遇并管理与之相关的全球风险方面进行合作的集体能力。发展不只是或主要是关乎他人的生命。这关乎我们自身以及我们所关心的事情。发展关乎我们是谁，关乎我们共同的未来。

索　引

（条目后的数字为原书页码，
见本书边码）

A

D

E

F

G

H

I

J

K

L

M

Q

R

S

T

Ian Goldin

DEVELOPMENT

A Very Short Introduction

To the memory of my mother
Who taught me to look and learn

Contents

Preface and acknowledgements

How individuals and societies develop over time is a key question for global citizens. Development motivates and intrigues me. I have worked in and with developing countries for my entire career and it has been a privilege to be asked by Oxford University Press to distil my experience into this short volume.

I have trained and worked as an economist and so my perspective is largely informed by the economics literature and my engagement in economic policy. As a vice president and the Director of Development Policy for the World Bank Group, Head of Programmes at the Organisation for Economic Co-operation and Development (OECD) Development Centre, and principal economist at the European Bank of Reconstruction and Development (EBRD), as well as in my role as Chief Executive of the Development Bank of Southern Africa (DBSA) and advisor to President Mandela, and more recently as the Senior Independent Director of the United Kingdom Government's aid agency CDC, I have drawn on the wisdom of numerous scholars, policymakers, and members of the development community. Principal among them has been Nick Stern, who has informed my understanding of the role of ideas. Having represented both developing country and global institutions at different stages of my career I have learnt that the position one sits in necessarily informs one's views. In practice however, every circumstance is different and there is no theory or lesson that may be replicated everywhere.

In my role as the founding Director of the interdisciplinary Oxford Martin School and Professor of Globalisation and Development at the University of Oxford, I came to appreciate the pitfalls of narrow economic perspectives. All our futures will be shaped by trends which transcend national borders, as they do academic disciplinary silos. Demographic, climate, health, technological, and other developments will shape all our destinies. The future of developing countries is intertwined with those of the most advanced economies. Widening our perspectives beyond our narrow professional and national perspectives is more vital than ever.

If there is one thing this book shows it is that there is the need for constant learning. The evolution in our understanding of development makes me optimistic. We have come a long way. But there is much we still do not understand and much more to learn.

A short book is necessarily selective. All of the topics I have covered are the subject of fuller analysis elsewhere, and parts of this volume draw on my previous books (see https://iangoldin.org/). I am most grateful to my co-authors for their insights and to the many colleagues, scholars, and policymakers from whom I have been most fortunate to learn over the past decades.

This volume owes much to the remarkable depth and breadth of David Clark's knowledge of development. David helped me shape the proposal for *The Pursuit of Development* on which this Very Short Introduction to *Development* is based. David subsequently played a vital role in identifying key texts and helping lay the foundations for *The Pursuit of Development*, as well as preparing its figures and tables, and contributing to my response to the referees' reports and polishing the final text. This Very Short Introduction is a substantially revised and updated version of my previous book, and once again David Clark has proved extraordinarily knowledgeable and helpful in identifying the needed revisions and updating the text and figures.

This book has benefited from the excellent research assistance that Maximilia Lane, John Edwards, and my son Alex and daughter Olivia provided for *The Pursuit of Development*, and from Sarah Cliffe's helpful insights on the relationship between conflict and development. In revising and updating the data and figures for this volume, I have been fortunate to be able to draw on the guidance and support of François Bourguignon, Max Roser, Branko Milanović, and Jutta Bolt.

OUP has once again proved to be a remarkable publishing partner. Andrea Keegan encouraged me to write this book and Jenny Nugee has provided timely expert guidance throughout the publication process, supported by Martha Cunneen and many tremendously helpful Oxford colleagues as well as Joy Mellor who has copyedited the manuscript. I also am grateful to two anonymous reviewers and have sought to incorporate their helpful comments.

My purpose in writing the book is to convey my passion and interest in development and the progress being made through the combination of learning and doing. Development is a team sport that requires the engagement of civil servants, businessmen and women, scholars, non-government organizations, and citizens in all countries. I hope that this volume increases your interest and your ability to contribute to the success of global development.

Ian Goldin

Oxford, November 2017

List of illustrations

List of tables

6 Total number and proportion of people below the $1.90 poverty line (1990–2015) **140**

World Bank (2017), PovcalNet: The Online Tool for Poverty Measurement (Development Research Group, World Bank), http://iresearch.worldbank.org/PovcalNet/index.htm?1 (Last accessed 8 August 2017); the 2015 projections are from World Bank, Global Monitoring Report 2015–16: Ending Poverty and Sharing Prosperity (World Bank, 2016), table 0.1, p. 4.

Chapter 1
What is development?

Too many people in the world still live in desperate poverty. About 770 million people live on less than $1.90 a day, the World Bank's definition of extreme poverty. Around two billion people live on less than $3.10 a day and are deprived of the means to lead a decent life. Why is this so? And what can be done? These are among the most important questions facing humanity at the start of the new millennium.

Progress in tackling poverty over the past twenty-five years has been remarkable. The Millennium Development Goals (MDGs) primary target, to cut the 1990 poverty rate in half, was achieved in 2010. For the first time in history, there is the real possibility of eliminating extreme poverty in our lifetimes. To achieve this, we need to understand how development happens.

A hundred years ago, Argentina was among the seven wealthiest nations in the world, but now ranks 52nd in terms of per capita income. In 1950, Ghana's per capita income was higher than that of South Korea; now South Korean people are more than ten times wealthier than the citizens of Ghana. Meanwhile, while over three billion people have seen remarkable improvements in health, education, and income, over a billion live in fragile states with weak institutions. A significant share of these people have limited or sporadic access to public services, and have experienced little progress in development or have suffered severe reversals. Even in countries where dramatic gains have been made in growth and average incomes, inequalities between people and groups are rising. It is therefore necessary to go beyond the averages to examine distribution and to identify the extent to which significant numbers of people may remain in poverty and suffer severe deprivation despite the overall progress.

Within countries, the contrast is even greater than between countries. Extraordinary achievements enjoyed by some occur alongside both the absolute and relative deprivation of others. What is true for advanced societies, such as the United Kingdom and United States, is even more so in most, but not all, developing countries.

Some countries have grown rapidly, but have lagged behind others in terms of social achievements. Equatorial Guinea has grown twice as fast as China since the discovery of oil in 1996 (despite the rapid contraction of the Guinea economy over the last four years). Average per capita income expanded from $1,703 in 2000 to $20,246 in 2013 (before falling to $8,333 in 2016). Yet few people have shared in this new-found prosperity. Despite now having a per capita income similar to Mexico or Romania (and higher than almost all other African countries), life expectancy barely improved until the 1990s and remains under 60 years of age to this day. Meanwhile, considerably poorer African countries such as Ethiopia have managed to increase life expectancy by twice as much (eighteen years) since 1990.

In other cases, low or modest growth has been associated with sustained improvements in social indicators. Bangladesh has made steady progress with literacy and life expectancy over the last twenty-five years, even though per capita income remains low (around $1,359). In India the state of Kerala (which is home to over thirty-three million people) has persistently outperformed other Indian states in virtually all social indicators including literacy, life expectancy, infant mortality, under nourishment, and fertility. Yet several Indian states enjoy higher per capita incomes.

This book seeks to explain the pursuit of development through eight thematic chapters, each of which draws on development theory and practice and a crossdisciplinary perspective.

The meaning of 'development'

There are many definitions of development and the concept itself has evolved rapidly since the Second World War. To develop is to grow, which many economists and policymakers have taken to mean economic growth. Yet development is not confined to economic growth. Development is no longer the preserve of economists and the subject itself has enjoyed rapid evolution to become the object of interdisciplinary scholarship drawing on politics, sociology, psychology, history, geography, anthropology, medicine, and many other disciplines.

While Development Studies is relatively new as an academic discipline, the questions being asked are not—philosophers have puzzled over them for millennia. Our questions are rooted in both classical political economy and ancient philosophy, such as Aristotle's notions of well-being and human flourishing. Many of the giants of classical economics were also concerned with this intersection of economic and philosophical thought. Adam Smith worried about the 'progress of opulence' and the necessities of achieving self-respect; he recognized the importance of being able to appear in public unashamed and argued that people need certain basic necessities, such as linen shirts or leather shoes, to avoid shame, depending on custom and social convention.

In this volume, our focus is on the economic and social development of societies and people's lives. Leading scholars have long recognized that economic development cannot be equated with economic growth. For Paul Streeten development aims 'to provide all human beings with the opportunity for a full life', while for Dudley Seers it should create 'the conditions for the realization of human personality'. Such concerns have been more fully articulated by Amartya Sen's Capability Approach, which views development in terms of the capabilities or substantive 'freedoms' people have reason to value.

Why are some countries rich and others poor?

Until the 1980s development policy mainly focused on generating economic growth. In purely economic terms, growth increases when *total factor productivity*, or the efficiency of production, increases. An increase in a country's use of labour and capital, or its greater efficiency, provides for economic growth. Growth can be associated with increases in investment in resources, including infrastructure, education and health, leading to *capital accumulation*, or an increase in wealth. It also can result from changes in the way these resources are used, leading to *structural transformation* of economies, in which there is a reallocation of economic activity, typically from agriculture to manufacturing and services.

While development cannot be reduced to economic growth only, economic growth is often necessary to facilitate development. Growth is generally needed to eradicate poverty, because in poor societies without economic growth there are insufficient resources to invest in education, health, infrastructure, and the other foundations of development. Because economic growth is an important engine of development, the measurement of development for many years was often reduced to economic indicators only. However, growth alone is insufficient, as is evident from the continued prevalence of dire poverty and persistent—or expanding—inequalities in many countries which have enjoyed sustained growth.

Development is necessarily in part a normative or value-based concept. What would make me feel better off is not necessarily the same as what would make you feel better off and the balance between different dimensions of development requires subjective judgements. Nevertheless, development thinkers and policymakers try to find measurable features of life to set goals of development and judge success and failure according to thresholds. Numerous measurements and assumptions are employed to derive such common frameworks, which draw on both objective criteria and subjective judgements. The World Bank's poverty threshold of $1.90 a day embodies wide-ranging assumptions, as does the categorization of 'low', 'middle', and 'advanced' economies. Similarly, there is a ceiling of $1,165 for the per capita national income levels that in 2018 qualified seventy-five countries to be defined as 'low income', and therefore eligible for highly concessional lending from the World Bank and other multilateral banks. The World Bank's September 2015 revision of the poverty threshold to $1.90 per day, whereas previously it had been $1.25, transformed overnight the number of people defined as poor and their global distribution. This is indicative of the somewhat arbitrary nature of the measurement of poverty. Similarly significant assumptions also are embedded in the comparison across countries, using wildly fluctuating exchange rates and their adjustments to purchasing power parity (PPP).

By way of illustration consider the implications of the World Bank's decision to increase the international poverty line in October 2015. The rationale for periodic changes in the poverty line is reflected in the fact that the cost of living in different countries evolves over time. As a result new poverty lines based on improved price data for a given basket of goods are periodically required. In theory, such adjustments to the poverty line should not radically affect the number of people who classify as poor. As the World Bank points out, 'the real value of $1.90 in today's prices is the same as $1.25 was in 2005'. In practice, however, the immediate effect of raising the international poverty line, from $1.25 (2005 PPP) to $1.90 (2011 PPP at the time), had the effect of reducing poverty in 2011 from over one billion people (1,016 million) to 987 million (as measured in October 2015), with almost twenty-five million people no longer being counted as 'extremely poor'.

The most common measure of economic growth is Gross Domestic Product (GDP) which measures a country's national output and expenditure. Gross National Product (GNP) measures the products and services produced by all citizens of a given country, adding the balance between income flowing in from abroad and outflows from the country. If the outflow of income to foreign assets is greater than the inflow of income from abroad, GNP will be smaller than GDP. Gross National Income (GNI) measures the domestic and foreign output of all residents of a country.

GDP is the most widely used measure of development as it is relatively easy to calculate, accessible, quantifiable, and comparable across borders. Dividing GDP by the population gives GDP per capita, which is a widely used benchmark as it reflects levels of average development by accounting for discrepancies in population size. To overcome the distortions that arise when comparing incomes or expenditures across countries using nominal (official) exchange rates, the concept of purchasing power parities (PPP) was introduced around 1918 by Gustav Cassel. PPP aims to compare a country's product against its international price, so that economists can see how much a bundle of comparable products and services will cost a consumer in different countries and hence compare absolute and relative wealth internationally.

These widely used measures are only partial indicators of development and have many shortcomings. For instance, these summary economic measures give an indication of a country's market production and are not an indication of economic well-being or quality of life, as they leave out factors such as education, health, and life expectancy. With similar levels of average per capita incomes, average life expectancy in Bangladesh is 72 years, while it is 50 in Lesotho and 56 in Cameroon.

Furthermore, per capita measures tend to obscure distributional dimensions of development and two countries with the same per capita levels may face very different development challenges. Averages may hide wide-ranging disparities between rich and poor. For example, while the United States and Denmark share similar GDPs per capita, in the United States the richest 1 per cent of the population earns over 20 per cent of the income, which is more than the bottom 50 per cent of the population. By contrast, in Denmark, the top 1 per cent of the population earns less than 7 per cent of national income.

Another shortcoming of the summary economic measures is that certain 'intermediary' products, or products whose sole purpose is to allow or facilitate the creation or sale of 'final' products, are not traded and not captured by GDP; and neither are many services. For example, household-supplied healthcare, education, transport, cooking, childcare, and other non-traded goods do not appear in GDP calculations. As many of these services are supplied by women, the contributions of women to economic activity, as well as the actual levels of overall economic activity, are underestimated.

A further problem is that activities which are unfavourable for development can provide positive boosts to economic indicators. For example, an increase in violence and crime that increases the demand for medical and security services could raise national output and GDP. So too can the extraction of non-renewable resources and utilization of products that cause pollution (such as coal or other fossil fuels). Resource depletion, such as the extraction of water from non-renewable aquifers, as well as externalities and spillover effects, such as climate change and pollution, are largely ignored in the output-based measurement of national accounts.

By the 1970s, twenty-five years of post-war development suggested an uneven track record. A number of remarkable success stories, not least in East Asia (giving rise to a series of books and critiques of the so-called 'East Asian Miracle'), highlighted the extent to which development could happen, sometimes very rapidly. But in Latin America and Africa, rapid growth had not necessarily lowered poverty. Some economists argued that the benefits of economic growth would trickle down and even that inequality was necessary for growth, at least temporarily. By the 1970s, the recognition that economic growth alone need not translate into improved well-being led to a broadening of approaches to development.

Beyond growth

Economic growth was not necessarily a tide that lifted all people. Feeding on unequal income and asset distribution, growth can concentrate wealth further, making the rich richer and leaving the poor behind. By the 1970s, it had become apparent that while many economies had experienced economic growth, many of the poorest countries had grown more slowly, and, within most developing countries, the poorest individuals had not benefited sufficiently to escape poverty.

The development economist Dudley Seers argued that to address poverty broader measurement was needed. Since GNP can grow considerably without resulting in a reduction in poverty, unemployment, or inequality, he called for 'the dethronement of GNP' as the primary measure of development. While recognizing that economic growth was needed to help increase the incomes of the poor, Seers argued that development requires a decline in poverty, unemployment, and inequality.

Hollis Chenery, Richard Jolly, and Montek Ahluwalia, among others, argued for *redistribution with growth*. In their view, policymakers did not have to make a compromise between growth and reducing poverty and inequality. Instead, distributional objectives should form part of any development policy plan. They argued for the need to maximize GNP growth, and redistribute investment and income to increase welfare for the poor. The incomes of the wealthy would be taxed to fund public services that would increase the productivity of the poor. They also recognized problems with GDP measurement for the purposes of measuring development. Among other things, Chenery and his co-authors suggested 'weighting' the GNP of the bottom 40 per cent more heavily when calculating growth for development.

The International Labour Organization (ILO) proclaimed, as early as 1944, that poverty anywhere constitutes a 'danger to prosperity everywhere'. In 1976 it called for a *basic needs approach* to address poverty, stating that the goal of development was to satisfy the most basic needs of all people in the shortest possible time. For the ILO, increasing employment was required to address basic needs. These basic needs were identified as what people require to live their lives—food, clean water, shelter, clothing, and access to essential healthcare, education, and transport. More sophisticated versions of the basic needs approach moved beyond the provision of specific goods and services in an effort to embrace broader social achievements such as nutrition and health, literacy, and longevity.

Amartya Sen, Paul Streeten, Mahbub ul Haq, and others argued that development is about the possibility of living a fuller life. They saw the prior focus on prices and production as an incomplete means to address fundamental human needs. The focus on human development and well-being provided a different perspective to development from not only the neo-classical approaches but also from the 'Marxist' focus on unequal power or class relations between and within countries.

People-centred development

The concept of *human development* takes the insights of the *basic needs approach* and adds the concept of well-being and capabilities. Since 1990 the United Nations *Human Development Report* has produced annual comparative data and analysis which seeks to go beyond purely economic data to provide a people-centred analysis of development. The 1996 Report identified five types of growth failure: jobless growth, ruthless growth (only a small group benefit), voiceless growth (lacking democracy or empowerment, particularly for women), rootless growth (cultural identity undermined), and futureless growth (resources and environment not conserved for future generations).

The human development approach goes beyond widely available social indicators, by indexing a set of indicators—including mortality and morbidity rates, school enrolment, and literacy rates—to provide a broader perspective of development outcomes. To capture this approach, the Human Development Index (HDI) includes measures of health, education, and standards of living. GDP and HDI can be used in conjunction to provide different insights into development; two countries with the same GDP per capita may have very different HDI rankings. Although the HDI moves beyond GDP, it is important to remember that it is only a partial measure of human development at best, as it relies on a sub-set of social indicators.

There is no one perfect measure of development, with each of the many measurement tools remaining both conceptually and empirically inadequate. The conceptual shortcomings are compounded by the absence of reliable data. Data quality is weak even in many advanced economies, but on many development dimensions it is almost non-existent—especially for many of the poorest countries. Where it exists, it is often out of date, partial, or inaccurate. Over half of the countries included in the MDGs were unable to be accurately reported on, for over half of the targets. The same is true of the Sustainable Development Goals (SDGs) with the preface of the 2016 *SDG Index and Dashboard* report predicting that many years are likely to elapse before the new SDGs framework will be 'underpinned by comprehensive data'. Improving national statistical capacity is therefore an urgent requirement, not least in the poorest countries where the needs are great and yet the data is weakest.

This widening and deepening of development analysis to build multidimensional approaches to development builds on Amartya Sen's Capability Approach. This approach recognizes that development is not about income in itself. It is about the freedom people have to achieve valuable ends or what they can 'do' or 'be' with the income at their disposal. Sen showed that people typically differ in their capacity to convert a given income or bundle of resources into similar capabilities and freedoms. A manual labourer, pregnant woman, or person with a parasitic disease may require more food to be properly nourished. It follows that if we're concerned with people rather than things, then development must be about the expansion of each individual's capabilities.

A key question in development is whose experiences matter and who can best identify development needs. Participatory notions of development examine how development strategies are formed and implemented. Robert Chambers has posed the question *whose reality counts?* His initial answer was 'to put the last first': children before adults, poor before the rich, weak before the powerful. The implication is a bottom-up, rather than the traditional top-down approach. Involving local communities in decision-making to identify pressing local needs and maximize valuable local capabilities requires decentralizing development policies. It also requires having political representation and levels of community engagement and literacy which can engage in a wide range of decisions regarding development options. For Sen, this is part of what is implied in the quest for 'development as freedom', which is facilitated by democratic institutions, public reason, and popular pressure for positive social change.

Development indicators

Combining different economic, social, and other indicators to provide composite indices raises many methodological and conceptual questions, not least with respect to the assumptions and weights given to different dimensions of development and their measurement. A simpler option is to provide information on a variety of these indicators in a development matrix. A well-known example is the MDGs agreed by the United Nations member states in 2000. The twenty-one time-bound and measurable targets and sixty indicators associated with the attainment of the eight MDGs are tracked, but not weighted and combined, to measure progress until the end of 2015. Their successor, the SDGs agreed in September 2015, is even more ambitious, with seventeen goals, 169 targets, and a set of 230 indicators (see Chapter 5; see also Boxes 3 and 4 for lists of the goals). The growing number of goals, targets, and indicators reflects our broadening understanding of development priorities as well as the increasing voice of a growing number of stakeholders in development. The difficulty of managing multiple ambitious objectives has invited criticism including with respect to the achievability, complexity, measurability, and prioritization of the multiple objectives.

The OECD Better Life Index is another contribution to broader measurement. This covers eleven topics: housing, income, jobs, community, education, environment, civic engagement, health, life satisfaction, safety, and work–life balance. These are intended to provide a more nuanced view of what it means to live a better or fulfilled life. The *World Happiness Report* also takes several variables into account: GDP per capita, social support, healthy life expectancy at birth, freedom to make life choices, generosity, perceptions of corruption, and how people feel. This report has its origins in renewed interest from across the social sciences in subjective components of well-being. The expansion of long-term data sets (such as the *World Value Surveys*) and the growth of new sources of information (most notably, the World Gallup Poll) on 'happiness' and 'life satisfaction' that now cover several poor countries means that subjective well-being indicators are likely to play a more significant role in development analysis in the future.

These OECD and United Nations initiatives build on the 2010 Commission on the Measurement of Economic Performance and Social Progress, set up by French President Nicolas Sarkozy. The Commission, which was chaired by Joseph Stiglitz, in collaboration with Amartya Sen and others, made a compelling case for the need to move beyond economic measures to include both objective and subjective measures that have a profound impact on people's lives. In addition to the subjective concepts of well-being, satisfaction, and happiness, the Commission identified factors that impact the quality of life, including health, education, personal activities, political voice and governance, social connections, environmental conditions, personal insecurity, and economic insecurity.

The failure of economic models and markets to account for 'externalities', or to adequately value 'public goods' such as clean air or water, is the subject of increasing debate; as are questions of the sustainability of development trajectories. This is part of a growing interest in *sustainable development* which is discussed in greater depth in Chapter 6.

New concepts of development

Our understanding of what development means has changed considerably in the past seventy years. The concept now brings together economic, psychological, and environmental notions of development to meet physical, emotional, and social needs. Scholarly debate and policy experience have been accompanied by a transformation of values and ideals. Together these have contributed to a shift from a narrow focus on economic growth, to broader concepts of basic needs and human freedom.

We need new concepts and indicators which go beyond GDP or HDI to adequately measure sustainable development and to capture the implications of current decisions for future generations. Tools are regularly being added to the different development toolboxes. For example, the Index of Sustainable Economic Welfare adjusts estimates of consumption and public expenditure to include deductions for environmental degradation and defence spending, as well as an addition for the value of domestic labour. The Happy Planet Index combines experienced well-being (life satisfaction) with life expectancy and a country's ecological footprint. According to this metric, Mexico and Thailand rank higher than wealthier Northern countries due to smaller ecological footprints.

Our understanding of development will undoubtedly continue to evolve, reflecting new concerns and challenges. Scholars are only just beginning to address the needs of integrating climate and other concerns regarding systemic risks into the literature. Climate change, like the growing threat posed by health challenges, including diabetes and obesity and antibiotic resistance, are among the new development challenges which have arisen as a consequence of development success.

The different dimensions of inequality and their consequences are not well-understood. Inequalities in income and wealth are receiving growing attention. However, gender inequality and inequality based on race, religion, creed, age, disability, and sexual preferences remain profound dividers in most societies, even though they are often barely recognized. Some progress has been made in terms of measures—most notably with the introduction of the gender-adjusted HDI and inequality-adjusted HDI. Development has also been associated with changing perceptions regarding discrimination. Gender and racial equality are now codified in law in several countries, even though this does not yet translate into equality of opportunity, pay, or other outcomes. Same-sex or gay marriage is now recognized in twenty-four countries, including a number of developing countries such as Brazil, South Africa, and Uruguay. While the understanding of discriminatory practices is evolving, the necessary actions to address inequalities based on discriminatory practices are lagging everywhere, providing a development challenge in even the most advanced societies.

Growing inequality in almost all societies is reflected by the co-existence of the challenge of dealing with spillovers, such as climate change, arising from rapid growth and improvements in living standards, as well as the continued challenge of dire poverty. We need to be concerned with both relative and absolute deprivation as well as the sustainability of development. Development thinking has come a long way, but there are still numerous areas that require new and innovative thought if we are to successfully address the remaining intractable old challenges as well as the rapidly emerging new development challenges.

Chapter 2
How does development happen?

Our understanding of how development happens has evolved. As development thinking has progressed, the categories used to describe countries and different stages or states of 'development' have also evolved (see Box 1).

The first phase of the evolution of post-war development theory was strongly influenced by classical writings on political economy which date back to the 18th century. Among the most

Box 1 Evolving typologies of countries

Developed	Developing
Advanced	Emerging
Mature	Frontier
Highly developed	Least developed
High income	Low income
Rich	Poor
Developed	Underdeveloped
Industrial	Non-industrial
First world	Third world
Centre	Periphery

influential of the early pioneers of development thinking were Adam Smith, Karl Marx, David Ricardo, Thomas Malthus, and John Stuart Mill.

Smith's famous 1776 book, *The Wealth of Nations*, focuses on the economic development of England. For Smith, the *progress of opulence* was driven by the growth of labour and stock of capital. Efficiency improvements, arising out of the division of labour and adoption of new technologies, were associated with the expansion of markets and foreign trade.

In 1817, Ricardo developed a theory of *comparative advantage* to show that as long as countries specialize in producing goods and services according to their relative efficiencies—in terms of labour productivity—they will benefit from trade even if they do not have an absolute advantage.

In 1820, following on from Smith and Ricardo, Malthus emphasized *growth retarding factors* as well as the limits to population growth. He argued that an increase in population would lead to more impoverished workers with limited purchasing power, and that higher population growth did not generate effective demand and wealth creation. Malthus rejected the prevailing wisdom articulated in Jean-Baptiste Say's argument in 1803 that demand always responds to supply, arguing instead that societies could enter long periods of stagnation.

Marx identified five stages in the development of human societies in a historically deterministic process. The first, known as primitive communism, is characterized by shared property, in which tribes live communally and have no concept of ownership. The second stage, slavery, is associated with the emergence of classes, states that enforce rules, and private property. Marx identified the middle ages in Europe as a transition to the third stage of feudalism that arises after a titled aristocracy—often associated with religious rule—takes power. He argued that the growth of a merchant class threatens the feudal order and leads to conflicts, such as the French Revolution of 1789 and English Civil Wars of 1642 and 1688. Societies then enter the fourth phase of capitalism, which is characterized by a market economy and private property with the profit motive. This leads to imperialism, monopolistic tendencies, and the exploitation of wage-earning workers who no longer control the means of production. Marx envisaged the next socialist stage would arise from growing class consciousness among workers who seize the factories, banks, and other 'commanding heights' of the economy. The further evolution of socialism into a truly communist stage of development was seen by Vladimir Lenin, a Russian communist revolutionary, politician, and political theorist, and others' interpretations of Marx, as the ultimate stage of development.

In 1848, at around the same time that Marx was writing, Mill also looked at the conditions of production and possibilities of social change. Like Marx, and in certain respects Malthus, he too considered the limitations of economic growth and consequences of population growth. However, Mill had a different perspective on the interaction of economic developments with environmental protection and the relation between personal liberty, women's rights, and the strengths and pitfalls of democratic representation. He was among the first to argue that growth may need to be curtailed in the interests of protecting the environment and also was one of the first men to argue with conviction and clarity against the 'subjection of women'. (In 1823 Mill was arrested for distributing pamphlets on birth control and spent a night in jail.)

What these and other classical authors have in common is that, first, they were all concerned with the evolution of societies from largely feudal and rural to principally urban and industrial; second, that they believed that capital accumulation and the expansion of wealth was necessary; and, third, that they suggested that there is only one single trajectory of development that all countries follow. Many of these assumptions were challenged at the time, and subsequently, and with the added benefit of hindsight, have proven inadequate.

Notions of modernization

In the 1950s and 1960s, *modernization theory* attempted to identify commonalities in the process of development in highly developed countries. Overall, economic development was seen to be marked by: a move away from subsistence—food no longer makes up such a large proportion of domestic private consumption of goods; demographic shifts—lower mortality rates, followed by a decline in birth rates; urbanization; and an expansion of both domestic and international trade.

Some economists considered the trajectory of development as influenced by the initial structure or conditions of an economy. Economists believed that specialization patterns are determined by country size, the availability of labour, capital, land, and natural resources, and the relationship to other countries.

Modernization theorists such as Talcott Parsons, Daniel Lerner, and David McClelland, influenced by the work of Max Weber and Emile Durkheim, argued that development required not only particular economic characteristics, but also the social and psychological characteristics of a country. They saw modernization as a *cultural* process, and argued that development is contingent on modern social and cultural values and norms: in order to develop, the norms of modern society must supplant those of traditional societies.

Modernization, according to the theory, could occur through the diffusion of ideas, norms, values, attitudes, and policies in the so-called 'Third World'—now referred to as *developing countries*. These modern values would encourage industrial development and growth and, they argued, development could not occur without them. Despite being largely discredited in recent decades, modernization theory strongly influenced Western governments' development policies in the 1950s and 1960s and was associated with encouraging international trade, reducing aid programmes, and promoting the 'modern' values of entrepreneurship. The idea that development is a distinctly Western experience—or that modernization must follow the same path that Western countries took, with a unique end state which follows the Western model—was subject to growing criticism. By the 1980s, there was widespread rejection of a number of the central tenets of modernization theory.

Critics argued that the generalization of 'traditional' and 'modern' societies made by modernization theorists failed to account for historical and country-specific evidence. 'Traditional' norms and values can adapt to the processes of modernization or even be reinforced by them. For example, kinship ties are not obliterated by modernity but survive in distinct forms in modern cultures. Traditional patterns can also be drawn upon to encourage economic development. Modernization theory has been largely rejected as simplistic in its reliance on norms and traditions to explain development and its neglect of historical or structural evidence. The greatest flaw in modernization theory has been its disregard for the history of colonization and the legacy of imperialism that in many countries reversed key dimensions of development, creating poverty and destitution where there previously had been flourishing societies.

Planning for economic development

In the period after the Second World War another group of economists similarly gained inspiration from the classical economists' characterization of immutable economic stages. They drew on experiences gleaned from Franklin D. Roosevelt's New Deal which helped the United States escape the Great Depression, and their observations regarding the increased role of the state during and after the Second World War, to introduce concepts of a *big push* in development that translated into activist investment and policy programmes.

These pioneers of post-war development theory placed a strong emphasis on rigidities in resource allocation and incomplete or missing markets as impediments to development. In these models, industrialization and development are held back by structural factors that lead to uneven power relations. These include declining terms of trade, economies of scale in manufacturing and infrastructure (so called technical indivisibilities), fragmented investment efforts which do not reach scale, and population growth which places downward pressure on agricultural wages and productivity. Government intervention was therefore seen as necessary to prevent the economies becoming trapped in a low level equilibrium and to enable competitive domestic industries to emerge by providing critical infrastructure, protection for infant industries, and support for economic and political institutions. Examples of such intervention included the creation of state marketing boards and state-owned enterprises which could compete with multinational firms, as well as active engagement by governments in labour, property and other markets, and in trade.

Paul Rosenstein-Rodan was among the first to articulate an explicit development agenda in his 1943 article 'Problems of Industrialisation of Eastern and South-Eastern Europe'. He highlighted the need for a big push to get development going. This he believed could be achieved through large-scale planned investment in industry in post-war economies and by taking advantage of surplus labour which would leave agriculture, as it and industry became more mechanized and benefited from economies of scale. While the focus was on Europe, the theory was all enveloping with Rosenstein-Rodan suggesting that such processes could ultimately equalize world incomes.

In 1953, Ragnar Nurkse's *Problems of Capital Formation in Underdeveloped Countries* emphasized the importance of capital accumulation and advocated the theory of the big push to break the vicious cycle of poverty in developing countries. The crux of the problem, for Nurkse, was that capital accumulation is held back by the size of the market. Poor countries remained poor due to a vicious circle of poverty which needed to be unlocked through a big push of investment. His 'law of balanced growth' requires simultaneous investment in multiple industries and sectors to enlarge markets, increase productivity, and create incentives for private enterprises.

W. Arthur Lewis strongly influenced development thinking. In 1954, he argued that a rise in the rate of investment is required for the transition to growth. According to Lewis the central challenge in economic development is increasing the rate of capital accumulation and investment. For Lewis this implied that the key question is how a community which was previously saving, and investing, 4 or 5 per cent of its national income or less, converts itself into an economy where voluntary saving is running at about 12 to 15 per cent of national income or more. In the Lewis *dual-sector model* a shift in resources from the subsistence to the modern sector increases profits and raises savings, and thus investment.

A few years later, in 1960, Walt Rostow published *The Stages of Economic Growth: A Non-Communist Manifesto*, in which he identified distinct stages of development. These were: first, traditional society; second, the preconditions for take-off; third, the take-off; fourth, the drive to maturity; and, fifth, the age of high mass consumption. His account emphasized the composition of investment, the growth of particular sectors, and sought to identify 'leading sectors' to advance the economy. For Rostow, the take-off stage is the turning point and occurs when economic activity reaches a critical level and leads to: a rise in productive investment from around 5 to about 10 per cent of national income; the development of a high-growth manufacturing sector; and the emergence of social, political, and institutional arrangements that support the modern sector.

In 1958, Albert Hirschman identified the importance of certain industries which have particularly dense linkages with other industries. The implication was that promoting such industries—such as automobile and steel—would enable the economy to grow faster. For Hirschman the goal was to encourage 'unbalanced growth', and investment in industries with the greatest number of 'forward' and 'backward' linkages. He argued that development depends not so much on finding optimal combinations for given resources and factors of production as on enlisting for development purposes resources and abilities that are not yet evident or dispersed or poorly utilized. Hirschman identified four types of linkages: *forward* linkages when investment in a particular project encourages investment in subsequent stages of production; *backward* linkages when projects encourage investment in infrastructure and suppliers of goods and services that provide the inputs for the project to succeed; *consumption* linkages when rising incomes stimulate the production of consumer goods; and *fiscal* linkages when surpluses arising from one sector, such as agriculture, are taxed by the government to promote industrial development. These linkages were seen as powerful arguments to support notions of import substitution industrialization and for state intervention to protect and nurture 'infant' industries.

Dependency theory

Arguments in favour of import substitution industrialization were reinforced by a trade pessimism articulated at a United Nations Conference in Havana in 1949 by Hans Singer in his paper on 'Post-war Price Relations between Under-developed and Industrialized Countries'. At the same conference, Raúl Prebisch presented his *Manifesto*. Singer and Prebisch argued that the terms of trade between primary goods and manufacturers were destined to decline over the long-term, leaving developing countries dependent on the export of raw materials and agricultural products at a growing disadvantage. Prebisch popularized what became known as *dependency theory* in which development requires a transformation in relations between countries at the *centre* (notably the United States and Europe) and the *periphery* (developing countries). The implication was that the only way in which countries could escape the trap of declining terms of trade and underdevelopment was to end their dependence on the advanced economies by stopping the import of manufactured goods and export of primary goods. A related concern was that foreign firms and investors were seen to be highly exploitative, extracting resources and transferring value out of the country. The desire to protect local firms together with barriers to the repatriation of profits was associated with a growing hostility to transnational corporations (or multinational corporations) and provided a justification for the nationalization of foreign assets.

What became known as the Singer–Prebisch hypothesis challenged Ricardo and the neo-classical views of comparative advantage, by arguing that if left to the market, developing countries would be condemned to permanent poverty and that the world would suffer from increasingly *unequal development*. The term unequal development was originally popularized by Lenin in the early 20th century and taken up by Leon Trotsky, a Marxist Russian revolutionary and theorist, in subsequent decades, and then later by Samir Amin, Andre Gunder Frank, Immanuel Wallerstein, and others in support of what became known as the neo-Marxist or *structuralist* approaches to 'Third World' development (with the First World being the advanced capitalist economies and the Second World the Soviet Union and its closely aligned countries).

Arguments for import substitution industrialization had particular traction in Latin America. This was reflected in

Prebisch's appointment in 1950 as the head of the Economic Commission for Latin America (ECLA, which became the Economic Commission for Latin America and the Caribbean or ECLAC, an organization known more widely by its Spanish acronym CEPAL). Prebisch and others at ECLAC became highly influential in a succession of Latin American and later South Asian and African countries that were determined to end the perceived hold of the advanced economies on their development prospects. These policies were seized upon by leaders of the newly independent countries following the wave of decolonization in the late 1950s and early 1960s. In 1964, the broader appeal of such *structuralist* policies was evident in the establishment of a new United Nations agency and the appointment of Prebisch as the founding Secretary-General of the United Nations Conference on Trade and Development.

Neo-classical market-led development

By the late 1970s and early 1980s a range of factors led to the pendulum swinging sharply to the right, away from a statist approach to development. Among the reasons for this reaction were the following. First, in many developing countries, and in the Soviet Union and other centrally planned economies, statist policies had failed to produce the desired development results. Second, in many countries protected state-owned enterprises and industries failed to mature and required continued protection and subsidies. Third, the insulation of domestic industries from international competition, trade, and investment had meant that protected industries fell behind, as increasingly out-of-date technologies and products persisted.

Fourth, policies of the planning era were associated with what became known as *rent-seeking* behaviour. This is when an individual, firm, or organization uses lobbying or other means to obtain economic benefits which are not the outcome of productive activity, but rather result in the reallocation of existing resources or profits. Protection offered by tariffs on imported goods, or licences which prevented the erosion of monopolistic firms benefited a small number of increasingly wealthy and powerful producers at the cost of consumers. As the interests of the few increasingly dominated politics, rising inequality and crony capitalism were seen as a growing obstacle to development.

Fifth, despite their leftist origins, in much of Latin America, Asia, and Africa, the policies of import substitution industrialization had been adopted by autocratic and military dictatorships (including by the apartheid government in South Africa). The tide of democratization which swept across most developing countries had by the 1980s (and early 1990s in Eastern Europe) become associated with a need to widen ownership and increase the role of individuals and small firms rather than the state and monopolistic enterprises in economic decision-making.

Sixth, the leadership of Margaret Thatcher (1979–90) in the United Kingdom, Ronald Reagan (1981–9) in the United States, and Helmut Kohl (1982–9) in Germany was associated with an ideological shift away from state-led growth towards the free market, which in turn was reflected in a change in the policies of national and international institutions such as the World Bank and International Monetary Fund (IMF).

Seventh, the oil price shocks of the 1970s compounded the deficits of many developing countries and resulted in deepening balance-of-payments crises. As a result of these factors, by the 1980s a growing number of countries were suffering economic collapse, with the symptoms including hyperinflation and ballooning budget deficits. Due to the absence of alternative sources of funding they were forced to accept harsh terms from international lenders, who exercised an effective stranglehold on domestic policies. 'Structural adjustment' packages were imposed by the international lenders as a condition of economic bailout packages, heralding a new phase of development dominated by what John Williamson in 1989 labelled the *Washington Consensus*.

A group of neo-classical economists which included Anne Krueger, who was appointed World Bank Chief Economist, Peter Bauer, Deepak Lal, and Jagdish Bhagwati were associated with policies which sought to establish the primacy of free markets (see Box 2). From 1990, with the collapse of the Soviet Union, and in implementing structural adjustment programmes in Africa,

Box 2 The neo-classical counter-revolution

The neo-classical development economists argued for the:

a. End of fixed price controls for agricultural products to encourage farmers to produce more

b. Devaluation of exchange rates to foster export-orientated industries, reduce imports, and improve the balance of payments

c. Ending of deliberate attempts to hold down interest rates, so that interest rates would rise to encourage savings and reduce the unproductive allocation of capital

d. Reduction of trade union power, removal of minimum wages, and other protections which they claimed contributed to high wages in manufacturing and the public sector and an urban bias in development

e. Deregulation and the removal of quotas and subsidies, marketing boards, and reductions in tariffs and other barriers to domestic and international free trade

f. Privatization of state-owned enterprises

Source: H. Myint, 'Economic Theory and Development Policy', *Economica*, 34 (134) (1967): 117–30.

Latin America, and Asia, this influential group of economists argued that it was necessary for governments to open markets, engage in trade reform, establish property rights, and roll-back regulations which restricted free enterprise, while dismantling state-owned enterprises and marketing boards and privatizing a wide range of state-owned agencies. Drawing on the Harrod–Domar Model and the Solow Growth Model they argued that closed economies with low saving rates grow more slowly in the short-term than open economies with international trade, foreign investment, and higher saving rates. They insisted that the market mechanism allocates resources more efficiently than governments. To achieve development, it was argued that government should be kept to a minimum and markets should be liberalized. For the advocates of this approach, the central task was to ensure that governments 'got out of the way' of development and allowed the markets to work. A key element in aligning incentives was to 'get the prices right' by eliminating exchange and price controls in developing countries. Lal expressed this new orthodoxy by stating that imperfect markets are superior to imperfect planning and that the most serious current distortions in many developing economies are not those flowing from the inevitable imperfections of a market economy but rather the policy-induced distortions created by 'irrational dirigisme' where states exert an excessive influence over investment.

Trade liberalization was seen as an engine for growth in that it was seen to widen markets, promote international competition, increase employment and incomes, and transfer skills and technology. Drawing on the Ricardo and Hecksher–Ohlin trade theories, the neo-classical advocates of trade reform argued that opening up an economy to international trade results in a new set of relative prices, corresponding changes in the structure of production, and raising the output potential of an economy.

The combination of ideological convergence in the leading advanced countries around a strongly market-based approach, together with the heightened power of the global institutions, as a result of the debt crisis and collapse of Soviet influence, meant that by the early 1990s a growing number of developing countries had relinquished the statist 1960s model of development and shifted to market-led approaches.

Chile, the former Soviet Union, together with Ghana, Kenya, and a number of other African countries (subject to structural adjustment programmes at the time), provided the experimental test bed for the new neo-classical approach to development. The result was far from positive. History does not provide a counterfactual, so while it is clear that the policies did little to restore growth and development, the alternatives may have been no better, given the dire straits of the economies which were forced to endure the adjustment programmes. By 1995, according to World Bank indicators, thirty-seven sub-Saharan countries had received structural adjustment loans. GDP per capita in the region fell by 28 per cent from $719 in 1980, when the first programmes were put in place, to $519 when they were abandoned in 2002.

The state and market

In the 1990s the growing recognition that markets alone cannot deliver development engendered a rich debate on the role of the state and market. As part of this, the importance of institutions and governance, as well as education, health, and infrastructure, which had been neglected and undermined by free market fundamentalists, was restored. As the ideological pendulum began to swing back towards the centre, the challenge of ensuring an effective interplay between the state and markets was seen to lie at the heart of development. The failure of the economic liberalization and the structural adjustment programmes imposed on developing countries, and the failure of the substitution of the market for the state to provide positive developmental outcomes in the Soviet Union, led to growing disillusionment with the neo-classical doctrines which prevailed in the 1980s.

Academic contributions, politics, and policymakers interacted and a new consensus gradually started to emerge. The painful lessons of the debt crises of the 1970s, 1980s, and 1990s were learnt. The affected countries were determined to get their houses in order and not to return cap in hand to the IMF and the World Bank. The result was a growing recognition of the need to premise development policies on solid macroeconomic foundations. By the mid-1990s the majority of developing countries had converged around the need for orthodox macroeconomic policies in terms of interest rates, taxes, spending, and inflation and had escaped the cycle of economic crises which had characterized the previous two decades (average government deficits and inflation rates in developing countries since 1990 have been well under half the levels that prevailed in the 1970s and 1980s).

While supporting sound macroeconomic policies, the World Bank and other international development institutions have helped swing the pendulum away from a narrow reliance on markets to broader development objectives. The role of education, health, water, energy, transport, and other infrastructure is seen as increasingly important. So too is the development of institutions of governance—including judiciary and legal systems—national and municipal representative structures, and the media.

The global convergence of development thinking around a new consensus on the importance of both states and markets and the need for an alignment of donors and recipients' interests was articulated in September 2000 at a conference in Mexico at which 147 heads of state and representatives of 187 countries signed the *Millennium Declaration*. This envisaged a global partnership for development—at the national and global level—which would further development and support the elimination of poverty. The Declaration laid the foundation for a new phase of development activities articulated in the MDGs and more recently the SDGs.

Chapter 3
Why are some countries rich and others poor?

There is a great deal of variation in the development experience of different countries. Why have some countries experienced a growth 'miracle' while others have experienced what can be described as a growth 'tragedy'?

Uneven development

Theories of economic growth have tended to predict that the per capita incomes of all economies will converge over time. Among the best known and most widely used is the model developed by Robert Solow in 1956. Growth in the model is essentially determined by increasing capital investments, arising from raising savings rates, and by the growth in the labour force. The model was used to predict that to the extent poor countries are able to achieve savings rates which are similar to the rich countries, they will catch up with them. The Solow Model, like all economic models, although highly influential, is stylized, providing a fertile foundation for subsequent generations of economists.

In 1986, William Baumol compared the long-term growth rates of sixteen countries that are now among the richest in the world. He found strong evidence of convergence over the period from 1870 to 1979. Baumol has been criticized for selection bias in his statistical analysis as he only considered countries that are rich today—such as Japan—and excluded countries that did not converge—such as Argentina which failed to catch up. Later studies attempted to avoid selection bias by including additional countries that would have been good candidates for membership of a 'convergence club' in 1870—the result is that the statistical evidence for convergence is much weaker.

In contrast to theoretical arguments regarding convergence, a number of economists have pointed to divergent GDP growth over the long run. Angus Maddison painstakingly assembled the longest and largest number of comparable country historical records. These statistics which are expressed in 1990 international dollars have been extended for this book to cover the post 2010 period, and can be used to analyse the long-run growth of a wide range of countries (see Figures 1 and 2). For example, this data shows that in 1908 Argentina had a GDP per capita of $3,657 (ranked seventh in the world), which exceeded that of Netherlands, Canada, Denmark, Austria, Germany, and France. Uruguay ($2,973, ranked fourteenth) was not too far behind. But by 2016 Argentina only had a GDP per capita of $10,073 and was ranked fifty-second in the world and Uruguay ($13,450, ranked thirty-seventh) had also lost ground. These countries were overtaken by most Western European and a number of other countries. By contrast, Japan only had a per capita income of $737 in 1870 (ranked thirty-eighth), and $2,873 in 1941 (ranked twenty-first), but by 2016 per capita income reached $23,439 (ranked sixteenth). And Hong Kong had a per capita income of $683 in 1870 (ranked forty-fourth), $1,279 in 1913 (ranked thirty-third) and $34,560 (ranked first) in 2016.

The divergence appears to have been particularly marked since the Second World War. For example, World Bank data (expressed in constant 2010 dollars) shows that while Ghana has failed to double its per capita income over the last half a century ($1,708 in 2016), South Korea ($25,459 in 2016) has increased real per capita income by a factor of 27 over the same period. Only China performed better than South Korea.

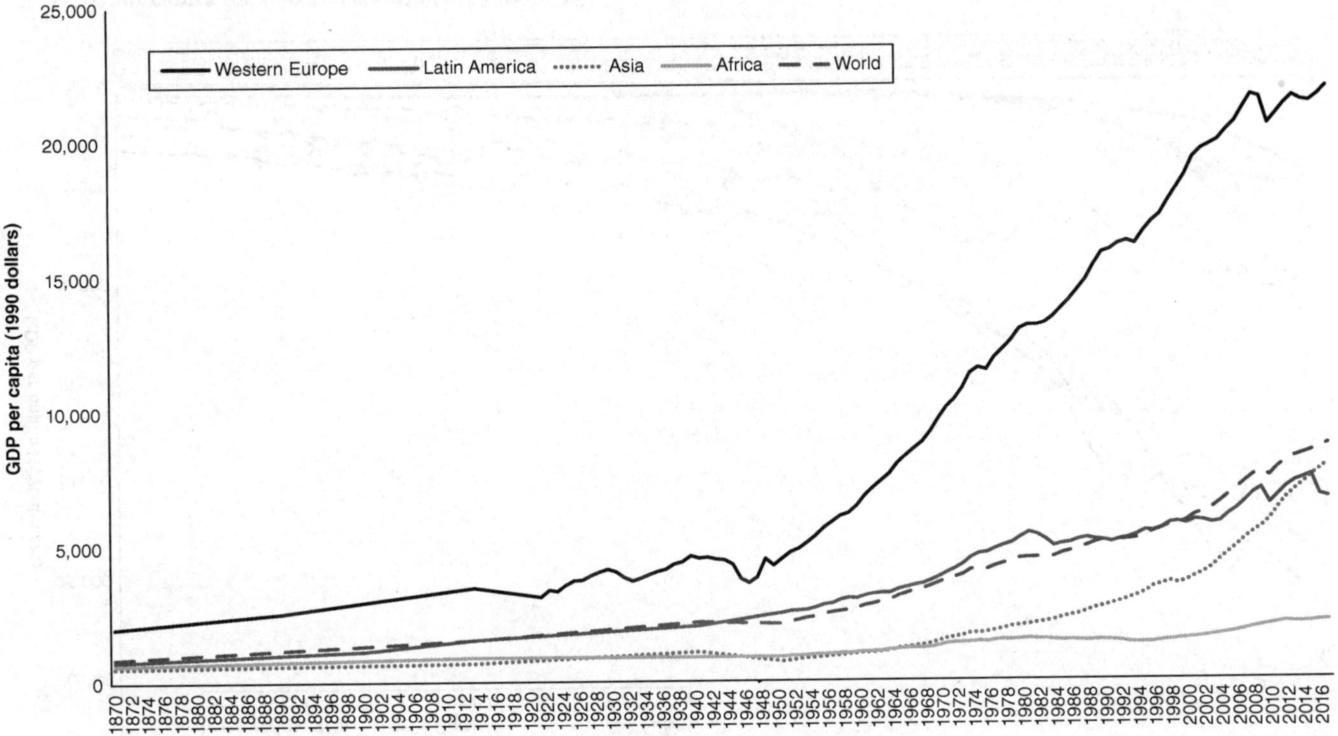

1. GDP per capita for selected regions and the world (1870–2016).

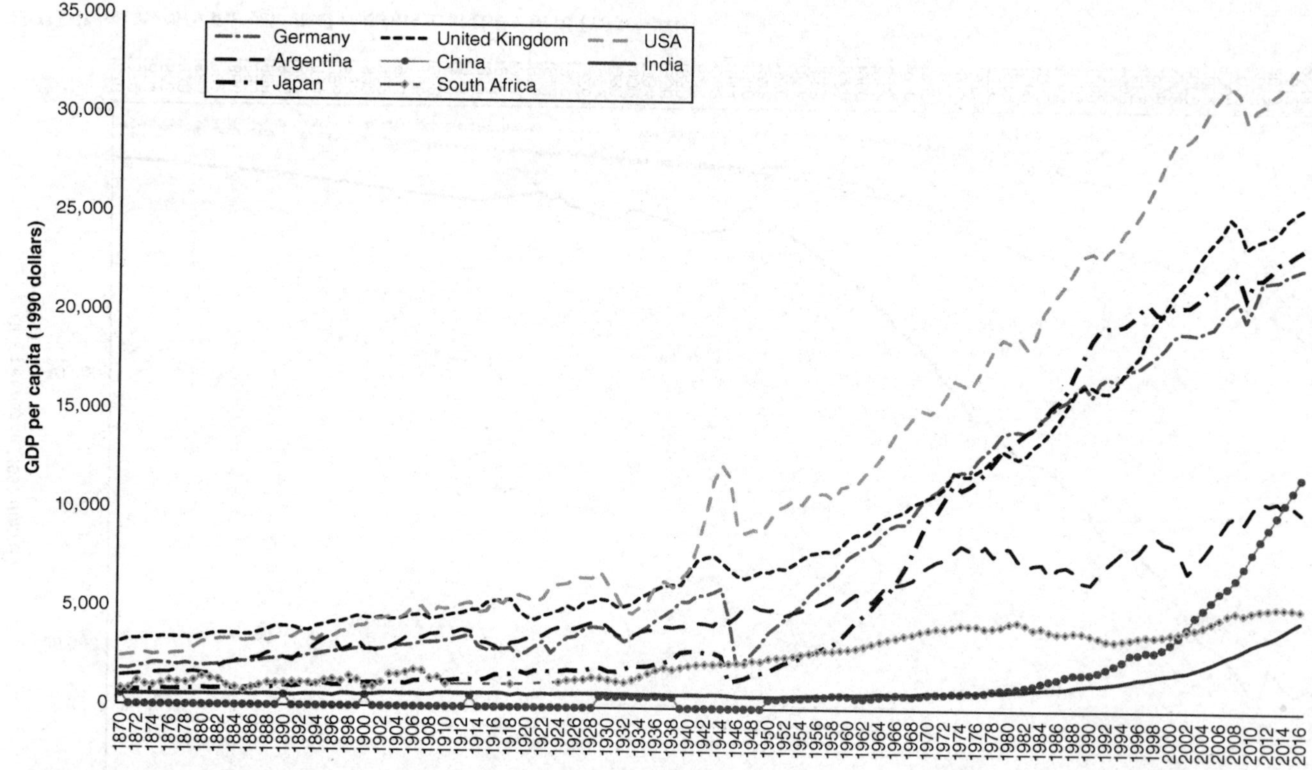

2. GDP per capita for selected countries (1870–2016).

Five countries experienced a decline in real per capita income between 1960 and 2016 and a further twenty-two countries failed to double per capita income over the same period, whereas thirteen countries increased per capita income by at least a factor of 5—five of these by a factor of over 10, and two by a factor of well over 20. The vast majority of the remaining forty-seven countries for which data is available managed to increase real per capita income by a factor of 2 or 3.

Overall, the evidence points to divergence—rather than convergence—in recent decades, although there is some variation among geographical sub-groupings, with a set of Southeast Asian economies (the 'tigers') displaying evidence of convergence. In 1993, Parente and Prescott studied 102 countries over the period from 1960 to 1985. They found that disparities in wealth between rich and poor countries persist, although there is some evidence of dramatic divergence within Asia, which is consistent with some Southeast Asian economies—Japan, Taiwan, South Korea, and Thailand—catching up with the West. In fact the twelve largest Southeast Asian economies (other than Japan and the Philippines) enjoyed real per capita incomes that grew on average between two and four times faster than the United States and G10 economies in the period from 1970 to 2016.

The World Bank attributed the 'East Asian Miracle' to sound macroeconomic policies with limited deficits and low debt, high rates of savings and investment, universal primary and secondary education, low taxation of agriculture, export promotion, promotion of selective industries, a technocratic civil service, and authoritative leaders. However, the Bank failed to highlight the extent to which the achievements came at the expense of civil liberties, and that far from being free markets the governments concerned subjugated the market (and suppressed organized labour), often with the generous support of the United States and other development and military aid programmes, following the Korean and Vietnam Wars.

Others have argued that Southeast Asia's relative success had more to do with pursuing strategic rather than 'close' forms of integration with the world economy. In other words, instead of opting for unbridled economic liberalization in line with the neo-classical market friendly approach to development, economies such as Japan, South Korea, and Taiwan selectively intervened in the economy in an effort to ensure that markets flourished. Several well-known commentators including Ajit Singh, Alice Amsden, and Robert Wade have documented the full range of measures adopted by these countries, which appear to constitute a purposive and comprehensive industrial policy. These measures include the use of long-term credit (at negative real interest rates), the heavy subsidization and coercion of exports, the strict control of multinational investment and foreign equity ownership of industry (in the case of Korea), highly active technology policies, and the promotion of large-scale conglomerates together with restrictions on the entry and exit of firms in key industrial sectors. The debate continues over the relative contribution to the success of Southeast Asian economies of selective forms of intervention on the one hand, and market-friendly liberalization and export orientation on the other.

Poverty and inequality

The number of people below the $1.90 per day (2011 PPP) poverty line was 769 million in 2013, the latest date for which global poverty statistics are available. By 2015 the number is expected to have fallen to 702 million. The 2013 numbers indicate that 10.7 per cent of the world's people were below the poverty line, down from 35.3 per cent in 1990 and 42.2 per cent in 1981.

In 2013, about 79 per cent of the world's population (99 per cent in South Asia, 98 per cent in sub-Saharan Africa, 91 per cent in East Asia and the Pacific, and 77 per cent in Latin America and the Caribbean) lived on less than $18 per day—close to the United States poverty line in 2013.

We have shown that income measures are only one dimension of poverty. Other indicators, including those relating to infant and child mortality, illiteracy, infectious disease, malnutrition, and schooling, are also important (see Table 1). A number of countries have made extraordinary strides in overcoming poverty. In some, progress has been across the board, whereas others have managed to achieve very significant progress on one dimension but have fallen back on others, as previously stated.

Inequality between countries and within countries requires an analysis which goes beyond the headline economic indicators. While average per capita incomes are growing in most countries, inequality is also growing almost everywhere. It has been estimated that 60 per cent of the rise in global income between 1988 and 2008 went to the world's richest 10 per cent (with a staggering 44 per cent going to the top 5 per cent). In contrast the poorest fifth of the world's population shared around 1 per cent of the growth in income, while the bottom half only got 8 per cent. Where poor people are is also changing. Twenty years ago over 90 per cent of the poor lived in low-income countries; today approximately three-quarters of the world's poorest one billion people live in middle-income countries.

Explaining different development outcomes

We need to be mindful that every country is unique. Yet it is still possible to identify a range of factors that affect development trajectories. A number of economic historians have shown that patterns of *resource endowments* can reinforce inequalities and favour elites, with this in turn leading to 'capture' and predatory institutional development. The *resource curse* has been examined by Paul Collier, Jeffrey Frankel, and others, who have shown that ample endowments of natural resources may be linked with stunted institutional development, particularly in the case of minerals and oil. In the mining and oil sectors, multinational and local investors have often operated behind a veil of secrecy.

Table 1. Selected indicators of poverty and development for developing regions

	Life expectancy at birth (years)	Infant mortality rate (per 1,000 live births)	Adult literacy rate (% 15 y.o. and above)	Primary school enrolment (%) *	DPT immunization (% aged 12–23 months)	Measles immunization (% 12–23 months)	Population undernourished (%)	Access to improved water source (%)	Access to improved sanitation (%)	Access to electricity (%)
	(2015)	(2016)	(2016)	(2014)	(2016)	(2016)	(2015)	(2015)	(2015)	(2014)
South Asia	68.5	39	66.7	89.2	85.8	83.7	16.2	92.4	44.8	80.1
East Asia & Pacific	74.3	14	95.7	95.4	93.6	92.7	9.9	93.7	74.9	96.2
sub-Saharan Africa	59.9	53	64.6	77.9	73.6	71.7	18.5	67.5	29.8	37.4
Middle East & North Africa	72.8	20	78.4	93.5	86.6	88.0	8.6	92.7	89.7	96.5
Latin America & Caribbean	75.1	15	93.5	91.7	89.4	92.4	7.5	94.5	82.5	96.9

Europe & Central Asia	72.5	8	98.8	93.2	90.4	93.2	–	96.7	86.1	100.0
World	71.9	31	86.2	89.5	85.8	84.9	10.8	91.0	67.5	85.3
Low income	62.1	51	60.6	80.2	77.7	76.1	26.1	65.6	28.3	28.3
Middle income	71.1	29	85.6	90.4	86.4	85.7	11.3	92.1	65.4	88.7

Source: World Bank (2017), World Development Indicators (online), http://databank.worldbank.org/data/home.aspx (Last accessed 4 November 2017); literacy data from UNESCO, UIS Stat (online), http://data.uis.unesco.org/ (last accessed 5 November 2017) except for South Asia, Middle East & North Africa and Europe and Central Asia which is 2010 data from World Development Indicators.

Notes: – = no data.

* Net enrolment rate for children of official primary school age. Excludes those attending primary school who are not of primary school age.

The awarding of contracts for extractive industries provides a source of power and patronage to corrupt leaders. Evidence of corruption by international firms who have made offshore payments through international banks provides a clear example of how both advanced and developing countries have a responsibility to clamp down on corrupt practices, not least in mitigating the various risks associated with the extraction of natural resources.

For the classical and neo-classical economists, as well as their critics on the left, natural and human *resource endowments* were a key determinant of trade and market integration. While the former group argued that revealed comparative advantage would lead to development, the critics argued the opposite, concluding that it would lead to more uneven development. Both groups saw international trade as a critical determinant of growth, explaining the convergence (or divergence) of growth rates and global incomes, with Dani Rodrik, Jeffrey Sachs, and Andrew Warner, Jeffrey Frankel and David Romer, and David Dollar and Aart Kray contributing conflicting evidence of the relationship between trade and development.

Jared Diamond, Jeffrey Sachs, and others explain development outcomes by providing *geographical explanations*. They argue that moderate advantages or disadvantages in geography can lead to big differences in long-term economic outcomes. Geography is thought to affect growth in at least four ways. First, economies with more coastline, and easy access to sea trade, or large markets have lower transport costs and are likely to outperform economies that are distant and landlocked. Second, tropical climatic zones face a higher incidence of infectious and parasitic diseases which hold back economic performance by reducing worker productivity, and indirectly by adding to the demographic burden as a high incidence of disease can raise fertility rates. This is particularly due to high infant mortality, such as arises from about 800 children under 5 dying of malaria every day in Africa. Third, geographical environments affect agricultural productivity in a variety of ways. Grains are less productive in tropical zones, with 1 hectare of land in the tropics yielding on average around one-third of the yield in temperate zones. Fragile soils in the tropics and extreme weather are part of the explanation, as is the higher incidence of pests and parasites which damage crops and livestock. Fourth, as the tropical regions have lower incomes and crop values, agri-businesses invest less in tropical regions, and national research institutions are similarly poorer. The implication is that international agencies, such as the Consultative Group for International Agricultural Research (CGIAR)—which is donor funded—have a particular responsibility to raise the output of tropical agriculture. A similar point can be made with respect to tropical diseases, with low purchasing power holding back development of drugs to combat many of the most significant tropical diseases.

William Easterly and Ross Levine, as well as Rodrik and others, have argued that the impact of geography is regulated through institutions and that good governance and institutions can provide the solution to bad geography. For example, good governments can build efficient roads and irrigation systems, and invest in vital infrastructure as well as enforce legal contracts and curb corruption. Good governance reduces uncertainty, and this together with increased investment can overcome bad geography. As bad geography makes development more difficult, more aid might be required to overcome geographical deficits in the poorest places, as Sachs has emphasized.

Rodrik and others argue that it is the quality of *institutions*—property rights and the rule of law—that ultimately matters. Once the quality of institutions is taken into account (statistically 'controlled for' using econometric techniques), the effect of geography on economic development fades. However, as Rodrik notes, the policy implications associated with the 'institutions rule' thesis are difficult to discern and likely to vary according to context. This in part is because institutions are partly endogenous and co-evolve with economic performance. As countries become better off they have the capacity to invest in more education and skills and better institutions, which in turn makes them better off.

For Daron Acemoglu, Simon Johnson, and James Robinson, the development of institutions which facilitate or frustrate development is rooted in *colonialism and history*. These authors argue that contemporary patterns of development are largely the result of different forms of colonialism and the manner in which particular countries were, or were not, settled over the past 500 years. The purposes and nature of colonial rule and settlement shaped institutions which have had lasting impacts. In areas with high disease burdens, high population density, and an abundance of natural resources, colonial powers typically set up 'extractive states' with limited property rights and few checks against government power in order to transfer resources to colonizers, such as was the case in the Belgian Congo. In countries with low levels of disease and low population density, and less easily extractable resources, settlement was more desirable and colonial powers attempted to replicate European institutions in which they could thrive as settlers—strong property rights and checks on the abuse of power—and made an effort to develop agriculture and industry as was the case in Canada, the United States, Australia, and New Zealand. According to this thesis, the legacy of colonialism led to an institutional reversal that made poor countries rich, and rich countries poor.

Although we may well live in a world shaped by natural resource endowments, geography, history and institutions, politics and power can still play a decisive role in terms of driving economic performance and determining vulnerability to poverty. In Amartya Sen's *Poverty and Famines*, he showed that political power and rules that are embedded in ownership and exchange determine whether people are malnourished or have adequate food, and that malnourishment is not mainly the result of inadequate food supply. Sen shows how droughts in North Africa, India, and China in the 19th and 20th centuries were catastrophic for social and political reasons, with power relations, not agricultural outcomes, leading to widespread starvation and destruction of the peasantry. In 1979, Colin Bundy, in *The Rise and Fall of the South African Peasantry*, was among a new wave of historians who argued that colonialism led to the deliberate collapse of a previously thriving domestic economy. In 1997, Jared Diamond's *Guns, Germs and Steel*, while emphasizing the importance of geography and history, showed how technology, culture, disease, and other factors led to the destruction of many colonized indigenous populations and other previously thriving communities. These authors, echoing Marx, highlighted the extent to which development can be a very bloody business, even if the longer term consequences may be to bludgeon societies into a new era.

If the abuse of power can set development back, what about the counter-argument that *democracy* leads to more rapid and equitable development outcomes? According to Irma Adelman, the long-term factors governing the association between development and democracy include the growth of middle-classes, increase in quantity and quality of education, urbanization (including more infrastructure), the need for participation in development strategies, and the need to manage the psychological and social strains arising from change. Acemoglu, Robinson, and others went further in 2014, arguing that democracy does cause growth, and that it has a significant and robust positive effect on GDP. Their results suggest that democracy increases future GDP by encouraging investment, increasing schooling, and inducing economic reforms, improving public good provision, and reducing social unrest. The difficulty of defining democracy, and the weight attached to the non-democracies which have enjoyed very rapid growth, as well as the slowing of growth and paralysis in decision-making in many parts of Latin America, Europe, and other democratic regions means that the academic jury remains divided on the relationship between development and democracy.

Adelman has argued that democracy cannot persist for any length of time if inequalities among groups of citizens are too vast. But, what is the relationship between inequality and development? Albert Hirschman suggested that societies have a changing tolerance for inequality over the course of development. His basic argument is that people are more likely to tolerate a rise in income inequality if they believe this is likely to have positive implications for their own future income. This would allow for a 'grow first, distribute later strategy'.

Simon Kuznets 'inverted-U' hypothesis was based on his empirical observation that relative income inequality tends to rise in the early stages of development, stabilize for a while, and then decline in later stages of development. The resultant 'Kuznets Curve', if plotted on a graph, is an inverted-U shape (Figure 3). From this observation Kuznets surmised that long-term trends in inequality are linked to changes in the structure of the economy. In the early stages the transfer of workers to the industrial sector raises

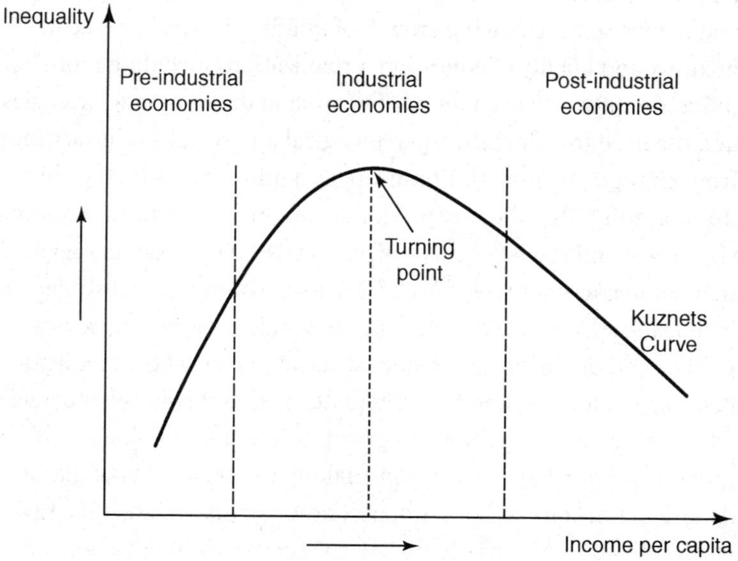

3. Kuznets Curve.

inequalities, but in later stages increases in education and skills, and reductions in population growth over the course of development also provide wide-ranging benefits. However, the Kuznets Curve has been widely criticized, as subsequent studies have shown that inequality can persist over time. In recent decades, inequality between countries appears to be declining, as emerging countries on average have grown three times more rapidly than advanced economies. Within virtually all countries, however, inequality is rising. This suggests that in advanced as well as developing countries technological change, trade-opening, reduced welfare spending, and other factors are leading to a greater concentration of the benefits of growth in the hands of a smaller share of the national population.

Chapter 4

What can be done to accelerate development?

The extraordinary diversity of development experiences reveals the many different available pathways that countries have chosen in order to develop. Each requires a determination to succeed and the sacrifice of short-term benefits for longer term and societal goals. It is hard to accelerate development and the gains can be easily reversed. Conflict and war overturn development, destroying not only lives, but also the infrastructure and cohesion which are fundamental to development. Development cannot be sustained without peace and stability.

Literacy and education—and particularly the role of education for women—are vital, not least in overcoming gender inequities. Greater participation of women in society is a key contributor to declining fertility and improved family nutrition and health. Infrastructure investments, particularly in clean water, sewerage, and electricity, as well as rural roads, also are essential for growth and investment, as they are for achieving improved health outcomes. The rule of law and the establishment of a level playing field, through competition and regulatory policies, are vital for facilitating a flourishing private sector. Market capture by monopolies or small elites, often with the connivance of politicians or civil servants, skews development and leads to growing inequality.

No country is an island economically and the way that countries engage with the rest of the world is a key determinant of their development outcomes. The increasing integration of the world—in terms of financial, trade, aid, and other economic flows, as well as health, educational, scientific, and other opportunities—requires an increasingly sophisticated policy capability. So too does the management of the risks associated with increased integration into the global community. The threat posed by pandemics, cyber attacks, financial crises, and climate change and other global developments such as disruptive new technologies like artificial intelligence and robotics, where the price of machines not the cost of labour will determine production location, could derail the best-laid development efforts. Systemic risks have a particularly negative impact on development outcomes, and have negative distributional consequences. The existence of effective policies, or their absence, shapes the harvesting of the upside opportunities and mitigation of the risks arising from globalization.

Literacy, education, and health

There are both theoretical and empirical reasons for believing that literacy and education are essential for economic and social development. The education of girls has served to reduce widespread gender inequalities and has improved the relative position of women in poor countries. The education and empowerment of women has consistently been associated with improvements in a range of positive development outcomes, and particularly sharp falls in infant mortality and fertility.

The links between education, health, and development are many and varied; in many contexts 'all good things' (or 'bad things') go together. The *demographic transition* describes how fertility and mortality rates change over the course of economic and social development. In the early or first phase of development birth rates and mortality rates are high due to poor education, nutrition, and healthcare. In such circumstances, characteristic of many developing countries prior to the Second World War, population growth remains low. As living standards, nutrition, and public health improve during the second phase of the transition, mortality rates tend to decline. As birth rates remain high, population growth becomes increasingly rapid. Much of Africa, Asia, and Latin America experienced this trend during the second half of the 20th century (see Table 2).

Over half the countries in the world, including many developing countries, have now entered the third stage of demographic transition. This is characterized by improvements in education and health along with changes in technology, including the widespread availability of contraceptives, which give women greater choice. In this stage, urbanization and greater female participation in the workforce reduces the economic and social benefit of having children and raises the costs. In the fourth stage of the demographic transition, both mortality and birth rates decline to low or stable levels and population growth begins to fall. Many developed countries have passed this stage and now face the prospect of zero or negative population growth. As this trend continues, countries experience a rapid decline in fertility, to below replacement level. The combination of rapidly falling fertility and continued increases in life expectancy has led to rapid increases in median ages since the Second World War, with these projected to double in Latin America and Asia (with only Africa lagging behind) by 2050.

Gender and development

Gender inequalities and unequal power relations skew the development process. In many developing countries women's opportunities for gainful forms of employment are limited to subsistence farming—often without full land ownership rights or access to credit and technology which could alter production relations and female bargaining power. In many societies, women are confined either to secluded forms of home-based production that

Table 2. World population by regions

	Total population (millions)							Average annual growth rate (%)					
	1980	1990	2000	2010	2018	2030	2050	1980–90	1990–2000	2000–10	2010–20	2025–35	2045–55
World	4,458	5,331	6,145	6,958	7,633	8,551	9,772	1.79	1.42	1.24	1.14	0.67	0.52
Africa	480	635	818	1,049	1,288	1,704	2,528	2.79	2.54	2.50	2.54	1.98	1.73
Asia	2,642	3,221	3,730	4,194	4,545	4,947	5,257	1.98	1.47	1.18	0.98	0.30	0.10
Europe	694	722	727	737	743	739	716	0.39	0.08	0.14	0.09	–0.17	–0.21
Latin America and the Caribbean	364	446	526	598	652	718	780	2.02	1.65	1.28	1.06	0.41	0.19
Northern America	254	280	313	343	364	395	435	0.97	1.10	0.92	0.74	0.46	0.39
Oceania	23	27	31	37	41	48	57	1.63	1.43	1.60	1.46	0.90	0.76

Source: Author's calculations and United Nations, World Population Prospects: The 2017 Revision (Department of Economics and Social Affairs Population Division, 2017), custom data acquired from website, https://esa.un.org/unpd/wpp/DataQuery/ (Last accessed 12 November 2017).

Note: Includes projections post 2015 based on the medium variant.

yield low returns, or to marginal jobs in the informal economy where income is exceptionally low and working conditions are poor. In addition, women typically have to endure the 'double burden' of employment and domestic work—the latter includes housework, preparing meals, fetching water and wood, and caring for children—among many other tasks. Indeed, worldwide, women tend to work more hours than men when domestic work is included.

A range of studies over the last four decades have shown that households do not automatically pool their resources, and that who earns and controls income can make a major difference to household well-being. Numerous empirical studies examining the relationship between women's market work, infant feeding practices, and child nutrition indicate that the children of mothers with higher incomes and more economic power are better nourished. In the gold mining industry in Africa for example an increase in women's wage-earning opportunities is associated with increased access to healthcare, the halving of infant mortality rates—especially for girls—and a reduction in women's perceptions of the acceptability of domestic violence by 24 per cent.

The distribution of benefits and burdens becomes more equitable when women have a stronger voice and more access to education and employment. Improving women's economic opportunities can prove a highly effective way to reduce poverty and improve women's relative position and that of their children. Overall household well-being is likely to be improved by ensuring that more women are enrolled in education, can read, write, and count, and have appropriate skills for jobs. Steps to tackle restrictive cultural norms and laws regarding women's education, participation in the labour force, ownership of land and other assets, inheritance rights, marriage, and freedom to participate in society make important contributions in this regard.

Many of these initiatives are likely to translate into specific sector priorities and policies—for example vocational training, access to cheap transport, and access to saving and credit markets. Women are disadvantaged in the credit market as they typically have no collateral and smaller informal networks, largely due to their relative confinement to the domestic sphere. Innovative microfinance schemes have sought to overcome this by providing flexible loans on favourable terms, often requiring no collateral or with low interest, for investment in small-scale productive activities—such as rearing chickens or a goat. A well-known example is the Grameen Bank, which has been providing finance to poor Bangladeshis since the late 1970s. By 2015 cumulative disbursement of loans exceeded $18 billion and the bank had provided loans to almost nine million individuals, 97 per cent of whom are women.

Another example of a successful development organization that focuses on women and the ultra-poor is BRAC. Since the mid-1970s BRAC has grown rapidly, and is now widely recognized as the largest non-governmental development organization in the world with 110,000 people employed in eleven countries, and an annual global expenditure of $900 million. In addition to providing microfinance, BRAC has specifically sought to empower women and promote social justice through a range of non-profit programmes. Among other initiatives, BRAC has invested heavily in girls' education, skills development, public health, and social protection as well as the defence of legal rights. The organization has even established BRAC University and is providing services in thirteen countries in Asia, Africa, and Latin America, including to over 1.5 million people in Sierra Leone.

The participation of women in the workplace together with gender differences in pay, promotion, and business leadership are important aspects of empowerment. Political representation and gender disparities in healthcare and education (often reflecting 'boy preference' in many parts of the world) are also key indicators of social progress. Since the introduction of the MDGs in 1990, women in many countries have made progress towards parity with men, although much more still needs to be done (Table 3).

Table 3. Gender-related indicators of development

	Infant mortality rate (per 1,000 births)				Secondary school enrolement (gross, %)				Labour force participation rate (%, over 15 years of age)				Seats held in parliament by women (%)	
	1990		2015		1990		2014		1990		2016		1990	2016
	Male	Female	Male	Female	Male	Female	Male	Female	Male	Female	Male	Female		
South Asia	94.8	88.3	39.7	37.7	45.1	26.0	65.1	64.4	70.9	33.0	53.2	20.3	6.3	19.4
East Asia & Pacific	46.5	40.1	14.7	12.3	43.6	34.7	86.1	86.9	74.2	72.4	56.7	48.9	17.2	19.8
sub-Saharan Africa	116.2	99.4	58.2	48.1	26.5	20.2	45.9	39.5	58.9	48.8	56.1	50.1	—	23.5
Middle East & North Africa	53.5	47.6	22.0	18.7	64.5	47.5	78.2	74.4	55.1	18.2	48.0	14.6	3.7	17.6

Latin America & Caribbean	48.9	40.3	16.6	13.5	73.5	78.5	91.0	97.2	72.1	39.1	59.7	40.2	12.3	29.8
North America	10.2	8.1	6.0	5.0	91.4	92.3	97.9	99.5	68.8	60.9	53.8	51.5	9.3	22.3
Europe & Central Asia	27.7	22.3	9.3	7.4	91.4	90.4	106.5	105.4	57.3	47.6	46.8	36.4	16.6	26.1
World	68.6	60.7	32.5	28.3	55.6	47.0	76.9	76.0	67.4	51.3	53.9	37.1	12.7	23.0
Developing Countries	74.7	66.3	35.2	30.7	—	—	—	—	69.1	51.4	54.8	36.3	12.9	21.8
Least Developed Countries	116.8	100.7	52.5	43.6	22.9	13.4	45.8	40.0	69.0	58.3	62.3	51.5	—	22.8

Source: World Bank, World Development Indicators, http://data.worldbank.org/ (Last accessed 5 November 2017).

Significant progress has been made in terms of tackling female infant mortality and enabling young girls to attend school, although gross disparities between men and women persist across the board. Despite some notable progress, practices which fundamentally constrain women, among the worst of which is female genital mutilation, which affects at least 200 million women in over thirty countries, continue to pose a major development challenge.

Less progress has been made in terms of women's employment in the labour market—especially in Asia and to a lesser extent the Middle East and North Africa where ground has been lost over the last twenty-five years. This may have far reaching implications beyond our concern with fairness and gender justice. A recent speculative study suggests that advancing gender equality in the workplace could add as much as $12 trillion to global GDP by 2025 (assuming every country in the world could match the performance of its fastest improving neighbour in terms of progress towards gender equality). While the advanced economies have the most to gain, developing countries and regions could expect to benefit from significant increases in income by 2025, including India ($0.7 trillion or 16 per cent of GDP), Latin America ($1.1 trillion or 14 per cent of GDP), China ($2.5 trillion or 12 per cent of GDP), sub-Saharan Africa ($0.3 trillion or 12 per cent of GDP), and the Middle East and North Africa ($0.6 trillion or 11 per cent of GDP), among other countries and regions.

Knowing that education, health and nutrition, and gender equity—among other things—are important for development is only the start. Developing policies to tackle these issues is a major challenge. In many countries, for example, the failure of education systems relates to a lack of quality rather than quantity of resources spent. In India, case studies have catalogued a number of issues including poorly trained and qualified teachers, mindless and repetitive learning experiences, lack of books and learning material, poor accountability of teachers and unions, school days without formal activities, and high rates of absenteeism among staff and students. Moreover, improving outcomes is more complex than finding money for school fees or budgets for teachers. Issues such as having appropriate clothes for the walk to school or the availability of single-sex toilets at school can play a decisive role, especially for girls.

Agriculture and food

Agriculture provides the main source of income and employment for the 70 per cent of the world's poor that live in rural areas. The price and availability of food and agricultural products also dramatically shapes nutrition and the potential to purchase staples for the urban poor.

Policies such as price controls and export restrictions which discriminate against farmers and seek to create cheap urban food by holding down agricultural prices can perversely lead to rising poverty, especially where the bulk of the poor are in the countryside. Low agricultural prices depress rural incomes, as well as the production and supply of food and agricultural products. The urban poor are, however, more politically powerful than the rural poor, not least as they are present in capital cities. An important contributor to the French Revolution of 1789 was the doubling of bread prices, and urban food protests have continued to pose a serious threat to governments.

In many developing countries these artificially depressed agricultural prices discriminate against farmers. By contrast, in many of the more advanced economies—notably in the United States, European Union, and Japan—certain groups of farmers have achieved an extraordinarily protected position. Tariff barriers and quotas which restrict imports, together with production, input subsidies, tax exemptions, and other incentives benefit a small group of privileged farmers at the expense of consumers and taxpayers in the advanced economies (see Chapter 7). This fundamentally undermines the prospects of farmers in developing countries, who are unable to export the products that they would be competitive in, in a freer market. It also makes the prices of these products more volatile on global markets as only a small share of global production is traded so that international markets become the residual onto which excess production is dumped, leading to a collapse in world prices, or shortages that result in sharp upward price movements.

An added cause of instability is that the concentration of production in particular geographic areas of the United States and Europe increases the impact of weather-related risks which exacerbates instability in world food prices. Because farmers in many developing countries cannot export protected crops, they are compelled to concentrate their production in crops that are not produced in the advanced economies, and produce coffee, cocoa, and other solely tropical agricultural commodities. This reduces diversification and leads to excessive specialization in these commodities, depressing prices and raising the risks associated with monocultures. The levelling of the agricultural playing field, which has been a key objective of the stymied Doha Development Round of Trade Negotiations, initiated by the World Trade Organization (WTO) in 2001, remains a key objective of development policy (see Chapter 7).

The unevenness of investments in agricultural research and development is another development challenge. Billions of dollars are allocated by governments and private companies to agricultural research that benefits farmers and consumers in the advanced countries, but only a small fraction of research spending is allocated to crops that are essential to the livelihoods of poor people in poor countries. As a result of this market failure, international institutions and foundations have a vital role to play in providing a *public good* by raising agricultural productivity and improving nutrition in developing countries. The CGIAR consortium (consisting of fifteen international food and agricultural research centres) is an example of a development partnership to advance this public good. With funding from the Gates Foundation, World Bank, and numerous bilateral and multilateral agencies, CGIAR supports research into seeds and systems which have been associated with significant agricultural advances in poor countries. These include the Green Revolution in Asia, which led to sharp improvements in rice yields and quality. The yields of staple crops in Africa have not yet benefited from such a revolution and this is a key priority for international agricultural research. Increasing population and the growing pressure on land, water, and other resources, compounded by the impact of climate change, mean that sustaining production improvements is likely to prove a growing challenge. Stepping up global efforts to improve the quantity and quality of agricultural output is an important dimension of the global development agenda.

The widening of our understanding of development has been accompanied by a growing recognition of the importance of nutrition. Small improvements in micronutrients can have a significant impact. These range from the fortification of salt with iodine to other areas, as advocated by the Global Alliance for Improved Nutrition. Excessive consumption of certain products is a growing concern, as is evident in the growing burden of non-communicable diseases, such as heart attacks, strokes, diabetes, and obesity in developing countries. Indeed, developing countries now account for almost three-quarters of all fatalities; and more than four-fifths of premature deaths in developing countries now are caused by these 'life style' diseases.

Infrastructure

Infrastructure encompasses the basic physical and organizational structures and facilities required for the development of economies and societies. This includes water and sanitation, electricity, transport (roads, railways, and ports), irrigation, and telecommunications. Infrastructure provides the material foundations for development. Investments in infrastructure tend to require very large and indivisible financial outlays and regular maintenance. These investments shape the evolution of cities, markets, and economies for generations and lock in particular patterns of urbanization and water and energy use. Prudent investment in energy and transport infrastructure can have a significant impact on environmental sustainability through ensuring lower emissions, higher efficiency, and resilience to climate change. Investment in sewerage and sanitation, as well as recycling of water, similarly has a vital role to play in reducing water-use and pollution.

Investment in basic infrastructure tends to have a high economic return. A study of four South Asian economies—India, Pakistan, Bangladesh, and Sri Lanka—using panel data for the period 1980–2005, concluded that infrastructure development contributes significantly to output and highlights the importance of mutual feedback between total output and infrastructure development. A 17 per cent rate of return, on average, for agricultural infrastructure projects has been identified by the World Bank for its projects. According to one study, frequent power outages in India were responsible for monetary losses equivalent to 5 per cent of GDP (roughly $102 billion) in 2014. A similar study for Africa estimates that poor quality infrastructure in the power sector reduces GDP by 2 per cent per annum. It makes sense, then, that investments to overcome critical infrastructure backlogs yield high returns.

Financing infrastructure in developing countries is challenging given the scale of investment required and the corresponding risk factors. These include the fact that large upfront risk capital is often required for the construction phase and that many infrastructure projects face uncertainty regarding future revenue streams associated with policy change, macroeconomic instability, and the affordability of end-user fees. These and other factors mean that governments have a critical role to play in investments in infrastructure as well as in establishing a predictable long-term regulatory and policy framework for private investment which can provide investors with assurance that their investments will be secure over a time horizon extending over several decades.

It has been estimated that global investment in infrastructure needs to increase from $3.4 trillion in 2014 to an average of $5.3 trillion per annum over the next fifteen years. In total, somewhere in the region of $80 trillion of investment is required between 2015 and 2030—a figure that far exceeds the value of the current stock of infrastructure (estimated at $50 trillion). Around 70 per cent of this projected expenditure ($3.5 to $4 trillion on average) needs to take place in developing economies (Figure 4). These aggregate figures hide wide disparities in the magnitude of investment required in different countries and regions and in the requirements of different sectors: energy, water, and transport have the highest requirements. Currently over half of infrastructure in developing countries is financed domestically, with the balance financed by international institutions such as the World Bank and regional development banks. This international finance will need to play a larger role, if the infrastructure deficit is to be overcome, which is why new initiatives, such as the Asian Infrastructure Investment Bank, are to be welcomed.

Public–private partnerships can play a major role, especially in urban areas and in telecommunications and energy. Project finance and a range of other private investment structures are being used in a growing number of developing countries to encourage private investment in infrastructure. The outcomes have been decidedly mixed. In the United Kingdom, which has a reasonably sophisticated policy environment, public–private partnerships have been found by the National Audit Office to provide poor value for money. In developing countries, following the bankruptcies of toll roads in Mexico and water utilities in Argentina, lessons have been learnt and developing countries now account for well over half of the private investments in infrastructure globally. Given infrastructure demands and the

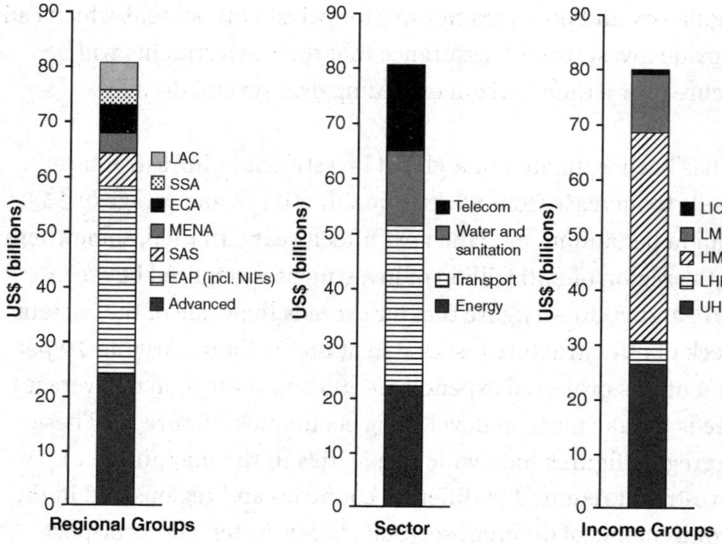

Key:

LAC = Latin America and Caribbean; SSA = sub-Saharan Africa;
ECA = Europe and Central Asia; MENA = Middle East and North Africa;
SAS = South Asia; EAP = East Asia and Pacific;
NIE = Newly industrialized Asian economies.

LIC = Low-income countries; LMIC = Low middle-income countries;
HMIC = High middle-income countries; LHIC = Low high-income countries;
UHIC = Upper high-income countries

4. Annual infrastructure spending requirements (2015–30).

shortage of adequate government finance, there is a growing need for private power, telecommunications and other infrastructure investors to finance construction and operations. The mixed experience in recent decades points to the need for caution and the establishment of independent and powerful regulators to protect consumer interests from what can become natural monopolies or oligopolies.

Legal framework and equity

Laws serve to shape societies and, in particular, affect the nature of the relationships of citizens to each other and to their governments. Legal frameworks include the 'systems of rules and regulations, the norms that infuse them, and the means of adjudicating and enforcing them'. The rule of law has shaped development processes through the operation of laws, regulation and enforcement; enabled conditions and capacities necessary to development outcomes; and remained a core development end in itself. Therefore, the rule of law is of fundamental importance to development outcomes as it expresses and enables a society's conception of social and economic justice, and more specifically its attitudes to extreme poverty and deprivation. It also frames wealth, resource, and power (re)distribution.

An effective legal and judicial system is an essential component for economic development, as it is for human development and basic civil liberties. Ensuring that decision-making and justice are not determined by individual favours or corruption and that all citizens have equal access to the rule of law is vital to overcoming inequality and social exclusion. It is also required for the creation of transparent and well-functioning financial and other markets.

The relationship between the legal system and development is complex. In 1990, Douglas North and others pointed to a high positive correlation between the protection of property rights and long-term economic growth. Critics question whether the protection of property rights is a cause or a consequence of economic development. Similarly they question whether sound institutions are a cause or a consequence of development. In this respect several studies have shown that access to legal information and the rule of law can enhance participation and promote socio-economic development by empowering the poor and marginalized to claim rights, take advantage of economic and social opportunities, and resist exploitation. The law and the courts can play an important role in defining identity and guaranteeing economic and social opportunities. The rule of law can improve access to service delivery by reallocating rights, privileges, duties, and powers. Strengthening legal institutions that prevent violence and crimes that undermine the well-being of citizens promotes development.

Legal institutions that promote accountability and transparency and curb corruption can similarly facilitate development. Consistent and fair regulation and dispute resolution facilitates the smooth operation of the market system, and reduces the opportunities for corruption, nepotism, and rent seeking. The rule of law can also protect the environment and natural resources and promote sustainable development by enshrining workers', social, and environmental rights in constitutions and legislation.

Conflict, peace, and stability

Peace and stability, and the rule of law, are essential for development. War and conflict reverses development, not only through death and destruction, but also debilitating development by destroying and degrading infrastructure, institutions, and social cohesion. Although the world has been spared a global conflict since the Second World War—perhaps because all sides recognize that it could lead to mutually assured destruction—civil wars and armed conflicts have continued to bedevil development (see Figure 5). Over the last twenty-five years, all main measures of civil wars (numbers, battle-related deaths, and civilian deaths) decreased, even though there has been a dramatic spike in state related conflict from 2013 due to the expansion—and then the contraction—of the Islamic State group. In 2016, forty-nine armed conflicts were recorded, down three from the previous year. The last five years have been among the bloodiest since the mid-1990s with battle-related deaths (not least associated with the Syrian crisis) peaking at 105,000 in 2014 before falling back to 87,000 in 2016. Since the end of the Cold War in 1989, the world has also witnessed 624 non-state conflicts with a similar upward trend in recent years. Overall, the ten most conflict affected countries witnessed 1.6 million fatalities between 1989 and 2016.

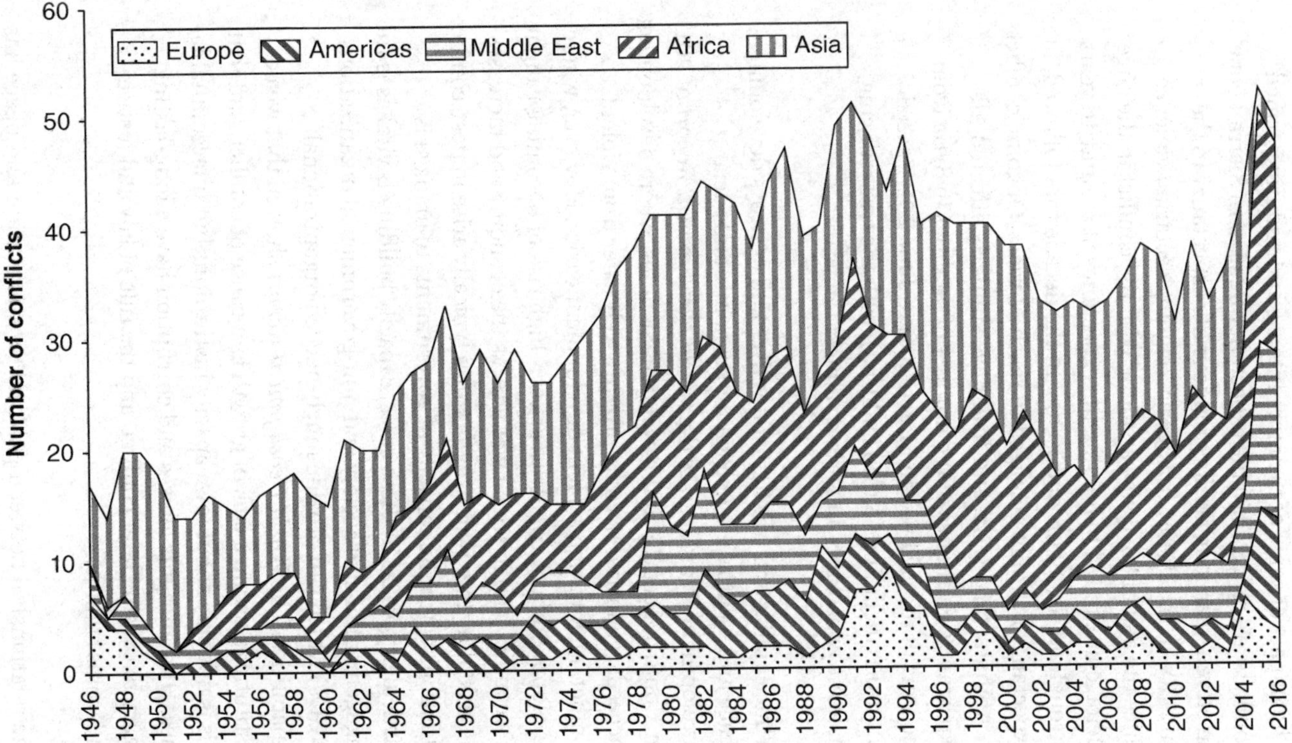

5. Armed conflicts by region (1946–2016).

The impact of some of the more intense and enduring armed conflicts are reflected in life expectancy figures. In Sierra Leone, an eleven-year-long conflict reduced life expectancy to the mid-30s in the 1990s. In Nigeria, ongoing sectarian violence since the end of the civil war, along with the conflict in the Niger Delta, contributed to holding life expectancy at around 46 years throughout the 1980s and 1990s. In the decade that followed, life expectancy has only managed to reach 51 years. Ongoing conflicts in Afghanistan, Syria, and Iraq have similarly affected life expectancy. Estimates of the number of fatalities in Syria from the start of the civil war in March 2011 to June 2017 exceed 230,000 (including 55,000 children), with the war reducing male life expectancy in Syria by almost ten years.

While conflict and war devastates lives and destroys development, peace and security are needed for economic and social development. Moreover, as the *World Development Report* of 2011 on 'Conflict, Security and Development' notes, where development succeeds, countries become progressively safer from violent conflict, making subsequent development easier. However, where development fails, countries are at a high risk of becoming caught in a conflict trap in which war wrecks the economy and increases the risk of further war. *Fragile states* typically arise in post-conflict situations when the capacity of governments to manage is particularly weak. In these cases, capacity building is vital as is the engagement of civil society and non-governmental organizations (NGOs) which can provide much-needed organizational capabilities. The *World Development Report* showed that weak institutions trump a lack of growth as a cause of conflict, and that this is not only about low capacity institutions but unaccountable ones. Human rights abuses and corruption have a long-lasting legacy in causing later conflict, and the rule of law and justice underpins stability.

The relationship between political representation and peace has been the subject of numerous studies. Political development is thought to contribute to stability through the establishment of democratic institutions that ensure representation for all as well as checks and balances on executive power. Such views echo Immanuel Kant's influential pamphlet, *Perpetual Peace,* written in 1795. A number of modern studies confirm the statistical link.

Democratic states have, however, waged war against weaker states, as is evident in the United States interventions in Central America, Vietnam, Iraq, and elsewhere, France in Algeria, and the United Kingdom in Libya and Iraq. Democratic transitions may also contribute to ethnic violence. In some cases, such as the former Yugoslavia, the Caucasus, and Indonesia, transitions from dictatorship to more pluralistic political systems are associated with the rise of national independence movements, spurring separatist warfare that may spill over national borders. Newly independent states and 'anocracies' (unstable autocratic regimes with incoherent elements of democracy) are also particularly liable to fall into civil war. In this context, the collapse of South Sudan into civil war reflects a failure to adequately address the underlying grievances and the weakness of the governance structures that were erected to safeguard the fragile South Sudanese state.

Ethnicity and religious beliefs may have been key contributors to the conflict in the Balkans, as well as to conflicts in a number of African countries and the Middle East. However, these factors alone do not adequately explain eruptions of violence in which groups that co-existed for generations—as was the case with the Jews in Germany and Austria prior to the rise of Nazism, or Muslims in the Balkans and elsewhere—suddenly became the object of discrimination and brutal violence.

There are numerous national, regional, and global initiatives to reduce and prevent potential fault lines in society escalating into conflict. 'Light', 'direct', or 'operational' interventions attempt to prevent latent or threshold violence from becoming full-blown armed conflicts. Diplomatic interventions, United Nations missions, and peace-keeping forces are among the actions which can be invoked. Such measures do not usually address the root causes of conflict. Peace-building packages require a range of interventions, including post-war aid, provision of security, demilitarization, encouraging refugees to return, employment programmes, and other measures to revive the economy. Reforms of legal and political institutions, not least to guarantee human rights, may also be required. In addition to aid, the international community can apply political and economic pressure, resorting to economic sanctions, travel bans, and other actions against individuals, including possible arrest and transfer to the International Criminal Court in The Hague.

The United Nations is the primary international mechanism for conflict prevention. Its 1992 *Agenda for Peace* sets out comprehensive efforts to identify and support structures which will tend to consolidate peace and advance a sense of confidence and well-being among people. These include disarming the previously warring parties and the restoration of order, the custody and possible destruction of weapons, repatriating refugees, advisory and training support for security personnel, monitoring elections, advancing efforts to protect human rights, reforming or strengthening governmental institutions, and promoting formal and informal processes of political participation.

Under the United Nations Charter, the Security Council has primary responsibility for the maintenance of international peace and security. Its fifteen members—five of who are permanent and ten rotating on two-year terms—are meant to determine the existence of a threat to peace or identify an act of international aggression. The Security Council has the authority to impose sanctions or authorize the use of force to restore peace. With Resolution 1366 of August 2001 the Security Council widened its mandate to include the Responsibility to Protect (R2P). This authorizes it to intervene in internal conflicts and prevent internal aggression or genocides within a country. In practice, because any of the permanent members—China, France, Russia, the United Kingdom, and the United States—can veto any resolution, the Security Council has been unable to agree to take an active role in Syria or other recent conflicts. Even when it does, it depends on the actions of its members to implement its resolutions, severely limiting its ability to achieve the limited actions which have been agreed.

A number of initiatives in recent decades have sought to limit the financing of conflicts by restricting financial flows associated with investments in mining and other natural resources. The Extractive Industries Transparency Initiative aims to ensure that companies fully disclose the taxes and other payments made by oil, gas, and mining companies to governments. This aims to increase accountability and reduce the potential for the funds to be diverted for personal or political gain or used to buy arms and finance conflicts. The Kimberley Process is another example and is intended to stop the trade in 'conflict diamonds' which financed armaments. The process involves a global certification system designed to trace the origins of rough diamonds and to restrict trade outside certified channels. Another promising initiative is the International Arms Trade Treaty originally endorsed by the United Kingdom and Africa Commission in 2005. Despite slow progress through international institutions (such as the G8) and opposition from countries such as Cuba, Venezuela, and Egypt, the treaty entered into force on 24 December 2014, and has now been ratified by ninety-two states.

Chapter 5
The evolution of development aid

Foreign aid is any kind of *official development assistance* (ODA), concessionary loan, or financial grant given to developing countries mainly for the purpose of economic development or welfare provision. Table 4 shows that aid flows have increased in the post-war era. *Multilateral aid* is when aid is given by more than one state, typically through international institutions like the World Bank or United Nations. *Bilateral aid* is when one state—such as the United Kingdom, United States, France, or Germany—gives aid directly to another state. NGOs, such as the Gates Foundation, Oxfam, and Comic Relief, have emerged as increasingly important donors of aid in the last two to three decades. What is new is the scale and reach of the contributions of non-state actors, rather than their recent arrival in the aid landscape; the Rockefeller Foundation was established in 1913, the Ford Foundation in 1936, and Oxfam in 1942.

The term aid covers a wide variety of interventions. Aid can include technical assistance, infrastructure projects, structural adjustment measures, political objectives, education and welfare programmes, humanitarian work, disaster relief, and even medical aid or programmes to eliminate the production of drugs—the programmes administered by the United States to eradicate coca plants in Colombia are classed as aid as are the equivalent programmes to destroy opiate poppy cultivation in Afghanistan.

Table 4. Average annual net aid flows received (1960–2015)

(Constant 2015 US$ millions)	1960–9	1970–9	1980–9	1990–9	2000–9	2010–15
Africa	11,313	17,450	26,009	27,881	34,725	57,958
North & Central America	1,351	1,899	3,863	3,768	3,566	5,766
South America	3,482	2,468	2,312	2,892	3,303	4,361
Middle East	1,880	7,340	8,481	5,027	11,251	16,895
South & Central Asia	9,864	9,487	10,505	8,128	11,908	21,586
Far East Asia	6,391	6,910	6,500	8,419	7,391	6,666
Europe	2,602	1,092	1,296	3,097	4,897	8,178
Oceania	793	2,017	2,334	2,155	1,314	2,124
Developing Countries	39,579	54,688	71,338	71,644	96,306	160,858

Source: Author's calculation based on OECD, https://stats.oecd.org/qwids/ (Last accessed 15 July 2017).

Examples of humanitarian work and disaster relief include food aid and vaccination programmes. Vaccination programmes have had a dramatic impact, as evidenced by the elimination of smallpox and the curtailment of many other endemic diseases.

Aid has at times contributed greatly to development, but has also, at times, undermined development. Much harm was done during the Cold War, when aid was used as a political and military tool, to advance geo-political goals rather than to achieve development objectives. Not surprisingly, aid was wasted and counterproductive when given to governments that used it for purposes other than to reduce poverty, and when it went to corrupt politicians or to support expensive high maintenance and ineffective 'white elephant' projects, which often were tied to the use of the donors' experts and export businesses. There are numerous historical examples of such abuses, including the transfer of over $10 billion (£6.5 billion) to Mobutu Sese Seko, the former dictator of Zaire (known today as the Democratic Republic of the Congo). However, to condemn all aid as a result of past failures is inappropriate, as these failures never characterized most aid, and increasingly they represent exceptions in a much-improved aid landscape.

Since the end of the Cold War the effectiveness of aid has increased. More than fifty developing countries have become democratic in Africa, Latin America, and Asia, and macroeconomic management has improved in most recipient countries. There is also greater transparency and scrutiny in recipient countries. Donors have become more coordinated. The MDGs and alignment of donors has provided common direction. The OECD Development Assistance Committee (DAC) has helped through peer review and collective scrutiny to engender a more coordinated approach and to reduce abuse. The OECD DAC no longer includes military aid as development assistance and has reduced the abuse of export credits and other tied flows. Tied aid was commonplace until the 1990s, and included the requirement that aid be used for payments in the donor country, or in a group of specified countries, typically to pay for machinery, consultants, and other products and services from the country providing the aid. Firms exporting to developing countries could also benefit from export credits by which aid was used to provide concessional financing, in the forms of loans, insurance, and guarantees.

As the conceptual understanding of development has advanced, donors and recipients have become better at identifying what works and what does not, including for example through the introduction of techniques such as randomized trials. Developing countries' expertise has also improved and the dependency of recipients on the international donors and experts who previously monopolized aid has been reduced with the growth of capital markets and rise of new bilateral donors, such as China and India. For these interrelated reasons, the overall effectiveness of aid is now greater than at any point in history and continues to improve.

Studies by David Dollar and others found that in 1990 countries with the worst policies received more per capita in terms of ODA than countries with better policies ($44 as opposed to $39); by the late 1990s the situation was reversed: those with better policies received almost twice as much in per capita terms ($28 versus $16). As a result the poverty reduction effectiveness per dollar of overall ODA has grown rapidly.

Changing aid

International aid emerged as a phenomenon after the Second World War, and has its origins in The European Recovery Programme—or Marshall Plan—which funded post-war reconstruction in Europe and parts of Asia as well as British, French, and other colonial territories. Early theories of development emphasized the need for interventions by governments in poor countries to exercise a decisive role in investment and industrialization. As noted earlier, development planners advocated a big push for industrial development to help overcome bottlenecks in savings and investment markets and to provide vital infrastructure. Modernization theorists argued that developing countries merely lacked the finance required to fuel a take-off into self-sustained growth.

Initially aid focused on supporting former colonies or was distributed for political or military reasons connected with the Cold War. But by the 1970s international aid agencies began to focus on growth, income distribution, and also increasingly on basic needs. Since 1990, the end of the Cold War has allowed for greater aid effectiveness by targeting poverty reduction efforts more directly. Recent developments have however thrown this into question, as the United States and a number of other countries have increasingly reverted to the strategic allocation of aid.

In 2000, the MDGs, for the first time, established clearly identified and measurable shared objectives for the 189 national signatories. At a series of subsequent meetings donors committed to align themselves behind national development programmes. The 2005 Paris Declaration on Aid Effectiveness emphasized the commitment of the recipient countries to the success of the aid-funded projects (which became known as 'ownership'), alignment of donors' policies, a focus on results and outcomes, and mutual accountability between donors and recipients. The 2008 Accra Agenda for Action reaffirmed the importance of strengthening country ownership, building effective partnerships, and development outcomes as did the subsequent 2011 Aid Effectiveness Summit in Busan, South Korea. In July 2015 a United Nations Conference on Financing for Development held in Addis Ababa, Ethiopia reviewed the progress made in previous conferences and sought to address the new and emerging issues articulated in the SDGs, including the financing of investments required to address climate change.

Total ODA from all OECD and non-OECD donors is now around $171 billion (£127 billion), representing a 115 per cent increase in real terms since the MDGs were agreed in 2000. Most aid goes to middle-income countries and strategically important countries, such as Colombia and Egypt, and more recently Syria, Afghanistan, and Iraq have received large amounts of aid which is not allocated on the basis of the concentration of poverty in these countries, but rather instability and conflict.

ODA, as a proportion of donor countries' GNI, has declined from about 0.47 per cent in the 1960s to around 0.32 per cent in 2016. A United Nations resolution in October 1970 had committed the advanced countries to a target of allocating 0.7 per cent of their national income to foreign aid by 1975, a target that only Sweden and the Netherlands met. In 1970, the OECD DAC members also agreed that they would commit 0.7 per cent of their national income to development. Subsequently this target has been reaffirmed repeatedly, including at the 2005 G8 Gleneagles Summit and the 2005 United Nations World Summit. Fifty years after its original agreement, in addition to Sweden only four of the twenty-eight other DAC members have consistently met the target over the last four years—Denmark, Luxembourg, Norway, and the United Kingdom, which is the only one of the G7 members to have enshrined this commitment into law. (Two other countries—the Netherlands and Germany—met the target in 2015 and 2016, respectively.)

Aid flows typically make up a small part of the budget of developing countries—on average about 1 per cent, although for the poorest countries this can be as much as 10 or 20 per cent. For particular countries at particular times these flows can play a vital role in addressing budget shortfalls or shocks, such as those that arise from a natural disaster or collapse in commodity prices.

Not surprisingly, good institutions and sound public policy increase the effectiveness of aid. Even well-designed projects can be undermined by macroeconomic instability or corruption. Weak local institutions and the domination of foreign donors can lead to failures in the implementation of a policy or programme. Local ownership and the commitment of national and community leaders to projects are vital for aid effectiveness.

Millennium and Sustainable Development Goals

The MDGs emerged through high-level negotiations in policy circles, drawing on international agreements reached over the previous decades. The United Nations' MDGs go beyond the DAC targets and represent a major step forward in many respects (see Box 3). For the first time in the history of development, a global partnership was established with an alignment of donors' and the recipients' aims and instruments, and the establishment of agreed goals, targets, and indicators. While there was much debate about the selection of the eight goals, and definition and measurement of the twenty-one targets and sixty intermediate indicators, the establishment of a common and transparent framework was a major achievement.

Box 3 Millennium Development Goals

Goal 1: Eradicate extreme poverty and hunger
Goal 2: Achieve universal primary education
Goal 3: Promote gender equality and empower women
Goal 4: Reduce child mortality
Goal 5: Improve maternal health
Goal 6: Combat HIV/AIDS, malaria, and other diseases
Goal 7: Ensure environmental sustainability
Goal 8: Develop a global partnership for development

Source: United Nations, 'Official List of MDG Indicators' (effective 15 January 2008), http://mdgs.un.org/unsd/mdg/Host.aspx?Content=Indicators/OfficialList.htm (Last accessed 19 August 2017).

Progress towards the achievement of the MDGs over its fifteen-year horizon has been uneven. The first target of halving world poverty has been achieved, with the number of people living in extreme poverty falling by just over one billion (compared to the 1990 base), thanks largely to the great strides made by China, primarily with its own resources (see Figure 12). For most countries, however, progress has fallen short on the first goal and many of the other MDGs, while for many of the poorest African countries the data simply does not exist to assess achievements.

In September 2015, at the largest ever gathering of heads of state in New York, a new set of SDGs were agreed (Box 4). The SDGs, like the MDGs, reflect the evolving state of development thinking. Unlike the MDGs, which were widely perceived to be a top-down exercise cooked up by diplomats and technocrats at the United Nations and OECD, the United Nations established an Open Working Group to develop the new goals. The growing range and power of articulate and organized stakeholders has widened participation in the development agenda. The growing evidence of new challenges to development, not least those arising from climate change and the threat to ecological systems, has also widened the range of development concerns. The SDGs have seventeen goals with 169 targets covering a broad range of sustainable development issues, including ending poverty and hunger, improving health and education, making cities more sustainable, combating climate change, and protecting oceans and forests. These goals and targets have been further elaborated through 'a global indicator framework' agreed at the forty-eighth session of the United Nations Statistical Commission held in March 2016. The revised list currently includes 232 distinct indicators on which agreement has been reached.

The SDGs go beyond the MDGs to incorporate a wider range of issues and actors. This reflects the growing recognition that there is no silver bullet for development and that beyond markets and the state, the role of cities, new donors, businesses,

Box 4 Sustainable Development Goals

Goal 1: End poverty in all its forms everywhere
Goal 2: End hunger, achieve food security and improved nutrition, and promote sustainable agriculture
Goal 3: Ensure healthy lives and promote well-being for all at all ages
Goal 4: Ensure inclusive and quality education for all and promote lifelong learning
Goal 5: Achieve gender equality and empower all women and girls
Goal 6: Ensure access to water and sanitation for all
Goal 7: Ensure access to affordable, reliable, sustainable, and modern energy for all
Goal 8: Promote inclusive and sustainable economic growth, employment, and decent work for all
Goal 9: Build resilient infrastructure, promote sustainable industrialization, and foster innovation
Goal 10: Reduce inequality within and among countries
Goal 11: Make cities inclusive, safe, resilient, and sustainable
Goal 12: Ensure sustainable consumption and production patterns
Goal 13: Take urgent action to combat climate change and its impacts
Goal 14: Conserve and sustainably use the oceans, seas, and marine resources
Goal 15: Sustainably manage forests, combat desertification, halt and reverse land degradation, halt biodiversity loss
Goal 16: Promote just, peaceful, and inclusive societies
Goal 17: Revitalize the global partnership for sustainable development

Source: United Nations, 'Sustainable Development Goals (SDGs)', http://www.undp.org/content/undp/en/home/mdgoverview/post-2015-development-agenda.html (Last accessed 19 August 2017).

and natural systems must be incorporated into development agendas. This more nuanced approach to development is welcome, but it brings new challenges, including adding a greater burden of management, measurement and coordination to an already overstretched and at times overwhelmingly complex understanding of how development happens and how it may be measured.

Development finance institutions

Development finance institutions (DFIs) operate at the global, regional, and national level to provide finance, technical support, and other services to promote development. These institutions tend to draw on public funds—taxpayers' money. They leverage the commitment of governments to underwrite their lending to raise further funds at lower costs than capital markets are able to provide. The aim is then to pass on the benefits of this lower cost of funding to developing countries. When supported by more than one government, the DFIs are also known as multilateral development banks (MDBs) or international financial institutions (IFIs).

The International Bank for Reconstruction and Development (IBRD) was established at the Bretton Woods Conference in 1945 to assist with the reconstruction of Europe and Japan following the devastation of the Second World War. The IBRD has leveraged the $16.6 billion of capital paid in by its 189 members to create $659 billion of loans. The IBRD is part of the World Bank group, which has assets exceeding $645 billion and includes the International Development Agency (IDA) which provides highly concessional loans to the poorest countries, the Multilateral Investment Guarantee Agency (MIGA) which sells political risk guarantees to investors, and the International Finance Corporation (IFC), which invests in the private sector in developing countries.

The IFC is the largest of the specialist development institutions which facilitates private capital flows into developing countries. Since its establishment in 1956 it has invested over $245 billion in more than 100 countries.

The DFIs are subject to the political preferences of their dominant shareholders, which in the case of the World Bank are the G7 powers. They also are influenced by academic and policy perceptions. Policy changed in the 1990s when a new strand of scholarly work emerged that highlighted the importance of institutions, led by Nobel Prize winners Ronald Coase, Douglas North, and Joseph Stiglitz, and Stiglitz was appointed Chief Economist of the World Bank in 1997 under James Wolfensohn. In 1999, reflecting a more heterodox approach to development than had previously prevailed, the World Bank adopted a Comprehensive Development Framework (CDF) which sought to advance a holistic approach to development that balances macroeconomic with structural, human, and physical development needs. The CDF was made operational through Poverty Reduction Strategy Papers (PRSPs) focusing on the priorities for reforms and investments in individual recipient countries where country ownership was said to be vital. However, the link between the CDF and PRSPs was uneven, and as the World Bank decentralized in response to a perceived need for activities to be more responsive to country needs, the unevenness in its application became more pronounced, with the weight placed on different dimensions of the CDF varying according to the interplay of the decentralized Bank leaders and their national counterparts.

Meanwhile, at the United Nations Development Programme (UNDP), the *Human Development and Capability Approach* went beyond economic indicators to place broader measures of the well-being of people at the centre of development concerns. As the UNDP's resources and capabilities were much smaller than those of the World Bank and other multilateral banks, its influence was mainly in the realm of ideas.

Following the establishment of the World Bank, the international community established the Inter-American Development Bank (1959), African Development Bank (1963), Asian Development Bank (1966), and more recently, following the collapse of the Soviet Union, the European Bank for Reconstruction and Development (1991).

Publicly owned development banks have also been established at the sub-regional level. The largest of these is the European Investment Bank (EIB), which is owned by the European Union member countries. The EIB supports the development of infrastructure and other assets in European countries and developing countries that have relations with the European Union and has assets exceeding €570 billion. Other sub-regions have similarly established development banks. These include the DBSA where I was Chief Executive. Following the end of apartheid the DBSA became the largest funder of infrastructure in the fourteen countries of the southern Africa region. Similar institutions include the Corporación Andina de Fomento (CAF)—covering Andean countries—the Caribbean Development Bank and in 2015 the addition of two major new initiatives, the New Development Bank—established by Brazil, Russia, India, China, and South Africa (the BRICS)—and the Chinese-inspired Asian Infrastructure Investment Bank.

National development banks have a longer history than the multilateral institutions. KfW (whose name originally comes from Kreditanstalt für Wiederaufbau—the 'Reconstruction Credit Institute') was established in 1948 to assist with the reconstruction of Germany and played a major role in the reunification of East and West Germany in the 1990s and is also an agency for German development investments abroad. Subsequently, many advanced and developing countries have established development banks. The extent to which they continue to play a positive role depends on their ability to reform in light of the changing circumstances.

The development of active private sector capital markets and decline in ideas of import substitution protectionism, which protected selected industries and firms from imports and domestic competition, has removed the primary purpose of many industrial development banks. These state banks typically financed protected firms, at subsidized interest rates. Where they have undertaken necessary reforms, national development banks can, however, continue to have a vital role to play in fostering infrastructure and small business development in areas where there is market failure. The establishment in 2012 by the Conservative government in the United Kingdom of the Green Investment Bank to use public funds to leverage private investment in renewal technologies is a modern adaption of development banking. The largest national development banks are in China. The China Development Bank has assets of ¥12.6 trillion ($2 trillion), about triple those of the World Bank group. While most of its lending is within China, its annual lending to developing countries now exceeds that of the World Bank.

In addition to providing development aid, a number of countries have national DFIs that invest in developing countries through a combination of grants, loans, and private equity investments. The biggest bilateral donors are the United States, which has a core budget of around $11 billion, and the United Kingdom, whose Department for International Development (DFID) has an annual budget of over £10 billion ($13 billion) that will almost certainly rise in future years to meet the 0.7 per cent of GDP spending requirement. DFID is the sole shareholder of the CDC Group (CDC, formerly the Commonwealth Development Corporation) which invests to support private sector investment in poor developing countries. (I have been the senior independent non-executive director on the CDC board since 1996.) Similarly, the Agence Française de Développement (AFD) and its private sector agency Proparco, the German KfW development agency and its private sector affiliate DEG, the Dutch Development Bank FMO, and the Japan International Cooperation Agency

(JICA) are among the many examples of national development institutions focusing on the development of both public and private sectors.

DFIs contribute significantly to development. When following best practice, they add to the capacity of the recipient governments to build infrastructure, education, health, and other foundations for development, as well as contributing to the development of the private sector.

Effective development support requires that the many lessons of past failures be learnt and that the agencies coordinate and harmonize their policies to ensure that they do not add to the burden of administration and subvert national decision-making. As economies grow and the capacity of governments to raise taxes and investment increases, along with the savings of individuals and the development of capital markets, the role of DFIs also needs to change. As governments' budgetary capacity and capital markets develop, the comparative advantage of development agencies increasingly is in the area of public goods, where the market is unable to provide much-needed investments. For poor countries, this includes public infrastructure, health, education, and other systems that governments cannot afford to invest in adequately.

In addition to supplementing national government's ability to finance the 'hardware' of development, the international institutions have an important role to play in both poor and middle-income countries in sharing ideas and lessons learnt from comparative experience, to assist in the building of the 'software' of development. This includes legal and regulatory systems which foster open and transparent societies that increase the voice of citizens and reduce what economists call 'rent seeking', which leads to the perversion of development by small groups of beneficiaries through protectionism, monopolistic practices, or corruption.

DFIs can also play a catalytic role in the mobilization of domestic and foreign savings to support private sector development, with institutions such as the IFC, CDC, Proparco, and others investing alongside the private sector to reduce risk and provide what the EBRD calls 'additionality' to encourage private investments that may not otherwise have occurred. The financial support provided by DFIs is small compared to the finance mobilized by commercial banks and private equity groups. Nevertheless, in 'frontier' markets the particularly tough working environment and small scale of operations typically means that the private sector is unwilling to provide the longer term finance required for power generation and other infrastructure. With just one of the larger commercial banks, which have individual assets of $2 trillion, far exceeding the potential to mobilize funding of the international DFIs, it is the development finance focus, and the unique knowledge and relations that the DFIs bring, which differentiates them. Where DFIs provide finance and skills which supplement official flows by financing projects that the private sector will not finance, and they leverage and encourage private finance, rather than compete with private sources, they will continue to have a significant role in the future.

Debt crisis and response

As noted earlier, in the 1970s, many African, Latin American, and South Asian countries borrowed extensively to finance their big push for industrialization (Figure 6). With the oil price shocks of the late 1970s and the global recession in the early 1980s, the current accounts (balance of trade and other exports over imports) and capital accounts (financial inflows versus capital outflows) of many developing countries went into deficit. A growing number of developing countries became dependent on large flows of aid to finance their foreign imports and the interest payments on their debt. The ensuing debt crisis resulted from growing imbalances

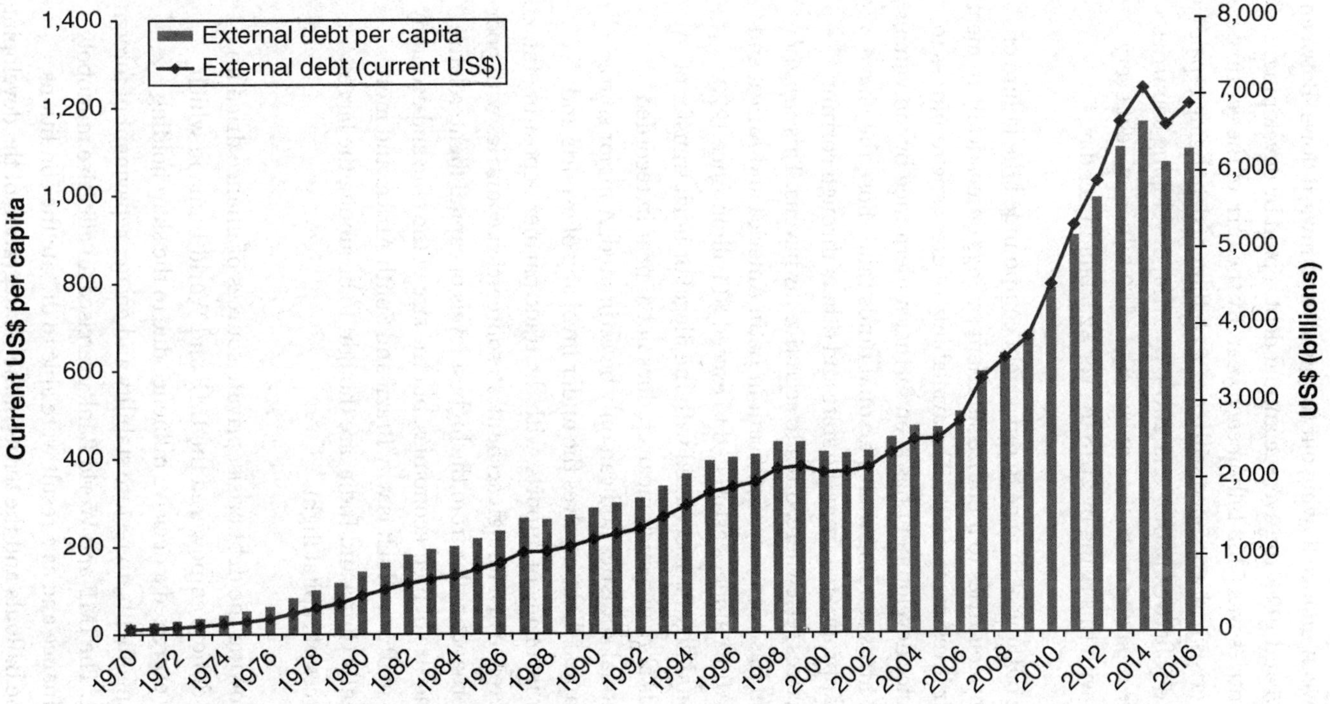

6. External debt of developing countries (1970–2016).

between finance flowing out (or owed) and inward flows. Between 1985 and 1994, the average annual debt repaid by developing countries was $133 billion each year. By the turn of the century, the crisis had worsened with over $1 billion of debt being repaid per day between 2000 and 2009. By 2014, developing countries were repaying more than an average of $2 billion of debt every day with this rising by 2016 to over $2.5 billion per day.

The outflow of finance to repay debt compounded the failure of many countries to mobilize sufficient savings domestically to meet their investment needs. The availability of domestic resources to finance development has been further undermined by individuals and firms sending their personal funds (and those they have misappropriated from the state and others through corrupt practices) elsewhere, often to secretive tax havens. This *capital flight* has been very significant in Latin America and Africa, and for Africa alone is estimated to exceed $1 trillion since 1970. Capital flight is associated with the illegal or illicit transfer of funds abroad, which means it does not appear in recorded national statistics and can only be estimated. A major source of capital flight involves the under invoicing of exports and over invoicing of imports, with the trade partner depositing the difference in a foreign account. Resource-rich countries with poor governance suffer from the highest levels of capital flight, relative to the size of their economies, but the size of the elite and economy also matters, which is why Brazil and South Africa, and more recently China and India, are thought to be among the largest sources of capital flight.

Following the debt crisis, private sources of finance dried up, and donors empowered the IMF and World Bank, in which they exercised a decisive influence due to the shareholding arrangements, to restore stability and ensure repayment of foreign debt. The IMF and World Bank exercised an effective monopoly on finance and as a result were able to dictate the conditions of the bailouts and the terms of the reintegration of the developing countries into global capital markets. Without the agreement of the Fund, no private bank or OECD donor would provide support to the heavily indebted countries. The impact of the concentration of absolute power in the Fund, in coordination with the World Bank, as well as their inequitable governance structure, continues to generate resentment to this day.

The Fund and Bank coordinated their programmes closely, with the Fund offering the prospect of short-term balance of payments support, and the Bank long-term loans, as long as a set of conditions, which became known as structural adjustment programmes, were met. The conditions, which were sequenced to coincide with the releases of tranches of funds, included the liberalization of exchange rates, the restoration of fiscal and trade balances, the privatization of state-owned enterprises, and sharp reductions in expenditure and in the money supply to reduce fiscal deficits and to limit inflation to low single digits. For many countries the resulting contractionary impact was severe and deeply unpopular, with numerous governments losing power.

The extremely painful consequence of the debt crisis led many developing countries to vow to never again return to the IMF and World Bank cap in hand in positions of desperation. The resulting macroeconomic orthodoxy has become etched into the political economy of most developing countries. Exceptions, such as Venezuela and Argentina, are now the outliers.

In an irony of history, the advanced economies that preached macroeconomic orthodoxy failed to follow their own advice. The result is that the United States, Japan, the United Kingdom, and indeed virtually all other advanced economies are in poor economic shape, with levels of debt approximately similar to that of many of the developing countries in the 1970s and 1980s. Structural adjustment programmes have been shown to be ill conceived in that they undermined key foundations of development and reduced the potential for escaping the cycle of debt crisis.

Excessive cuts to health, education, research, and infrastructure systems undermined the growth potential. The danger is that the terrible lessons of the previous epoch of debt crises have not been learnt, and that countries such as Greece, Italy, and Portugal are condemned to repeat the experience of many developing countries as they seek to escape the spiral of debt.

Since the late 1990s, the majority of developing countries have restored their national finances and are now far less indebted than the advanced economies. International aid has significantly contributed to this improvement. The creation of the Heavily Indebted Poor Countries (HIPC) initiative in 1996 provided relief for thirty-nine countries suffering from unsustainable debt. In 2005 the *Make Poverty History* campaign and the G8 summit at Gleneagles, Scotland allocated a further $40 billion to debt relief. In 2006, the HIPC programme was supplemented with the Multilateral Debt Relief Initiative (MDRI), which allowed for full relief of debt in eligible low-income countries to free up resources for poverty reduction. The MDRI scheme delivered $3.4 billion of debt relief before its abolition in February 2015 due to the elimination of eligible debt.

International public goods

Directed aid from bilateral or multilateral donors can play a highly significant role in assisting individual countries in achieving their development ambitions. The role of the international community in creating the conditions conducive for development and in supporting the creation of international public goods is even more important.

Global public goods are goods that have an impact which goes beyond any one country. These goods are not generally provided by the market due to their non-excludable and non-rival nature. That is, individuals cannot be excluded from consuming them, and one person's enjoyment of these goods does not diminish the consumption of others. Furthermore, global public goods cannot be monopolized for the benefit of any one country. Notable examples include financial stability, global human security (peace), the global commons (clean air, rain forests, oceans), and public health (including tackling infectious diseases such as smallpox, malaria, or river blindness). In addition to these, an equitable global trading system, the prevention of climate change, and the creation of new vaccines or rice strains may be added to the list of global public goods.

The common characteristics of these goods are that their benefits spill over national borders and that they cannot be created by the private sector alone. Global public goods are increasingly becoming an important part of the development agenda. Even if poverty is eradicated and in the future no individual countries require development assistance, the international community is likely to have an increasing role to play in financing and supporting the provision of cross-border public goods.

Past examples of innovative global programmes that underline the benefit of economic aid being directed to multi-country or global programmes include the Onchocerciasis Control Programme, established in 1974, to tackle river blindness in West Africa. This disease caused blindness, disfigurement, and unbearable itching in its victims and rendered tracts of farmland uninhabitable. The eradication programme halted transmission and virtually eliminated the prevalence of onchocerciasis throughout the eleven-country sub-region protecting 40 million people from infection. The wide-ranging benefits of this achievement included the prevention of 600,000 cases of blindness, sparing 18 million children from the risk of river blindness, and the establishment of 25 million hectares of land which was safe for cultivation and resettlement. Subsequent programmes to tackle onchocerciasis expanded into other parts of Africa and Latin America. In 2015 more than 115 million people were treated for the infection in Africa, and following the successful deployment of large-scale treatment in Latin America from 2006, Colombia, Mexico, Ecuador, and Guatemala have recently become the first countries in the world to be declared free of onchocerciasis by the World Health Organization.

More recently, rates of death from malaria have plunged by 60 per cent in the period 2000 to 2015, and new cases of the parasitic mosquito-borne disease declined by 37 per cent over this fifteen-year period as a result of the success of the global Roll Back Malaria initiative, which focuses on providing access to insecticide-treated mosquito nets, diagnostic testing, and Artemisinin-based therapies, as well as spraying and associated activities. The decline has been associated with twenty-three countries being on the verge of eliminating the disease. Despite this progress, malaria remains a devastating threat to development, resulting in an estimated 214 million people becoming infected each year of which over 430,000 still die each year, highlighting the extent to which further actions are needed.

Another example of the impact of global aid programmes is the CGIAR consortium which was associated with the Green Revolution in the 1970s. The development of high yield crops led to impressive gains in food output and lower food prices for the poor. As a result of investments by the international community, coupled with capacity building in many countries, the yields of cereals and coarse grain more than doubled in Asia and Latin America. A key development challenge today is to extend the Green Revolution in Africa (where crop yields have begun to rise) and ensure that global productivity increases can continue in the face of climate change and other major challenges to sustainability.

Public goods which are supported by development aid may also be in the realm of the advancement of skills and ideas. An example of this is the African Economic Research Consortium (AERC), which was established in 1988 to strengthen local capacity for conducting independent, rigorous inquiry into problems pertinent to the management of economies in sub-Saharan Africa. The AERC supports researchers and academic institutions, as well as various Master's programmes in economics. By enabling local policy analysis and formulation it provides a public good for African economies.

Building resilience

Stopping global catastrophes requires much higher levels of investment in global public goods. It is easy to show how the risks in any one country can spill over national borders and have dramatic consequences elsewhere. A pandemic starting in any poor country, or a fundamentalist movement gaining ground in a failed state, poses a potential threat to even the richest and most advanced countries. Investing in international health, peace, and development is therefore in all of our interests.

Risks do not only arise in poor countries, but poor people and poor countries are most vulnerable to risk. This is both because they do not have the savings, insurance, and other means to protect themselves from risks (for example by investing in flood defences, irrigation, or robust infrastructure), and because the poorest tend to be concentrated in the most risky places—such as slums without sanitation, fragile agricultural lands which are vulnerable to flooding, and valley floors and floodplains which are prone to flooding.

Climate change poses a major challenge to all countries. It exacerbates poverty and has potentially devastating consequences for communities vulnerable to the rise of ocean levels or a climate shock to agricultural systems. Scientists are in no doubt that the problem has arisen due to cumulative greenhouse gas emissions, and particularly the atmospheric absorption of carbon dioxide, from the increased burning of fossil fuels over the past 200 years since industrialization began.

While the progress of currently rich countries has been inextricably linked to their use of fossil fuels, the slowing of climate change requires that the future flow of emissions be severely curtailed. As developing countries now account for almost two-thirds of emissions, the question of how they can climb the energy ladder and provide much-needed energy to meet their electricity, transport, and other energy demands without compounding the impact of climate change is an extraordinarily difficult development challenge. The resolution of this challenge cannot fall on the shoulders of the developing countries alone and for economic, political, and ethical reasons requires that the rich countries shoulder a significant part of the burden. As the slowing of climate change becomes an essential international public good, the rapid transfer of game-changing flows of finance—currently estimated at between $70 and $100 billion per year and rising to between $280 and $500 billion per year by 2050—is required. This needs to be accompanied by the facilitation of technological transfers and provision of expertise to help developing countries increase their energy consumption, while slowing—and in the not-too-distant future stopping—their carbon and other greenhouse gas emissions.

The scale of these required transfers points to the transformation of the nature, purpose, and destination of aid flows, but not to their decline.

The future of aid

Aid flows have never been more effective in encouraging growth and reducing poverty. The reasons are simple. First, developing countries on average have never been better governed, and their economies have never been more effectively managed. Second, although there is a real danger of this being reversed, aid has increasingly been flowing to those countries which are able to use it effectively, rather than being directed by Cold War, military, or other geo-strategic objectives. Third, the aid community and academia have evolved over the past seventy years. There is a better understanding of what works and what does not, and of the need for coherence between aid and macroeconomic, trade, and other policies. Significantly, common processes, and goalposts have been established. These are articulated most forcefully in the MDGs and reaffirmed in the SDGs, which have greatly improved the effectiveness of aid and reduced tied aid, vanity projects, and corruption.

The experience of development assistance since the Second World War provides for a large range of experiences from which to draw lessons. Aid still is given for military and strategic purposes, for example, to Afghanistan, Syria, and Egypt, for international security purposes, and to projects directed at the eradication of drugs in Colombia. But as the number of countries needing aid has reduced, and the number of government and non-government donors has grown, the potential for making a real difference where it matters is greater than ever. This is the case both at the country level and in supporting international public goods.

With over half of the world's poor now living in what the World Bank defines as middle-income countries, including China and Brazil, a key question for the international community is the extent to which these countries require external financial or technical assistance to achieve their development objectives. China has $3 trillion in reserves, and for a country like Brazil, aid flows are a tiny fraction—well under 1 per cent—of budgeted expenditures.

The international community can nevertheless continue to make a significant difference in a wide variety of ways in middle-income countries as well as in poor countries. Actions also need to be taken to benefit all countries through supporting international public goods, including through securing a resolution of the Doha Development Round of trade negotiations and maintaining commitments to effective climate change, as well as support for the CGIAR, public health, and other public goods. Even in middle-income countries, the international community can make a major difference by investing in projects and programmes where the potential *demonstration effect* is large. As aid is typically small in relation to the financing needs, the ability to *scale* up and learn lessons from aid-financed projects is a key criterion of success for development interventions. Leverage should be sought both in development lessons learnt and in terms of finance, in that the success of the project leads to further investments from official and private funds. The DFIs have a particular role to play in furthering best practice and maximizing the demonstration effect of their projects.

The World Bank has the greatest potential due to the breadth and depth of its experience, the scale of its operations, and its internal capacity. It, however, has failed to draw sufficiently on the lessons of its seventy-five-year history of development and its global perspectives to share insights into what works and does not work. The World Bank has the potential to contribute more significantly by becoming an effective global knowledge bank on development and a financier of global public goods. Such a sharing of lessons can be particularly valuable in solving the seemingly toughest development challenges, such as those of particular countries and regions which face intractable poverty and fragile governance.

As more and more countries escape poverty, it is possible to envisage a rapidly reducing requirement for international development assistance and for this to be concentrated on the poorest and most fragile states, post-conflict and humanitarian aid, and disaster recovery. There also is a growing role for engagement in international public goods.

Middle-income countries have benefited greatly from private financial flows, with direct foreign investment, private equity, debt, and remittances far exceeding aid flows to these countries (see Figure 7). However, private financial flows have not benefited the majority of least developed countries, as the flows have been directed principally to extractive industries in a handful of the poorest countries, leaving them highly dependent on aid and, increasingly, on remittances.

Since the 1990s private sector investment (including foreign investment) has become the principal source of finance for development for middle-income developing countries. For developing countries as a whole, foreign direct investment flows exceed global ODA flows by a factor of almost 5 in recent years (see Figure 8). Private equity flows—in which foreigners invest in funds which buy direct stakes in businesses in developing countries—have increased rapidly, with almost $4 billion in private equity invested in a wide range of African countries in 2016 alone (see Chapter 7). Encouraging responsible private investment, not least in the countries where capital is lacking, requires the establishment of national and international rules, regulations, and norms. Institutions like the IFC and CDC, which are dedicated to development and are able to mobilize patient capital and identify opportunities for private investment in even the toughest environments, have a vital role to play in this regard.

Creating pools of 'development capital' which may be used to underpin pioneering investments in developing countries provides an additional instrument in development agencies' toolkit. The use of public funds to leverage private sector investment can take many forms, including co-financing, guarantees, subordinated loans (in which the private investors would be repaid first in the event of default), and co-investments, in which the public sector investors may accept returns which are lower than the higher profits anticipated by private investors.

Innovative finance mechanisms encompass a widening range of financial instruments, and often involve a partnership between the public and private sectors. Innovative financial partnerships

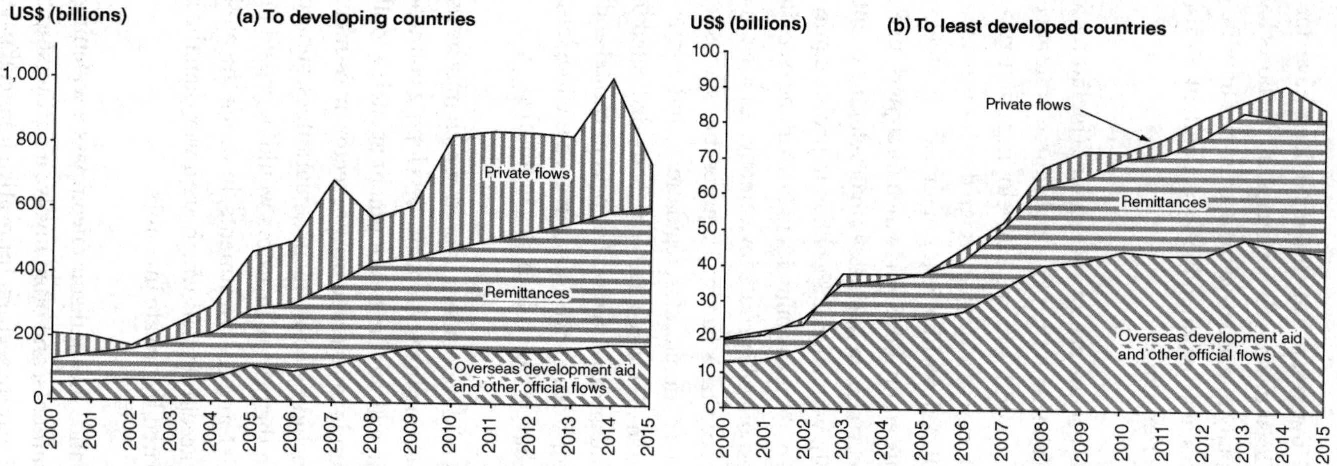

7. **Financial flows to developing and least developed countries (2000–15).**

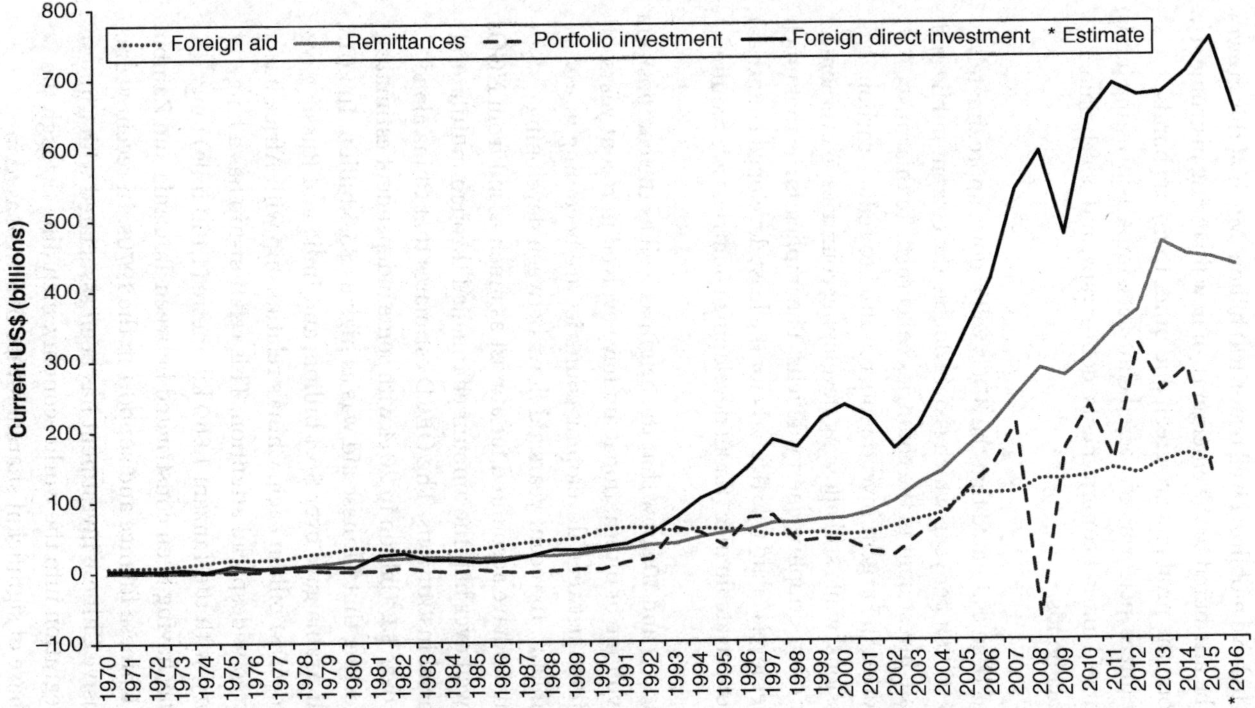

8. Financial flows to developing countries—foreign aid, remittances, portfolio investment, and foreign direct investment (1970–2016).

are estimated to have grown by 11 per cent per year since 2001, and to have mobilized well over $100 billion. Much of this growth can be attributed to the emergence of new financing instruments. Among the products are green and other thematic bonds, guarantees, performance-based contracts, impact-investing funds, advanced market commitments, debt-swaps, and development impact bonds.

It has been estimated that the SDGs will require approximately $2.5 trillion per year, which is over double the current public and private investment in the countries concerned. To this must be added the urgent investments required to reduce carbon emissions, while still allowing developing countries to overcome their often-crippling energy deficits. The implication is that much higher levels of aid (particularly for the least developed countries) and of private finance (for all developing countries) are required.

Figures 9 and 10 show that the origin as well as the composition and volume of international aid have evolved in recent years. Aid flows between developing countries are becoming more significant. In recent years aid flows between developing countries have accounted for almost as much as aid from NGOs and well over half the amount channelled through multilateral financial institutions. The OECD estimates that China alone gave over $3.4 billion in 2014 with some independent estimates suggesting that Chinese aid was as high as $5.4 billion. In 2015, Saudi Arabia gave over $6.4 billion, and India and Russia gave well over $1 billion each. China's relationship with Africa has received widespread attention. This relationship has a long history, with the Tanzam 1,860 kilometre (1,160 mile) long railway having been constructed between Tanzania and Zambia with Chinese finance and support in the 1970s. In recent years, extensive Chinese investment has been associated with Chinese reintegration into the world economy, including through the purchase of significant shareholdings in firms based in developing countries.

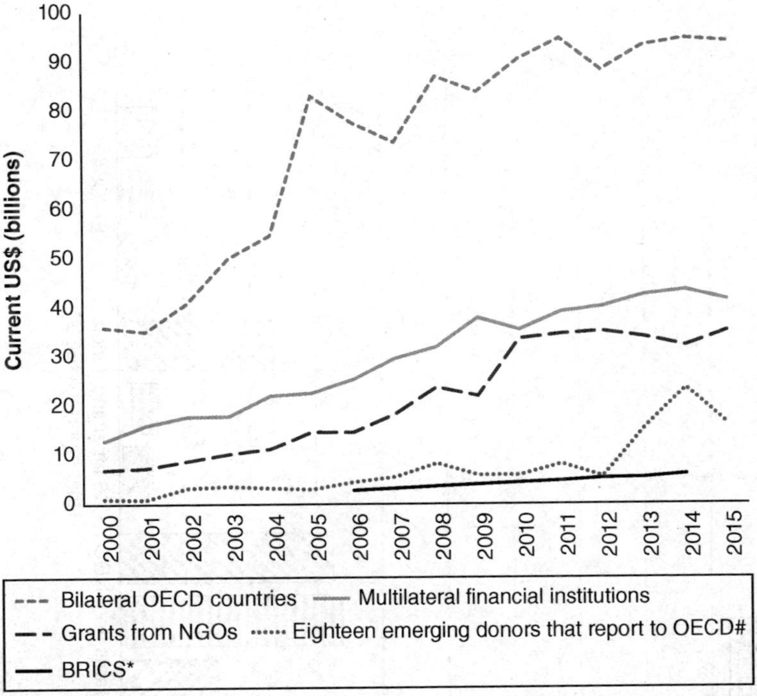

9. Traditional and non-traditional aid donors (2000–15).

Notes: *Brazil, Russia, India, China, and South Africa.

#Excluding the BRICS and other countries that do not report to OECD.

From a development perspective, the diversification of sources of finance and ideas is welcome even though the terms of engagement and the extent to which they are harmonized with those established by the DAC of the OECD group of rich countries remains to be resolved. OECD donors in recent years have committed to reduce support for dictators and to limit corruption, and it is important that the new donors do not provide a backdoor to the financing of corrupt and autocratic regimes.

At the time of writing, the future impact of Donald Trump's March 2017 proposals to cut the United States' aid budget by up to a third remains to be seen, but reductions in bilateral and multilateral aid

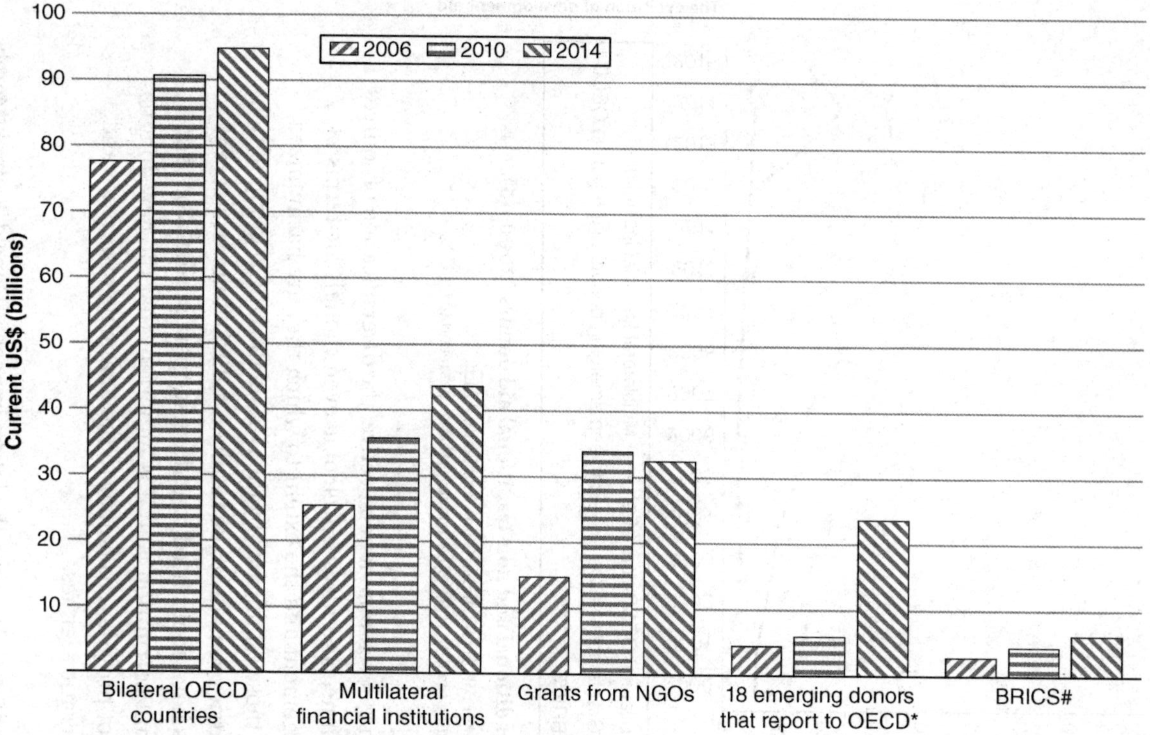

10. The rise of non-traditional aid donors.

Notes: *Excluding the BRICS and countries that do not report to OECD.
#Brazil, Russia, India, China, and South Africa

flows are anticipated. Aid is also likely to become increasingly politicized, as the Trump administration redirects greater proportions of aid to security issues and threatens to withhold aid from any country that supports a United Nations Resolution critical of the decision to recognise Jerusalem as the capital of Israel.

Aid from private foundations and philanthropists has also grown. In addition to the proliferation of private giving, organizations such as Band Aid and Comic Relief with campaigns such as Make Poverty History have captured the hearts and minds of the public. Through its Red Nose Day and Sports Relief activities, Comic Relief has raised cumulatively over £1 billion, allowing it to contribute to the education of over one million children in Africa, buy bed nets which protect over six million people from malaria in Africa, and also connect with development challenges in the United Kingdom, for example by establishing a domestic violence helpline for women and children which has taken over 1.5 million calls.

The latest estimates are that at around $64 billion per annum, total private giving is about half of total official aid flows which are at about $137 billion per annum. The largest single private donor is the Gates Foundation, which in 2016 donated $4.3 billion out of its foundation funds of around $40.3 billion.

The key question for philanthropic donations as for all financial and other flows is the extent to which they act as catalysts for development. Domestic savings and investment together with government finance in virtually all countries dwarf official and private international flows. The impact of international aid flows depends on the extent to which they provide a source of best practice, signal confidence in countries, and tackle the most difficult problems which may be neglected or insufficiently tackled by local sources.

Private finance is vital. It is the private sector that creates jobs and growth. Yet effective governments are necessary for development. Private flows should therefore not undermine effective government.

In those cases where such flows support corruption, cronyism, or predatory elites, or if they are simply geared towards resource extraction and make use of offshore tax havens so that they do not contribute taxes to national exchequers, or if they divert scarce national skills and resources to vanity projects, they may well undermine development. Philanthropists can do immense good. However, if their agendas are not aligned with national priorities they can distort them. For example, certain evangelical groups have made the prevention of birth control a condition of their funding for communities, with negative economic consequences. As with ODA, the conditions attached to the flows are often at least as important as the flows themselves in shaping development outcomes.

Evaluation

The extent to which aid will matter in the longer term depends on how it might lead to broader systemic changes and whether it leverages in additional flows of domestic and foreign investment. For aid to have a catalytic effect, it needs to be scaled up so that its positive impact is felt well beyond the confines of the original project. To judge whether this is the case, development impact and outcomes have to be assessed. However, evaluation typically has been undertaken by the donors and international agencies as a form of audit of their past activities and has rarely informed future activities. It has not provided timely feedback which may inform mid-course corrections or improvements to existing projects. Where evaluation is associated with genuine learning, especially to ensure that mistakes are not repeated, it adds great value.

The careful measurement of the impact of reforms, whether funded by aid or domestic resources, has been at the heart of *impact evaluation* which seeks to provide the metrics for the more effective use of interventions. Impact evaluation aims to attribute changes to particular interventions by comparing what happens with cases where the intervention did not occur. Its increasing popularity reflects the desire of donors—particularly the new private philanthropists who come from a business background—to measure outcomes.

The introduction of *randomized control trials* (RCTs) has added a powerful new method to the toolbox employed by development experts. The proponents of these trials aim to conduct what are considered to be field experiments that replicate, as far as possible, research methods originally employed in medicine to evaluate the effectiveness of new drugs. Proponents of RCTs argue that focusing on pragmatic projects can provide tested solutions and end the uncertainties associated with large complex projects. Among the first applications of these tools were in the design of conditional cash transfer programmes to improve education and health outcomes. The Bolsa Familia programme in Brazil and Prospera programme in Mexico (formerly known as Oportunidades and Progresa, respectively) demonstrated the potential for randomized trials and these methods have subsequently been utilized in many countries. Abhijit Banerjee and Esther Duflo in their book *Poor Economics* argue that it is possible to break cycles of persistent poverty and establish new growth trajectories by providing poor people and policymakers with effective, valid information.

RCTs have much to offer. However, as Martin Ravallion and others have argued, the complexities of development mean that not everything is susceptible to randomized experiments. Reliance on these tools can shift development policy towards interventions that can be measured. This may lead to an excessive focus on short-term interventions in those countries or projects where time series and comparative data exist and governance is relatively stable. This reliance discriminates against regions or places where there is weak governance and poor or non-existent data. As a result of data shortcomings, the poorest countries and places may be left behind inadvertently. It is also not possible to construct randomized trials for national reform efforts, such as judicial or macroeconomic reforms, which cannot be done only in certain localities and for which there is seldom a counterfactual. Where an intervention improves lives, such as the distribution of malaria bed nets, vaccinations, or HIV/AIDS antiretroviral (ARV) drugs, the deliberate decision not to distribute the lifesaving drugs or therapies to all potential recipients in order to conduct randomized trials raises profound ethical questions for policymakers. No tool can address all needs, and understanding the limitations of randomized trials is vital in order to appreciate their powerful potential contribution to development.

Chapter 6
Sustainable development

The environment and development are intimately related yet this relationship has only recently come to the centre of development concerns. In 1972, the United Nations Conference on the Human Environment signalled an early recognition of the importance of the environment. In 1987, the World Commission for the Environment and Development published its findings in *Our Common Future* which became known as the Brundtland Report, after its Chair Gro Harlem Brundtland. The Commission introduced the concept of *sustainable development* to a wide audience. This recognizes that while economic growth has contributed to improved living standards and life expectancy for many people around the world, it has adversely affected the environment by depleting (or irreversibly damaging) the natural resource base and that in the longer term this undermines future growth prospects and living standards.

In the three decades since the Brundtland Report was published, both growth and environmental destruction have accelerated. At least half of the world's forests have been destroyed, and although the rate of deforestation has slowed considerably in recent years, the cumulative impact is still alarmingly high; around 129 million hectares of forest (an area roughly the size of South Africa) has been lost since 1990. Every year around 12 million hectares of land is lost due to land degradation and desertification, costing around $42 billion in lost incomes. Water scarcity is rising and already affects more than 40 per cent of people worldwide; in 2015 an estimated 2.1 billion people lacked access to safe drinking water. Overfishing has seriously depleted fish stocks, with around 34 per cent of global fish stocks fished to biologically unsustainable levels, and a further 58 per cent of stocks fully fished. In the last thirty years half of the world's coral reefs have been lost, and scientists estimate that more than 90 per cent of corals could perish by 2050. The loss of biodiversity as a result of human activity is widely recognized as posing a significant threat to development. The Millennium Ecosystem Assessment in 2005 highlighted the threat of extinction of 10 to 50 per cent of all mammal, bird, and amphibian species due to past human activity. Subsequent research by the International Union for Conservation of Nature (IUCN) has identified even more dramatic biodiversity losses and threats to development.

The significance of sulphur, lead, mercury, nitrates, and many other pollutants has only recently started to be recognized. The lags between the activities and their impact becoming known can be very long indeed, as shown by our belated understanding of the threat posed by greenhouse gases to the ozone layer and climate. It has taken two centuries to understand the consequences of growth based on fossil fuels and the consequent cumulative effects of carbon emissions on climate systems. The implications for development are just beginning to be understood.

The extent to which *climate change* will impact on development depends crucially on the limits that can be established for global emissions of carbon dioxide and greenhouse gases. Keeping to within a 2-degree-Celsius temperature increase over the pre-industrial average is a minimum required to prevent dangerous climate change. This requires radical changes in energy systems and the achievement of zero carbon emissions within a few decades, yet some scientists note this ambitious ceiling may still result in destabilizing climate change globally and may well result in catastrophic climate change for many communities.

Climate change is already affecting the world's poorest and most vulnerable people. Poor countries and poor people tend to be concentrated on the most fragile and vulnerable lands. They also lack the capacity and resources to cope. The *mitigation* of the impact of climate change through limiting greenhouse gases is essential. But as climate change is already happening, and even if it can be limited to 2 degrees Celsius, it will have a potentially catastrophic impact on the development prospects of many people. Interventions to improve *adaptation* to climate change are therefore becoming a development focus at both the national and international level. This includes interventions in flood and coastal defences, irrigation and water storage, stress-resistant crops, retrofitting of homes, offices, and other buildings to reduce heat absorption, and other measures to try to offset the impact of climate change.

Ocean rise is likely to have a dramatic impact on low-lying islands, with the possibility of the Maldives and a number of other countries completely disappearing. Coastal plains are likely to be similarly inundated. With over 25 per cent of Bangladesh less than 1 metre above sea level and the majority of the population living in the fertile delta area, an increase in ocean levels poses a fundamental threat to Bangladesh as it does to an estimated one billion coastal people, mainly in Asia.

Climate change is likely to pose a major threat to agricultural systems, as it increases the instability of weather patterns, leading to significant fluctuations in maximum and minimum temperatures, winds, rainfall distribution and intensity, and other critical determinants of agricultural productivity. Even small variations in seasonal and daily patterns at critical periods of the growing season can have a devastating impact on crops.

Water scarcity is similarly likely to be exacerbated by climate change, requiring major improvements in the efficiency of water use, not least as over half of water that is piped is estimated to be lost due to leakage. Investments in recycling and in more efficient irrigation systems are also required.

The development of energy systems which radically reduce carbon emissions requires not only rapid growth in renewable sources—wind, solar, hydro, tidal, biomass, and other—but also the retrofitting of existing systems to reduce carbon emissions. Increasing the efficiency of energy use and reducing the carbon intensity of growth is vital too, requiring urgent action including the retrofitting of buildings and transformation of transport systems.

Limits to growth?

The Brundtland Report challenged the view that more is always better. It built on the work of the Club of Rome, and its influential 1972 book on *Limits to Growth* which posed a powerful challenge to conventional ideas on economic growth and development by showing that development had resulted in water and air pollution, deforestation, desertification, and biodiversity loss. It identified that there was a diminishing capacity of the natural environment to act as a waste-absorbing 'sink'. Subsequently, industrial output, population, and energy use have all increased dramatically, resulting in a rapid increase in carbon, methane, and sulphur dioxide emissions. With increasing evidence of climate change and biodiversity loss, as well as the many other spillover effects of rapid development, the challenge of sustainability is beginning to belatedly enter the mainstream of development thinking. In only a handful of countries, and most notably in China, have these concerns become central to development debates.

Echoing the work of the Club of Rome, Johan Rockström and others at the Stockholm Resilience Centre have sought to define *planetary boundaries*. This work together with that of Global Footprint and other organizations highlights the fact that in many areas we are already exceeding the Earth's carrying capacity and that further development along current trajectories is unsustainable.

There is some evidence of an 'Environmental Kuznets Curve' by which pollution intensity first increases and then decreases over the development cycle. Industrial growth first damages the environment, but as incomes rise and priorities change, countries increasingly address environmental problems. Many economists continue to believe in the ability of markets to address these problems by investing in both human and natural capital that generates new technologies. The Environmental Kuznets Curve implies growth is good for the environment in the long run. It draws on Kuznets' hypothesis that economic growth would at first exacerbate inequality, but later, at higher per capita incomes, inequality would decrease. The environmental variant of this suggests a similar relationship between growth and environmental degradation: economic growth might negatively impact the environment as countries become wealthier and incomes rise, but this environmental degradation will decline once incomes rise and citizens and regulators constrain polluting industries. While there is some evidence to support this contention for certain environmental impacts, such as water and air pollution, the pattern does not apply to all pollutants. The richest countries account for many of the most severe environmental problems, and per capita greenhouse gas emissions for the high-income countries are much higher than for middle- or lower-income countries.

The unique development challenge of the coming decades is that even if the current development trajectories eventually lead to lower negative spillovers, there is now a very real risk that we would have destroyed global ecosystems long before getting there. There are a number of reasons for this. First, in many critical regions pollution is so far above sustainable levels that its decline is insufficient to offset the risks. This is the case with carbon emissions in the United States, which have finally slowed, but at levels which are too high. Second, there could be a severely negative global impact as very large numbers of people enter the peak pollution phase of development. China and India together have over two and a half billion people, and even relatively low levels of per capita pollution have a catastrophic cumulative global impact.

Reconciling the demands of growth with those of ecological and other natural systems requires that the spillover impact of market choices is reflected in pricing and resource allocation. Among the approaches to achieve this end are the *polluter pays principle*; whereby those responsible for degrading the environment should bear the full costs. The valuation of environmental services provides a means by which those who conserve environmental resources should receive compensation from those who benefit. (An example of this is Costa Rica's Pago por Servicios Ambientales.) It has been estimated that the annual monetary value of ecosystem services is a staggering $125 trillion, equivalent to almost double global income. Only a tiny fraction of this is reflected in payment for the services or the protection of the systems which yield these unrecognized and unrewarded services for humanity.

The widening scholarly and policy debates on the definition and measurement of development in recent decades has been enriched by a growing concern regarding the relationship between current choices and future outcomes, for people and also for ecological and natural resource systems. The rate at which governments and firms discount future expected benefits can make a major difference to how the future is valued. Along with a growing recognition that economics alone cannot provide adequate insights into development has come the recognition that the economic toolbox is unable to grapple adequately with a wide range of vital questions regarding future prospects.

Economic models typically value the preferences of future generations at a discounted rate to the current generation. The value that should be attached to the future is a subject of considerable debate, as evidenced by Nordhaus's criticism of the low discount used by Stern in his analysis of climate change. Having a lower discount rate and placing a higher value on the future means we pay more attention to longer term goals and to preserving natural systems. Uncertainty about how actions today may impact on future generations should also provide a powerful reason to sustain natural resources. Applied to climate change, this implies that, even if the risk is low that current policies will ruin the prospects for future generations, we should adopt the *precautionary principle* to reduce these potentially disastrous risks.

Governments and international organizations have taken some actions to protect and restore the environment. The 1992 United Nations Conference on the Environment and Development (Rio Agenda 21) placed people at the centre of sustainable development and emphasized the relationship between poverty and environmental degradation. International organizations such as the United Nations Environment Programme (UNEP) and the Global Environmental Facility provide much-needed advice and finance for addressing environmental concerns in development. There is a vital role to play for NGOs, such as IUCN, Greenpeace, the World Wide Fund for Nature, and The Nature Conservancy—which is now the biggest non-government landowner in the United States—as well as research groups, including those in the CGIAR agricultural research system and the many groups working in universities and national research centres around the world. These groups have their strengths and weaknesses, and there is room for efficiency improvements as well as greater coordination, not least to address the orphan issues which are not adequately covered by any agency. However, given the scale and urgency of the need for new ideas, technologies, and finance to address the needs of sustainable development, much greater investment in environmental awareness and protection is required.

Numerous international treaties have been signed and conferences convened to address environmental issues, with a number of these focused on the nexus of development and the environment. The United Nations Framework Convention on Climate Change treaty was adopted at the 1992 Earth Summit. In total, 196 signatories have agreed to limit greenhouse gas emissions, but despite the annual Conference of the Parties (COP) meetings, inadequate progress has been made. A small minority of signatories have achieved their targets. Some countries such as the United States and Australia (neither of which ratified the treaty) argued that the targets would seriously damage their economies and that other countries (India, China) must make firm commitments. The Paris COP21 meetings in December 2015 for the first time saw 196 countries agreeing to set a goal of limiting global warming to 2 degrees Celsius compared to pre-industrial levels. This will require not only acting on the promises made in Paris, but going well beyond them to ensure a truly decarbonized global economy with zero net anthropogenic greenhouse gas emissions within the next thirty to fifty years. Achieving this implies that the majority of existing fossil fuel reserves are unlikely to ever be exploited. It also implies that new power stations or other investments which rely on fossil fuel energy sources are likely to have a curtailed lifespan. For the many developing countries that are still climbing the steepest part of the energy curve, decarbonizing while meeting the energy demands of development presents an extraordinarily difficult—and yet vital—national and global development challenge.

In November 2016, the world reaffirmed its commitment to the Paris Agreement at the COP22 climate change conference in Marrakech, Morocco. To date the Paris Agreement has been signed by 195 states, although the United States, following the election of Donald Trump, has indicated that it plans to withdraw. In the United States, as elsewhere, responsibility for reducing emissions is increasingly falling on states, cities, and companies. Keeping global warming within the limits agreed in Paris requires increased efforts in the US as it does in all other key greenhouse gas emitting countries.

Chapter 7
Globalization and development

Globalization is interpreted in many ways and may be understood as an increase in the impact of human activities that span national borders. Globalization is a process associated with the integration of societies and may be measured in terms of flows across national borders. These flows may be economic, cultural, political, social, technological, environmental, human (travel and migration), biological (diseases), or virtual (cyber, telecommunications, and Internet). The principal economic flows are finance, trade, aid, migration, and intellectual property and ideas.

The relationship between globalization and development is contested. For some, globalization is a powerful force for poverty reduction and has led to leaps in life expectancy and other key dimensions of development. For others, globalization has negative implications and is seen as a source of growing inequality, poverty, unemployment, and environmental destruction. Advocates of both perspectives can point to evidence to support their views as in practice the flows that represent globalization can have both positive and negative impacts. The outcome depends on the policies and preparedness of societies to manage the flows to ensure that the positive potential is harvested while the negative consequences are managed and mitigated.

Finance and development

Global financial flows are an important resource for developing countries. These capital flows augment domestic savings and can contribute to investment, growth, financial sector development, technological transfer, and poverty reduction. Aside from aid, there are four different types of capital flows. The first is *foreign direct investment*, the second *equity investment*, the third *bond finance and debt issuance*, and the fourth commercial *bank lending*. In practice, these may be combined and mixed in various hybrid formulations. In 2015, the total of these private flows to developing countries is estimated to be around $900 billion (Figure 8).

Foreign direct investment involves the acquisition of over 10 per cent of a foreign-based enterprise, which usually implies managerial participation in the foreign business. *Equity* investment involves the purchase of shares in foreign enterprises. Where the shareholding is too small to involve managerial participation, it is termed equity portfolio investment. These investments are indirect rather than direct investments and are undertaken to gain exposure to the foreign firm rather than to exercise managerial control. *Private equity* is a form of investment in which investors buy shares in unlisted companies which are not publicly traded on a stock exchange. If they are listed, the private equity investment leads to a buyout of a publicly listed company and its delisting. Private equity investments are typically made by a private equity firm or very wealthy individual, whereas portfolio investments may be made by large numbers of investors through purchases of listed shares or by mutual funds and financial brokers.

Bond finance is a form of debt issuance that involves governments or firms issuing bonds, which are purchased by investors who loan the issuer money for a defined period of time at a variable or fixed interest rate. Bonds are used by governments, companies, cities, states, and other institutions to raise money and can be issued in either domestic currency or foreign currency. The risks associated with bonds not being repaid are known as default risks, and are evaluated by *credit rating agencies*. International investment in bond markets in developing countries requires the establishment of *credit ratings* for the countries and companies. The number of ratings in these markets has grown rapidly in recent decades from barely a dozen countries, to include over a hundred countries. The establishment of emerging market benchmarks, such as the JP Morgan Emerging Market Bond Index, has increased the exposure of developing countries to mutual fund, pension, and other pooled investment managers, increasing the liquidity and fundraising potential of issuers in these markets. International investors typically require *investment grade* ratings from two agencies. Investment grade is classified as BBB- or higher by Standard & Poor's and by Fitch, and Baa3 or higher by Moodys.

Commercial bank lending is another form of debt, but whereas bonds can be bought and sold, and are therefore tradable assets, bank lending is not tradable. Until the 1990s, commercial bank lending was the principal source of finance for many middle-income countries and for firms. Subsequently, equity portfolio investment and bond finance flows have become more significant. The volatility of these flows was demonstrated following the Asian financial crisis in 1997 and again during the global financial crisis of 2007–9 and again more recently. From July 2009 until the end of June 2014, a net total of $2.2 trillion in capital flowed into the emerging market economies. Subsequently, changing sentiment and the impact of the tightening of monetary policy in the United States led to a reversal of the flows, with net capital outflows from emerging economies amounting to $449 billion in 2015 and $314 billion in 2016.

Since 2000, the United States Treasury has been by far the biggest issuer of bonds, and owes almost $20 trillion, of which over $6 trillion is to foreigners. China holds foreign reserves of over $3 trillion, two-thirds of which are thought to be in United States dollars. As a result of transactions such as this by the United States, European, and other advanced countries, developing countries have become net exporters of capital. This turns on its head earlier views that the advanced countries would save more as they became more developed, and that capital should flow to developing countries where investment needs are highest and the levels of savings lower than in advanced economies.

In recent years, the returns on fixed-income, debt, and bond products have declined in advanced countries. Meanwhile developing countries have become more attractive investment destinations as a result of their improved economic performance and robust growth, relative to the advanced economies. In 2016, one-third of the $40 billion invested by sovereign wealth funds was directed to markets outside of the OECD. The largest sovereign wealth funds currently under management are in Norway ($903 billion), the United Arab Emirates ($828, $201, $125 billion, and several smaller funds) China ($814 and $295 billion), Singapore ($354 and $178 billion), Qatar ($335 billion), Saudi Arabia ($190 billion), and Russia ($110 billion). Private companies increasingly have turned to bond markets rather than bank lending to raise finance with firms in developing countries having raised $1.4 trillion through corporate bonds over the last five years. In 2017, emerging markets are expected to attract net inflows of $183 billion in public sector and corporate bonds, up from the $112 billion recorded in 2016. Private equity has similarly grown rapidly as a source of finance for many developing countries. In 2011 private equity flows to emerging markets reached a high point accounting for two-fifths of private equity funding raised globally. Although this share has steadily declined to one-fifth, emerging markets still managed to raise $45 billion in private equity funding in 2016, and are expected to increase their share in coming years.

Numerous private equity funds have been created which attract investment from a combination of institutional and private investors and mobilize these savings for investment in businesses in developing countries. The funds typically have an investable period of around ten years, following which the fund managers exit and sell the mature business to others or float it on stock markets. Funds tend to designate particular sectors (mining, agriculture, health, or other) and size (medium or large investments) and countries. While funds investing in China have dominated the market in recent years, other regions have been able to attract sizeable portfolios. Private equity flows to Africa increased from an average of around half a billion dollars per annum prior to 2005, to well over $1 billion per year in the subsequent decade, before reaching $8.1 billion in 2014 and falling back to $2.5 billion in 2015 and $3.8 billion in 2016. Over the past two decades, private equity has grown rapidly, providing a new source of finance for private investments in developing countries, with cumulative investments exceeding $22 billion since 2011 in Africa alone.

Trade and development

Trade is a key dimension of globalization. The promotion of equitable trade includes improving access to key international markets for developing countries. The opening up of markets through the removal of trade barriers such as tariffs and subsidies has the potential to contribute far more towards development than international aid flows.

Agricultural protectionism takes many forms and its pernicious impact was touched upon in Chapter 4. Subsidies of around $260 billion per year are given to grain and farmers of other protected agricultural commodities in Europe, the United States, and Japan. As a result of these subsidies, it has been estimated that the average cow in the European Union benefits from subsidies of $2.50 per day, which is greater than the income of over 500 million Africans. In addition, quotas on the import of certain products, such as North African tomatoes and citrus, as well as tariff and non-tariff barriers, undermine the ability of developing countries to compete in agricultural products in the protected markets. As a result of these measures, the products produced by poor people on average face double the tariffs that producers in rich countries face.

Tariff escalation is the process by which the tariffs imposed by importers increase with the level of processing. This undermines the potential of developing countries to increase the value associated with their production by processing their raw material exports. For example, whereas West African exporters face a low import tariff for raw coffee or cocoa, they face higher tariffs when they export manufactured goods, such as instant coffee powder or chocolate. Average tariffs have fallen by about two percentage points since 2008 to around 15 per cent in agriculture and 7 per cent in manufacturing in 2015. A major part of the reason is that most trade with the European Union and a large part of trade with the United States—particularly in manufacturing—falls under preferential trade agreements which have doubled in number over the last ten years to almost 290 in 2015. This trend reflects disenchantment with the failures of the multilateral Doha Round of trade negotiations and the use of bilateral agreements between countries to advance trade. Meanwhile the frequency of non-tariff barriers (most notably technical regulations and standards) has increased. Higher tariffs are now mostly a feature of trade between developing countries. Tariff escalation is especially high in South Asia—more than 20 per cent in manufacturing and more than 30 per cent in agriculture. Together tariff and non-tariff barriers significantly reduce the incomes and opportunities available from trade.

A number of advanced countries, including New Zealand, Australia, and Canada, have low levels of domestic protection and lower barriers to imports. However, the largest advanced markets, notably the European Union, United States, and Japan, have trade policies that undermine the prospects of many exporters by frustrating exports to their markets. These policies, by reducing the prospects for adding value through processing, simultaneously increase instability in world food and agricultural markets by encouraging developing countries to specialize in non-protected commodities, such as rubber, cocoa, and oil-palms.

Agricultural protectionism not only impacts negatively on poor people in poor countries but also has a negative impact on people in the richer countries. Due to their protectionist policies which restrict imports from developing and other countries, people in the United States, the European Union, and Japan pay over double world prices for a number of basic goods. As poor people pay a higher share of their income on these foodstuffs than rich people, these subsidies have a regressive social impact, and increase inequality in rich countries, as well as between rich and poor countries and within poor countries.

In many cases developing countries also lack the capacity to participate in trade negotiations on an equal footing with larger more powerful economies. In addition to lacking negotiation skills and political leverage, many of these countries have limited knowledge and understanding of increasingly complex trade negotiation structures. Some of the least developed countries even lack access to the basic economic and trade data required to effectively participate in trade negotiations. Achieving a more even playing field is a central objective of the Doha Round of Trade Negotiations that was initiated in 2001. The apparently insurmountable obstacles to the completion of the Trade Round have meant that trade barriers continue to undermine the development agenda. Protectionism also serves as a drag on global growth. Estimates suggest that the gains in global income from the Doha trade negotiations could be over $160 billion, just over a quarter of which will accrue to developing countries.

While in the advanced economies agricultural protectionism is often justified as helping small farmers—thereby improving food security for poor people and protecting the countryside—in reality the opposite is the case. In Europe and the United States the benefits of agricultural protection are highly concentrated, with small numbers of well-placed farmers earning millions of euros or dollars a year from taxpayers and consumers. As these subsidies contribute to higher land values, agricultural protectionism serves to increase the intensity of land use, and encourage excessive application of fertilizers and pesticides. Protectionism in the United States and Europe has led to a concentration of land ownership, as it mainly funds large farmers. The small farmers who produce crops that are not subsidized find they are increasingly uncompetitive. While many voters imagine that the policies support an image of the idyllic countryside, the opposite tends to be the case, as the policies contribute to excessive nitrogen and other chemical applications, and the pollution of rivers and ground water. Meanwhile monocropping leads to a loss of biodiversity in regions enjoying the most protection. From both a domestic and international development perspective, the policies are economically, environmentally, and ethically nonsensical. They survive because a tiny minority—well under 1 per cent of the voting population—is able to exercise lobbying and other powers to maintain vested interests.

Many developing countries are under represented at the WTO or lack the capacity to take full advantage of the negotiation process. More needs to be done to address power imbalances within the governance structure of the WTO and to improve the negotiating capacity of poor countries. The required investments in capacity include legal training. This is provided by initiatives such as the Advisory Centre on WTO Law and the International Trade Centre's World Trade Net.

Trade in knowledge and ideas is another important area for reform, with Trade Related Intellectual Property Rights (TRIPS) becoming more important to developing countries. It is often argued that intellectual property rights drive innovation and contribute to growth by creating incentives to pursue new ideas. The problem for developing countries is that intellectual property rights are a legally sanctioned restraint of trade. They can lead to the monopolization of ideas and innovation by first comers. Developing countries fear that countries with better endowed research and legal systems will prevent affordable access to technologies which are crucial for development. Two areas of intellectual property protection that require urgent attention are pharmaceuticals and agricultural research.

More needs to be done to improve the availability, price, and effectiveness of essential drugs for tackling HIV/AIDS and tropical diseases such as malaria, cholera, and bilharzia. In 2001, Brazil, India, and South Africa attracted global media attention when they challenged United States patents which raised the price of ARV drugs to AIDS patients in their countries. Since then flexibilities have been built into TRIPS and the price of frontline ARVs has come down.

The lack of purchasing power in developing countries (especially Africa) severely limits commercial incentives to conduct research and invest in drugs intended to prevent diseases that are prevalent in low-income countries. Average per capita health expenditure in sub-Saharan Africa is currently below $100 per year, whereas average per capita health expenditure in the United States is $9,404—almost one hundred times higher. Even where drugs are available, affordability is often a problem. So, for example, the Measles and Rubella Initiative (founded in 2001) makes use of one of the most cost-effective vaccines available, which can be purchased and administered for just $2. Although the initiative has reduced the number of children dying from measles worldwide from 562,000 in 2000 by a factor of 5, the disease still killed an estimated 115,000 children in 2014 due to lack of money and resources.

Agricultural research and technology is vital for developing countries. Access to seeds and appropriate agricultural technology mirrors the problems in health. The global agricultural biotech market is currently worth $32 billion and reaps much of its profit from bioseeds; patents have become concentrated in a small number of companies. It is estimated that over 70 per cent of all agricultural biotechnology patents are owned by the top five companies in the field and that one company accounts for 90 per cent of genetically modified seeds in the world today.

Technology and development

The relationship between development and technological progress is complex. Technological progress embodies new ideas and is bundled with an often wide range of skill, process, infrastructure, cultural, and other changes. Separating the specific role of technology as a driver of development at times may therefore exaggerate its role. The wheel, gunpowder, printing, the steam engine, the telegraph, penicillin, and the Internet have all had a profound impact on development. Yet, their implications are highly uneven. No technology is a panacea and the adoption, adaptation, and dissemination of technological changes need to be seen within wider institutional, economic, and social settings.

Technology has come to be associated with 'hardware'—such as computers, machines, and equipment—but it is also 'software', including the systems, methods, and processes which are used to achieve particular scientific and other goals, or are associated with the production of goods and services.

The adoption of new technologies is a key dimension of development. So too is the adaptation and modification of technologies to meet local needs and be applicable for use within particular societies. Skills, attitudes, and infrastructure have a strong influence on this diffusion between and within countries. As does the regulatory and policy environment, both at the international and national level. Trade in goods and services and flows of capital are often packaged with ideas and innovation and there is an extensive literature on the role of technology transfer in foreign investment.

As we have seen, the idea of *intellectual property rights* is among the most controversial in development. Figure 11 shows that the global share of patents is highly unequal and mirrors the trend previously observed in agricultural and biotechnology markets. This means that the problem for latecomers is that patents can restrict the flow of ideas and the application of vital technologies in areas such as health, food security, education, trade, industrial policy, traditional knowledge, biotechnology, information technology, and the entertainment and media industries. The other side of the argument is that protecting firms' intellectual property can spur

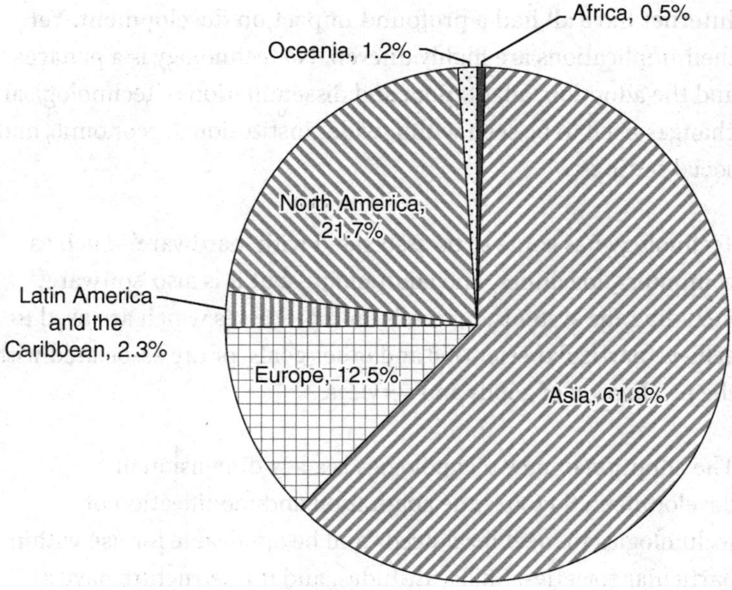

11. Share of patents across regions (2015).

innovation in these industries. Striking a balance, particularly in a world of powerful players and vested interests, is a crucial development challenge.

The extension of intellectual property protection to traditional knowledge, folklore, and culture would allow developing countries to benefit from their own indigenous knowledge and enhance the commercial value of poor people's knowledge. The use of plants and remedies from developing countries in modern medicines, or of craft designs from traditional communities in Africa or Latin America, is seldom, if ever, rewarded with the payment of a royalty, as would apply to designers and artists in richer countries.

The use of information and communications technology for development, labelled by the experts as 'ICT4D', can significantly improve opportunities and allow societies to leapfrog the absence of fixed-line infrastructure to ensure high rates of penetration in both urban and rural communities. In Kenya M-PESA has provided financial services to previously neglected poor communities, as well as to the urban middle-class using mobile phones, dramatically increasing access while cutting the costs of financial transfers and other services. Elsewhere, ICT is being used to communicate market prices, improve health and education, and to offer a widening range of e-services. To ensure that ICT serves to assist development it is necessary to overcome the 'digital divide'. A key element of this is the provision of high-speed broadband coverage to often remote poor communities.

The term 'intermediate technology' was articulated by E. F. Schumacher in his book *Small is Beautiful* and has been transferred into a development context by those who argue for the need for 'appropriate technology' which is designed to meet local needs, avoiding capital and energy intensive imports which cannot be operated with local skills or energy sources, which should preferably be renewable.

The world has witnessed the rapid pace of scientific invention, with advances in computing, nano medicine, stem cell research, genetics, artificial intelligence, robotics, and computing all pointing to the potential for science to address critical challenges. Optimists point to the potential of these and many other technologies to meet the needs of development. Others worry about the potential for the accelerating pace of change to leave many poor countries and poor people further and further behind. One trend that has the potential to widen inequality is the expansion of technology that replaces people with robots and machine intelligence. Although automation itself is not new, many recent and promising innovations in this field—such as the expansion of the Internet and artificial intelligence—are likely to revolutionize manufacturing and services further in the future. A recent study from the Oxford Martin School, cited in the *World Development Report 2016*, indicates that around one-third of jobs in the European Union, half of jobs in the United States, and up to two-thirds of jobs in developing countries like China and Mexico could be lost in the coming decades due to automation. One argument is that automation is only profitable in high-tech industries that are concentrated in the advanced and middle-income economies. It follows that poor countries can industrialize by cultivating industries where labour is relatively cheap such as textiles, clothing and leather. Over time, however, automation may well become increasingly feasible in light industry as well as the service sector (through the creation of call centres and back offices). Automation may also affect global patterns of demand which may have adverse consequences for poorer economies. New jobs will be created too but these are likely to be dwarfed by the number of jobs lost. Many of these new jobs are also likely to be of inferior quality and to involve lower pay and worse working conditions and career opportunities.

Automation is easiest in rules based relatively simple tasks which do not require great dexterity or muscle. It is impacting first on repetitive manufacturing tasks and also is being applied to administrative, billing and back-office functions, such as are prevalent in law, finance, insurance and medicine. Call centres are also highly vulnerable. In recent decades, the location of these semi-skilled manufacturing and services jobs in developing countries has provided vital middle rungs for the development ladder. This model of development now is threatened by robotics and automation. Where machines and artificial intelligence do tasks, it is the price of capital, not labour, that is likely to determine production location. This coupled with growing protectionism and 3D and other technologies may well spell the location of automated production and services to advanced economies where capital is cheaper. This trend poses a fundamental challenge to the growth and employment prospects of many developing countries which requires urgent attention.

There is a real risk that technological change may exacerbate inequality as large groups of individuals become disconnected due to illiteracy, absence of broadband, and lack of access to computing technology. Even for those who have access to new technologies, there are likely to be significant consequences. As societies change more rapidly, more and more people risk being left behind. How this risk is managed over the coming century will be central for development. With growing freedom and more development comes greater responsibility. The people and countries that benefit most from development need to become more aware of the spill-over effects of their activities on other people and societies. Greater national and international action is required to tackle systemic inequalities and to ensure the most vulnerable people and countries are not excluded from the benefits of development.

Technological change provides immense possibilities, but technologies need to be embedded in societies. The availability and applicability of appropriate technologies, together with the quality and adaptability of complementary education, skills, regulations, and institutions will determine the extent to which technology contributes to meeting development challenges or creates new obstacles to development.

International regulation and cooperation

The prevention of transfer pricing and of tax avoidance is important in building a sound revenue base for development. Transfer pricing—or mispricing—involves manipulating the prices charged for goods and services sold between subsidiaries controlled by the same company. By charging high prices, multinationals can move profits out of one country and into another in order to take advantage of low or zero tax havens. Large corporations have also taken advantage of a complex range of other tax avoidance initiatives including loopholes, tax shelters, and financial arrangements (such as artificially high interest rate payments to controlled entities) in order to minimize their tax bills.

While corporations and financial flows are increasingly globalized, governments are constrained to operate within national jurisdictions. International rules and regulations are at times developed to operate across national borders, but these international agreements tend to evolve much more slowly than the flows of cross-border activities. This is because it takes considerable time to achieve cooperation and negotiate treaties, not least when countries perceive a very different interest in the outcomes.

Governments compete to provide particularly attractive tax shelters and other incentives for footloose corporations to locate in their jurisdictions. Whereas the cooperation of a small number of large countries can make a big difference in certain areas, such as climate change or Security Council reform, in other areas the cooperation of many small countries is essential. So, for example, to ensure that companies pay their fair share of tax, tiny islands and enclaves, such as the Cayman Islands, Monaco, Luxembourg, and Lichtenstein, would have to stop serving as tax havens for global firms and wealthy individuals.

In 2012, several major global companies were publicly criticized for not paying their fair share of tax. Among those singled out by the media were Apple, which was alleged to have paid only 2 per cent corporation tax on profits outside the United States; Google, which allegedly avoided a tax bill of $2 billion in 2011, by moving nearly $10 billion into a unit in Bermuda, a jurisdiction that levies no corporate income tax; Amazon, which allegedly paid no corporation tax in the United Kingdom on income of £3.3 billion; and Starbucks, which was reported to have paid £8.6 million in corporation taxes in fourteen years on United Kingdom earnings of £3 billion (a rate of under 1 per cent).

Tax avoidance is especially costly for low-income countries, which are in urgent need of financial revenues but lack the resources for effective tax enforcement. The estimated resulting tax avoidance could amount to a quarter of total corporate profit-tax receipts in rich countries and more in poor ones. Following the media storm in 2012, the G8 and G20 pledged to make a real difference in addressing tax avoidance by sharing information and pooling resources. The proposals eventually endorsed by the G20 finance ministers eighteen months later (in Cairns, Australia, September 2014) did not amount to the much discussed unitary tax, which would have obliged companies to pay tax in the countries where profits and sales were actually generated. These more limited proposals were taken forward by the OECD which produced a reform package. Although there were many compromises, the reforms agreed in October 2015 were backed by sixty countries—accounting for 90 per cent of the world's economy. Under the new rules multinational corporations will be required to disclose detailed accounts of their activities across jurisdictions to tax offices. New rules will also make it harder to exploit differences in tax structures across countries. In an effort to end treaty-shopping, a cap will be placed on the tax benefits that can be derived from routing investment flows through a third country. Tougher rules on what constitutes a taxable business in a country will make it harder for companies like Amazon to ship products from overseas while claiming they are not active in the jurisdiction purchasing the products. And tighter controls on digital multinationals such as Google will attempt to prevent closely related business activities from being split into onshore and offshore components.

Actions which follow from this agreement will require an array of bilateral treaty changes. However, even when such treaties are signed, they are not necessarily implemented by national governments. Indeed, countries find it much easier to sign agreements than to implement them nationally, leading to a widening disconnect between what appears in international law and treaties and the implementation by the signatory countries.

It has been argued that the more globalization encourages flows of finance and trade, the more illicit commerce—estimated by the United Nations as around 3.6 per cent of global income—also flourishes. Among the flows which undermine development are those in small arms, toxic waste, slave and sex trafficking, ivory, and other illicit trade. Not all trade is beneficial and control over harmful illicit trade is a necessary dimension of cooperation to ensure that globalization helps—and not hinders—the achievement of development objectives.

Among the top arms importers in per capita terms are many of the world's poorest nations. As we have seen, the resulting violence has culminated in numerous conflicts and countless fatalities (Chapter 4). The regulation of the arms trade—not least to conflict zones—requires more attention. Trade in hazardous waste and endangered species, which can have serious environmental implications, is another area for action as is the slave trade, sex trafficking, and other illicit forms of trade. A startling fact is that it has been estimated that there are more slaves alive today than at the end of the Atlantic Slave Trade more than two centuries ago. According to the Walk Free Foundation, an estimated 45.8 million people around the world are trapped in modern forms of slavery.

International migration and development

Migration historically has been the most powerful means to escape poverty. It has led to the survival of our species when threatened by natural disasters and is a primary reason for the development of the civilizations that have given rise to our societies. The invention of passports in the early 20th century, and the subsequent creation of over a hundred countries, with increasingly impenetrable borders, has meant that the relationship between migration and development is changing. Although the share of the world's population migrating has remained relatively stable at around 3 per cent, this is due in large part to an increase in the number of countries. The ability of individuals to use migration to escape poverty has declined over time as border controls have increased. International migration and development nevertheless remain intertwined.

There are currently more than 250 million international migrants. Of these about 93 million have moved between developing countries, and a further 84 million from developing to advanced economies, with the balance of 70 million being between advanced economies and from advanced to developing countries. The main motive for migration is economic, although millions of people also move across borders to study, reunite with their family, and to escape repression, discrimination, natural disasters, and other risks. In many cases these push-and-pull factors are interrelated. Whatever the causes of international migration, the consequences for development in both the sending and receiving countries are profound.

Remittances are a tangible reflection of migration. These are financial transfers that migrants send to their families and dependants back home. Because migrants tend to send more when the recipients need this support most and times are tough, remittances exercise a counter-cyclical role. A share of remittances is invested in education, housing, and other long-term investments which support development.

In 1990, recorded remittance transfers to developing countries were about \$29 billion and in 2017 they are estimated to have reached \$450 billion. The apparent fourteenfold increase in part is attributable to better measurement. Whereas remittances previously may not have been recorded or were channelled through informal flows, increased surveillance of financial flows, together with the rise of specialist remittance agents, has led to the increased declaration of remittances. In 2017, the largest flows were to India (\$65 billion) and China (\$63 billion). For smaller countries, the impacts are proportionally more significant, with remittances accounting for well over 20 per cent of GDP in a number of developing countries, including Kyrgyz Republic (37 per cent), Haiti (31 per cent), Tajikistan (28 per cent), Nepal (27 per cent), Liberia (26 per cent), Moldova (21 per cent), Comoros (21 per cent), and Gambia (20 per cent). Remittances are private flows in which individuals voluntarily send funds to their personal choice of beneficiaries. They should not be classed as aid or directed into official coffers. Reducing the cost of making remittance transfers, which typically absorbs over 10 per cent of the value, has highly positive development impacts, as it increases the value of funds received by the beneficiaries and typically is spent on improving their welfare.

The *brain drain* of skilled graduates and professionals leaving developing countries can undermine development prospects, but the impact of these flows is not necessarily negative and can be consistent with development. The Philippines, for example, is the largest exporter of nurses, but has one of the highest ratios of nurses to its population, due to the investment in the training of nurses, and the return of nurses from working abroad. While the brain drain may have negative consequences, the ability of graduates and professionals to work in other countries can also lead to higher levels of provision of professional education (stimulated by the desire to migrate), return migration (which brings new technologies and skills), and strong networks with diasporas (that encourage investment and economic aid), among other benefits. Diasporas may also provide a powerful source of political support as is evident in the role of the Taiwanese and Israeli diasporas.

If international migration is managed appropriately, it can exercise a powerful positive influence on development and be beneficial for both the sending and receiving countries.

Country-level studies in recipient countries suggest that migrants are more productive and flexible than the indigenous population and that they stimulate growth, spur innovation, add to cultural diversity, and contrary to popular belief, are net contributors to the public purse. At the global level studies suggest that even a small increase in migration would produce significant gains for the global economy. The World Bank, in 2005, estimated that a modest rise in migration equal to 3 per cent of the global workforce between 2005 and 2025 would generate global gains of $356 billion, with two-thirds of the gains accruing to developing countries. Completely opening borders to migrants, some economists suggest, would produce gains as high as $40 trillion. More recent research from McKinsey shows that migrants add $3 trillion to global income every year—an amount equivalent to 4 per cent of world income. This figure includes $600 million from migration for developing countries accounting for 3 per cent of their GDP.

International migration requires more attention than it has received from the international community and far greater cooperation between nation states is required to enhance the benefits of international labour mobility, to realize the potential for development driven by remittances, and to manage the downside of the brain drain for developing countries. Initiatives such as the Global Forum on Migration and Development and the International Organization for Migration have made significant contributions, but there is no United Nations organization responsible for development and migration, which remains an orphan of the global system. Even relatively simple questions, such as the definition of migrants, or the transfer of pension rights across borders, are not subjects of global agreements. Meanwhile, the international rights of migrants are neglected.

The intersection of migration and development raises profound questions as to the commitment of those who have enjoyed the fruits of migration and development to share them more widely. The failure of most European countries to give access to desperate migrants fleeing wars and destitution in Syria, Eritrea, and other countries raises profound questions regarding commitments to development. Everyone on our fragile planet shared a common migratory ancestry, not least with the East Africans who were our forebears. The anti-migrant sentiment in many countries—rich and poor—against foreigners may be understandable but it is misplaced. Allowing migrants to die in the Mediterranean or South Asian seas reflects the unevenness in global development, and a denial of our common human origins. Our ability to migrate is what makes us human and accounts for our peopling of the world and our civilizations. Until the options became severely limited with the increased number of countries, borders, and restrictions, migration was the most powerful impetus for individual and national development.

Refugees and development

Civil war, genocide, and other forms of persecution have led to a rise in the number of refugees since the late 1970s. A *refugee* is someone who seeks protection outside his or her country of nationality due to fear of persecution for social, political, religious, or ethnic reasons; refugees are protected under the United Nations *Convention on the Status of Refugees* (1951). The number of refugees has increased by 65 per cent over the last five years to 22.5 million in 2016, reflecting the need for people to flee the conflicts in Syria and elsewhere. The largest single group of refugees, the 5.3 million registered Palestinians, date from those who lost both home and their means of livelihood as a result of the 1948 conflict and creation of the state of Israel and associated eviction of Palestinians.

The number of *forcibly displaced people* was estimated at 65.6 million in 2016, with the difference between this number and the number of refugees reflecting the fact that most people seek sanctuary by moving to another location within their own country, rather than to another country. The number of people forced to leave their homes is greater than at any time since the Second World War. In 2015, the arrival of well over a million desperate refugees from Syria, Afghanistan, Eritrea, and elsewhere posed a major challenge to European governments. By the end of 2016 the European Union hosted over 2.3 million refugees. Germany alone received 669,482 refugees—more than twice as many as France, and more than the rest of the European Union put together. Since the European migration crisis unfolded, many refugees fleeing Syria and the Middle East have been resettled in Turkey, which is now home to 2.9 million refugees. Lebanon, Iran, Uganda, Ethiopia, and Jordan, meanwhile, are home to nearly 6 million refugees, and globally 84 per cent of refugees are hosted by developing countries, which greatly adds to their development challenge. In the face of the refugees' desperate situation and hazardous journeys, which have resulted in the deaths of many thousands, European countries and commentators have been divided in their response, at times ignoring the legal imperatives and ethical obligations to protect refugees.

The legal definition of a refugee is fairly narrow; the United Nations Refugee Agency (UNHRC) has identified several other categories of 'people of concern' including 'internally displaced persons', and 'stateless persons'. The definition and treatment of refugees is a growing challenge for development, with the number projected to increase due to climate change, growing religious extremism, and the closing of other avenues for migration.

The number of refugees greatly exceeds the number of resettlement slots managed by the UNHRC. Refugees can apply directly for asylum but the vast majority of asylum applications take years to be resolved and are turned down. As a result refugees suffer uncertainty and insecurity and are unable to return home or settle permanently in a new country. They are vulnerable to policy changes that place them at risk of destitution, arrest, or involuntary repatriation and may be confined in camps or holding areas near volatile borders, exposing them to renewed violence. They are often housed in remote locations and are dependent on governments or charities for shelter and to meet basic needs, with meagre education or employment opportunities. Where they are denied freedom of movement and have few economic opportunities to make a living, it is not surprising that refugees become increasingly desperate and are victims of crime, smuggling, and other abuses. As the Palestinian refugees attest, refugees may be stuck in limbo for generations.

Threats to human security are diverse and can stem from armed conflict and civil war as well as from human trafficking and modern forms of slavery, and other gross violations of human rights. *Genocide*—the systematic persecution and extermination of all, or a large part, of a particular group of people along ethnic, racial, religious, or national lines—is the horrifying antithesis of development. The most well-known example of genocide in modern history was the Holocaust which led to the deaths of an estimated 6 million Jews at the hands of the Nazis during the Second World War. Other horrifying cases include the 1994 Rwandan genocide which involved the slaughter of 800,000 Tutsi and others over a 100-day period by the Hutu majority, and the 1992–5 Bosnian genocide during which 200,000 Muslim civilians were murdered and 2 million more became refugees.

Genocide is more common than is often realized. Despite the resolve to never repeat the crimes of the 1915 Armenian genocide or the Holocaust following the Second World War, the second

Table 5. Estimates of genocide since the Second World War and associated refugees

Genocide	Date	Estimated number of murders	Estimated number of refugees/ displaced
Bangladesh	1971	500,000–3,000,000	—
Cambodia	1975–9	~ 1,700,000	—
East Timor	1975–9	~ 200,000	—
Guatemala	1981–3	~ 200,000	—
Bosnia	1992–5	> 200,000	~ 4,000,000
Rwanda	1994	~ 800,000	~ 2,000,000
Darfur, Sudan	2003 onwards	~ 500,000	~ 2,800,000
Syria*	2011 onwards	> 15,550	> 4,000,000

Source: Scott Lamb, 'Genocide since 1945: Never Again?' *Spiegel Online*. http://www.spiegel.de/international/genocide-since-1945-never-again-a-338612.html (Last accessed 5 August 2017); the estimated number of murders for Darfur is from Eric Reeves, 'Abandoning the Victims of Genocide in Darfur', *The WorldPost* online (2015), http://www.huffingtonpost.com/eric-reeves/abandoning-the-victims-of-genocide-in-darfur_b_7486878.html (Last accessed 5 August 2017); the estimates of the number of refugees are from WWG (2015), 'Genocides and Conflict', *World Without Genocide*, http://worldwithoutgenocide.org/genocides-and-conflicts (Last accessed 5 August 2017); the figures for Syria are from Russell Goldman, 'Assad's History of Chemical Attacks and other Atrocities', *New York Times* (5 April 2017), https://nyti.ms/2oC1bdY (Last accessed 5 August 2017) and SOHR, 'About 2450 Syrian Civilians out of 4500 Persons were Executed by ISIS During 28 Months Since Declaring the Caliphate' (Syrian Observatory for Human Rights, 29 October 2016), http://www.syriahr.com/en/?p=53469 (Last accessed 5 August 2017).

Notes: Published estimates vary widely according to the source consulted;

* Syria is not widely recognized as a case of genocide yet, although an alert has been issued by Genocide Watch. The number of deaths due to genocide reported for Syria is an underestimate. It includes estimates of up to 12,000 executions by the regime, at least 1,100 deaths from chemical attacks launched by the regime, and a further 2,450 civilian executions at the hands of ISIS since the caliphate was declared. Other groups in the region may also be responsible for genocide, although no reliable statistics are available. Distinguishing between deaths related to conflict and deaths related to genocide is not easy. The latter is confined to acts intended to destroy or persecute a specific ethnic or religious group.

half of the 20th century and the beginning of the 21st century have been punctuated with several other tragic examples of genocide. Although the details are often difficult to ascertain, these travesties of human rights and development account for an estimated 5 million murders and many more forced relocations (Table 5).

Genocide is illegal under international law (the United Nations adopted a resolution affirming that genocide is illegal in 1948) but it was only with the development of the international criminal court in the 1990s that the international community has had the mandate to act under the United Nations umbrella to prevent genocide. The concept of the 'responsibility to protect' has also been associated with the development of a framework to overcome the historical aversion of the United Nations to interfere in the domestic activities of member nations. Despite the development of a framework, the international community continues to fail in preventing genocide and systematic attacks on civilians, as events in Syria and elsewhere attest.

The establishment of global security and the implementation of agreements which seek to prevent genocide and facilitate the safe movement and fair treatment of migrants and refugees is a key responsibility of the international community. Achieving this aim has a direct bearing on development.

Chapter 8
The future of development

Over the past seventy-five years ideas about the responsibility of development have shifted from the colonial and patronizing view that poor countries were incapable of developing on their own and required the guidance and help of the rich colonial powers to a view that each country has a primary responsibility over its own development aims and outcomes and that development cannot be imposed from outside. However, while both colonial and Marxist ideas of the interplay of advanced and developing countries are discredited, foreign powers and the international community can still exercise a profound impact on development—for better or for worse. This goes well beyond development aid as international trade, investment, security, environmental, and other policies are typically more important. The quantity and quality of aid, the type of aid, as well as its predictability and alignment with national objectives, nevertheless can play a vital role in contributing to development outcomes, particularly for low-income countries and the least developed economies. Access to appropriate technologies and capacity building helps to lay the foundation for improved livelihoods. So although development must be done by countries and citizens themselves, the extent to which the international community is facilitating or frustrating development continues to influence and at times even dramatically shape development trajectories.

The extraordinary progress made in poverty reduction is evidence that development does happen. As is evident in Figure 12, the number of people living under $1.90 a day (at 2011 PPP) fell by just over one billion between 1990 and 2013, even though the population of developing countries increased by more than two billion over the same period. Much of this decline is attributable to the progress made in China, and to a lesser extent East Asia and India. The greatest development challenge remains in sub-Saharan Africa. We showed earlier that, particularly for the poorest countries, aid remains central to development efforts, but that aid also plays a vital role in middle-income and even richer countries in addressing public goods.

The latest poverty estimates for 2015 point to a reduction in the number of people living below the $1.90 poverty line, to around 700 million, the vast majority of whom continue to be located in South Asia and sub-Saharan Africa (Table 6). By 2030 the number of people living below the poverty line is projected to almost halve again (to around 412 million), with the vast majority of gains being made in South Asia where 268 million people are expected to escape extreme poverty.

It is now widely recognized that while governments must set the stage and invest in infrastructure, health, education, and other public goods, the private sector is the engine of growth and job creation.

A key challenge for all countries is the *sequencing* of different policy reforms and investment efforts. Given the wide array of pressing needs facing governments in developing countries, and limited financial and institutional capacity, tough choices need to be made as to what should come first. Shortfalls in funding, personnel, equipment, and other capacity constraints mean that not everyone can be provided with even the most basic of needs, such as clean water, sanitation, electricity, roads, education, and

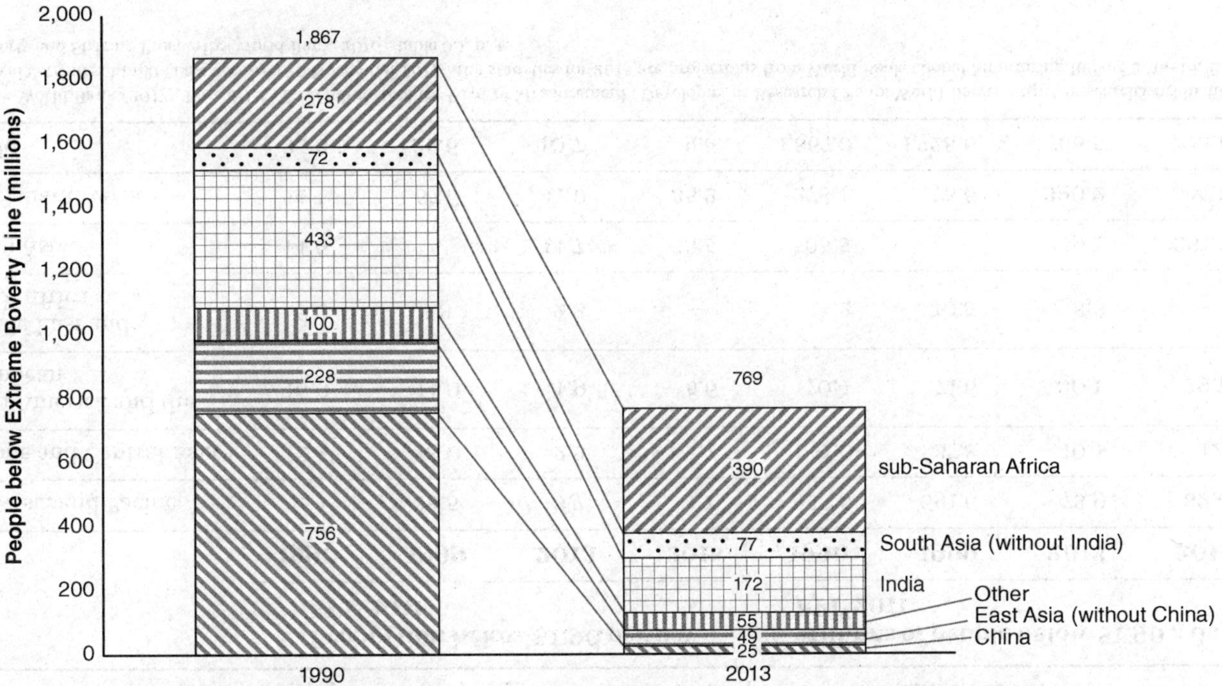

Note: The estimates for India refer to 1993 and 2011, respectively. The latest estimate for India is based on the new mixed modifier reference method that translates into a substantially lower poverty rate of 12.4 per cent.

12. People living on less than $1.90 per day by region (1990–2013).

Table 6. Total number and proportion of people below the $1.90 poverty line (1990–2015)

	Proportion below $1.90 per day PPP 2011				Millions of people below $1.90 a day PPP 2011			
	1990	1999	2013	2015	1990	1999	2013	2015
East Asia and Pacific	61.4	38.5	3.7	4.1	983.5	691.6	73.9	82.6
Europe and Central Asia	2.4	8.0	2.2	1.7	11.0	37.8	10.4	4.4
Latin America and the Caribbean	16.0	14.0	4.9	5.6	70.4	71.6	30.1	29.7
Middle East and North Africa	6.2	3.8	2.3	–	14.2	10.5	8.3	–
South Asia	44.6	–	14.7	13.5	505.5	–	249.1	231.3
sub-Saharan Africa	54.4	57.6	41.0	35.2	278.1	375.6	390.2	347.1
World	35.3	28.6	10.7	9.6	1,867.0	1,728.6	768.5	702.1

Source: World Bank (2017), PovcalNet: The Online Tool for Poverty Measurement (Development Research Group, World Bank), http://iresearch.worldbank.org/PovcalNet/index.htm?1 (Last accessed 10 November 2017); the statistics for 2015 are projections from World Bank, Global Monitoring Report 2015–16: Ending Poverty and Sharing Prosperity (World Bank, 2016), table 0.1, p. 4.

health at the same time. Nor can all regions within a country be catered for simultaneously.

Communities are acutely aware of these constraints, and approaches which involve citizens in the choices of what and how basic services should be provided typically yield the greatest development impact. Investments and reforms that generate skills and facilitate private sector development lay the ground for future employment and tax revenues and allow more to be achieved over time. Infrastructure, including the provision of water and sanitation, reliable supplies of electricity, and transport systems, provides an essential foundation for development. The provision of universal basic education and health is essential. Policies that improve governance and reduce corruption and that raise standards of education and skills encourage employment. Whereas in early stages of development and times of crisis, foreign borrowing and aid may be required to supplement domestic revenues, it is essential that governments raise their revenues as well as expenditures to ensure that their growth may be sustained without resort to risky levels of debt.

The distributional consequences of sequencing decisions have a powerful effect on development outcomes. In too many countries, the wealthy dwellers of the capital cities use their connections to power to ensure that their needs are attended to before those of the poor. This tends to skew investments towards the wealthier areas of major cities and reinforces growing inequality in societies. Widening access to basic services, such as primary education and health, electricity and water, with tariff and charging structures reflecting the ability to pay, allows for broader-based development, within any budget envelope.

The role and sequencing of private investment and foreign aid is another important consideration. Private investment is vital and the prior establishment of transparent and accountable laws and regulations which include safeguards regarding the health and safety of workers, the control of pollution, and ensuring respect for ownership rights and good governance, encourages the growth of a thriving private sector which advances development. In resource-rich countries, the lessons of the many past failures need to be learnt in order to avoid the resource curse which too often has been associated with predatory investments in natural resources. Ensuring that revenues from mining and other natural resources benefit the many and are not captured by the few is essential, with sovereign wealth funds and other mechanisms offering a means to reduce the risk.

The *coherence* of aid and other policies is an important consideration. For example, as we saw in the preceding chapters, supporting agricultural systems in developing countries requires not only investments in rural roads and irrigation, but also support for international research which will provide improved seeds, trade reform which allows access to crops, and actions which will stop the devastating impact of climate change on agricultural systems in many of the poorest countries. As noted earlier, the establishment of a level playing field for trade, and in particular the reduction of the agricultural subsidies and tariff and non-tariff barriers in rich countries that severely discriminate against agricultural development and increase food price instability, would provide a greater impetus for many developing countries than aid. Not all trade is good, and the prevention of small arms trade, toxic waste, slave and sex trafficking, and other illicit trade should be curtailed and corruption dealt with decisively. The prevention of transfer pricing and of tax avoidance is important in building a sound revenue base which provides the means for governments to invest in infrastructure and health, education, and other systems which provide the foundation for development.

The relationship between investments in energy and the need to reduce carbon emissions to restrict global warming is a vital area where greater coherence is required. Reducing carbon emissions requires that developing countries be helped to invest in non-carbon energy sources. This requires very significant increases in support for the financing of renewables and other non-carbon energy sources as well as technological transfers and support for capacity building in order to ensure that developing countries can climb the steep energy curve required to provide for their people's needs. We face two great challenges: the eradication of poverty and slowing climate change. Ensuring the coherence of our actions in achieving these two vital challenges is essential.

The provision of *global public goods* is as essential as development assistance to individual countries. Such measures can for example improve the availability, price, and effectiveness of vaccinations and drugs, especially against tropical diseases and the treatment of HIV/AIDS. The creation of an intellectual property regime that allows for affordable drugs and the encouragement of research on drugs and technologies that foster development, not least in agriculture, is another essential role for the international community.

The international community has a central role to play in the protection and restoration of the global commons, not least with respect to climate change and the environment. The establishment of global security and the implementation of agreements which seek to prevent genocide and facilitate the safe movement and fair treatment of migrants and refugees is another key responsibility of the international community. So too is the prevention of systemic risks. Poor people and poor countries are most vulnerable to all forms of risk, and international efforts to reduce systemic risks which cascade over national borders is another area which requires the coming together of the international community.

Development is a national responsibility, but in an increasingly integrated world the international community has a greater responsibility to help manage the global commons as an increasing share of problems spill over national borders. All countries of the world share a collective responsibility for the planet, but the bigger and more advanced the country, the larger the share of this responsibility that it is capable of shouldering.

Our common future

As individuals get wealthier and escape poverty the choices they make increasingly impact other people. The tension between individual choice and collective outcomes is not new, with the study of the management of *commons* going back at least five hundred years. Commons were shared lands, rivers, or other natural resources over which citizens had access. In England, the rights of access became defined in *common law*. Many of these rights were removed in the enclosure movement which in the 18th century converted most of the common lands into private property.

The *tragedy of the commons* refers to the overexploitation of common resources. Early examples include the overfishing of rivers, overgrazing of village fields, or depletion of underground water. The management of the commons has led to the development of customary and more recently legally enforceable rules and regulations which limit the exploitation of shared resources. In recent decades, however, the pressure on common resources, and in particular on the *global commons*, has grown with population and incomes. The global commons refers to the earth's shared natural resources, and includes the oceans, atmosphere, polar regions, and outer space.

Development has meant that we are moving from a world of barely 500 million middle-class consumers in the 1980s to a world of over five billion middle-class consumers in the coming decade. This triumph of development is a cause for celebration. But it provides a source for growing alarm over our ability to cooperate and coexist in a sustainable manner on our beautiful planet. Greater individual choice is for many regarded as a key objective and outcome of development processes. Other outcomes include increasing life expectancy, higher incomes, and rising consumption. Development has resulted in rapid population growth—two billion more people over the past twenty-five years with a further two billion plus expected by 2050 (Table 2). And globalization has seen not only more connectivity but also an increase in the global flows of goods and services, with the sourcing of products and services from more distant places. The pressure on scarce resources has never been greater. Nor has the difficulty of managing them.

The result is a sharp rise in the challenge of managing the global commons, coupled with the rise of new collective challenges. Antibiotic resistance is one of these new challenges. While it is rational for individuals to take antibiotics to defeat infections, the more that people take antibiotics, the higher the risk of resistance. When combined with the growing use of antibiotics in animals—which now consume more than 70 per cent of antibiotics in the United States and well over 50 per cent of antibiotics in most other countries—there is an escalating risk of antibiotic resistance. This would lead to rapid declines in the effectiveness of antibiotics, with dramatically negative consequences on these essential components of modern medicine. Other examples of the tension between our individual choice and collective outcomes include the consumption of tuna and other fish which are threatened with extinction, or our individual use of fossil-fuel energy and the resulting collective implications for climate change.

As development raises income and consumption and increases connectivity, the spillover impact of individual actions grows. Many of these spillovers are positive. Evidence includes the close correlation between urbanization and development. When people come together they can do things that they could never achieve on their own. However, as incomes rise, so too do the often unintended negative spillover effects, with examples including obesity, climate change, antibiotic resistance, and biodiversity loss.

Rising inequality and the erosion of social cohesion are also growing risks.

Another form of risk that can undermine development is associated with technological innovation. As we have seen, a likely consequence of accelerating innovation is the loss of jobs due to the automation of routine and rules based manufacturing. Recent research indicates that the process of technologically induced deindustrialization is well under way in most developing countries and is not limited to the advanced economies. One striking finding that illustrates the magnitude of this phenomenon is that countries currently undergoing industrial development are reaching their industrial peak at much lower levels of income than before—around 40 per cent lower income on average if countries that industrialized after 1990 are compared with countries that industrialized before.

The rise of automation may also mean that the process of industrialization will not take place at all in some countries. This is likely to be true insofar as manufacturing that previously may have been destined for developing countries moves to the advanced economies as the price of capital (in the form of robots and automated processes) rather than labour increasingly determines the location of manufacturing. To the extent that manufacturing continues in developing countries—notably to satisfy domestic demand—it may also be automated. The relocation of jobs to advanced economies as the result of the automation of routine manufacturing and their replacement by machines in developing countries poses a severe challenge for developing countries. Historically manufacturing has contributed disproportionately to economic development through higher productivity growth over the medium- and long-term.

It is unlikely that the service sector (often identified as an engine of growth) will turn out to be equally dynamic, as the rise of automation is likely to similarly undermine many parts of the services sector. Like manufacturing the service sector involves many routine and repetitive service tasks (such as call centres and back-offices) which have been a source of rapid employment growth in countries such as Mexico, India, and South Africa, although these activities are increasingly susceptible to automation.

The challenges posed by technological change for employment in manufacturing and services underline the need to manage systemic risks and to ensure development strategies take account of the rapidly changing dynamics of our current age of discovery. As technologies substitute for many routine tasks, developing countries have the potential to create employment in creative industries and in caring (health, retirement and related), tourism, and other services in which empathy and experience provide growth opportunities. Education and skill will continue to be a vital foundation for development, as is the establishment of a social and economic environment which facilitates human flourishing.

As Sen identified, a key objective of development is positive freedom. Freedom to avoid want and starvation, to overcome insecurity and discrimination, and above all to be capable of achieving those things we have reason to value. But with this freedom comes new responsibilities. Our individual contribution to our shared outcomes and as guardians of future generations rises with our own development. If development is to be realized for all people, now and in the future, it is vital that we too develop as individuals. We need to ensure that we are free of the ignorance of how our actions interact with others. *Development brings new responsibilities as well as freedoms.*

Ideas for development

This book has shown that there is no simple recipe for development. The pursuit of development is necessarily shaped by a combination of history and geography. But history is not destiny, as illustrated by the extraordinary range of outcomes of countries with rather similar pasts and comparable geographical positions.

Growth is an important but inadequate objective. Resource-rich Angola has for many years been among the fastest growing countries in Africa and the world, but it remains among the most stubbornly poor performers on most development indicators as the benefits of growth have been captured by a small elite. Meanwhile, its neighbour Botswana, although well endowed with diamonds, has escaped the resource curse and seen much of its population escape poverty through better governance. A Cuban may expect to live anywhere between four and seventeen years longer than citizens on the neighbouring islands of Barbados, Dominican Republic, and Haiti, and Cubans even have higher life expectancy than citizens of the United States, where people are on average eight times richer in real terms.

The worldwide progress in recent decades has been remarkable. Development happens, as people and societies throw off old ideas and take on new, better ideas. Ideas that allow people to escape poverty and lead longer and healthier lives, ideas that combine an understanding of economic and social change which embraces all of society, regardless of gender, age, disability, creed, race, or sexual preferences. In recent decades, access to ideas has leapfrogged, as Internet access has increased the advantages of literacy and connectivity. But not only good ideas spread more rapidly. So too do bad ideas, such as those propagated by the Islamic State (ISIS) group and other extremist movements. As the battle of ideas has become global, it has become even more important to ensure that those ideas which promote development are more widely disseminated and that individuals in all societies, and not least the youth, embrace the hope of development.

Development is about learning. Learning what works and what does not, where and why. This requires a dissection of not only successes but also failures. Leaders, aid agencies, and experts too often trumpet their purported achievements and bury the vital lessons from failures. There are many factors that are significant in the pursuit of development, but openness and accountability, where leaders listen to the insights of citizens and draw inspiration from their past experience and that of others, is a vital ingredient of sustained progress. So too is the integration of long-term perspectives and goals, to ensure that the benefits of development are sustained for decades to come, reducing the risks associated with resource depletion, climate change, and the growing range of potentially disastrous consequences of short-sighted growth which fundamentally threatens the continued pursuit of development.

Make poverty history

In rich and poor countries alike, development has never been the preserve of governments alone. In recent decades, the number of citizens and businesses engaged in questions of development has grown rapidly. Thousands of NGOs are involved in grass-roots campaigns to raise awareness, raise funds, influence policy, and build solidarity to achieve wide-ranging development objectives.

Awareness has been raised through music, social media, and the association of iconic individuals and brands with campaigns which highlight development concerns. In 1971, the former Beatle George Harrison together with Ravi Shankar organized a groundbreaking benefit concert and produced a record to raise awareness and funds for victims of the Bangladesh genocide. In 1984, Bob Geldof formed Band Aid and together with leading musicians performed at Live Aid concerts in support of victims of the Ethiopian famine. Subsequently, a growing number of musicians and actors have been associated with a wide range of public causes. In the 1980s, songs and concerts supported the anti-apartheid struggle and the release of Nelson Mandela.

In 2005, the Make Poverty History campaign raised the pressure on attendees at the Gleneagles 2005 G8 Summit to increase aid commitments and adhere to the MDGs. In 2007, Live Earth served to raise awareness of climate change. In its annual Red Nose Day and Sports Relief events, Comic Relief has involved celebrities to raise awareness, engaging citizens who may otherwise not have been aware of development objectives and encouraging them to support local and international development causes. The role of celebrities in raising awareness has been formalized by organizations such as the United Nations International Children's Emergency Fund (UNICEF) which has established a partnership with Barcelona Football Club and appointed celebrity ambassadors, including David Beckham and Andy Murray. UNHCR similarly has appointed Angelina Jolie as its Special Envoy to raise awareness of the plight of refugees. Meanwhile, Bono has been active for decades on development and associated issues, including through a dedicated campaigning organization ONE.

While a positive vision for the need for development is gaining traction, so too are the threats which arise out of growing interdependency. The tragedy of the destruction of the World Trade Center on 11 September 2001 and the subsequent attack on Afghanistan by the United States demonstrated that what happens in the poorest countries in the world can dramatically impact lives in the richest places on the planet. More recently, the growth of fundamentalism in the Middle East has highlighted the risks associated with failures of development in that region. Pandemics also pose a rising risk; with the great hub airports connecting worldwide travellers, it is estimated that a pandemic could become global within forty-eight hours. Cyber attacks point to the potential for instantaneous disruption and add a new dimension to systemic risks which transcend national borders.

As the flow of ideas, people, products, and services across borders grows, facilitated by the Internet and other technological advances and social media, so too does our awareness of our common humanity. We live in an era when for the first time in history we can realistically imagine and achieve in our lifetimes a world free of poverty and many of the diseases that have afflicted humanity for millennia. Remarkably, eradicating poverty has been agreed globally as SDG1. Recent decades have demonstrated that development does happen and does change lives. While there is no replicable silver bullet to achieve this, our understanding of development has evolved both conceptually and practically to provide an increasingly effective toolbox which is widely applicable.

In this volume, I have pointed to some of the key lessons learnt and the opportunities these provide for societies to advance. The prospects for advancement have never been greater. But the risks are also rising, and development could be stunted or set back. Globalization is simultaneously a source of the greatest opportunity and also the source of new systemic risks that will impact on all our futures.

All of our futures are intertwined with the future of developing countries. Extraordinary creativity and opportunity will emerge from developing countries. We can look forward to the flourishing of modern Einsteins, Shakespeares, and other creative geniuses as over five billion literate and increasingly educated people begin to contribute to global development. At the same time, we should be aware that we are dealing with the biggest challenges in our lives, such as climate change, conflict, fundamentalism, and pandemics. This will require increasing cooperation and partnership. More than ever the futures of advanced and developing countries are intertwined. Indeed, the term 'development' is less and less about a geographic place and more and more about our collective ability to cooperate in harvesting global opportunities and managing the associated global risks. Development is not simply or mainly about the lives of others. It is about ourselves and what we care about. Development is about who we are and our collective future.

Sources for data and figures

All statistics cited in the text are from the World Bank's World Development Indicators (WDIs) unless otherwise stated. The analysis of long-term GDP per capita (from 1870 onwards) in Chapters 1 and 3 is based on data from the Maddison Project (2013 version), which has been extended to cover the post 2010 period by extrapolating GDP per capita from real growth rates taken from WDIs. The poverty figures reported in Chapters 1, 3, and 8 are from the World Bank's PovcalNet. Data on overseas aid and agricultural subsidies are from the OECD's database.

Figures 1 and 2 are based on Maddison (2013 version) plus the author's estimate for 2011–16. The source for Figure 3 is the author. Figure 4 is from Amar Bhattacharya, 'Delivering on Sustainable Infrastructure for Better Development and Better Climate' (The Brookings Institute, December 2016), p. 29. Figure 5 is derived from UCDP/PRIO. Figure 6 is the author's calculation based on WDIs. The flows in Figure 7 are from the OECD and WDIs. Figure 8 is based on data from UNCTAD, OECD, and WDIs; the 2013–16 data for remittances is taken from the World Bank, 'Migration and Remittances: Recent Developments and Outlook', Migration and Development Brief 27 (April 2017), table 1.1. Figures 9 and 10 are from the OECD database except for the BRICS, where data has been assembled from the sources listed below. Figure 11 is the author's calculation from WIPO data. Figure 12 is from PovcalNet except for the 2013 statistic for India which is taken from Saumitra Mohan, *Indian Policy and Development* (McGraw Hill, 2017).

Online Databases

OECD, OECD.Stat, http://stats.oecd.org/

Maddison Project, Maddison Project Database (2013 version), http://www.ggdc.net/maddison/maddison-project/home.htm

UCDP/PRIO Armed Conflict Dataset, 1946–2016, v. 17.1, http://ucdp.uu.se/downloads/

UNCTAD, UNCTAD STAT, http://unctadstat.unctad.org/EN/

WIPO, IP Statistics Data Centre (The World Intellectual Property Organization), http://ipstats.wipo.int/ipstatv2/

World Bank, PovcalNet: The Online Tool for Poverty Measurement (Development Research Group, World Bank), http:// iresearch.worldbank.org/PovcalNet/index.htm?1

World Bank, World Development Indicators, http://databank.worldbank.org/data/home.aspx

BRICS Data Sources

IPEA, *Brazilian Cooperation for International Development 2011–2013* (Institute for Applied Economic Research, 2017), table 1b.

Russian Government, The Russian Federation ODA: National Report, p. 1, http://www.minfin.ru/common/img/uploaded/library/2012/05/PresentationEng2012-0.pdf (Last accessed 19 August 2017).

United Nations, *Trends in South-South and Triangular Development Cooperation, Background Study for the Development Cooperation Forum* (United Nations Economic and Social Council, April 2008), table 2.

Willem Luijkx and Julia Benn, 'Emerging Providers' International Co-operation for Development', *OECD Development Co-operation Working Paper 33* (Organization for Economic Co-operation and Development, April 2017), Annex 1.

References

Chapter 1: What is development?

FFP, Fragile States Index 2016 (The Fund for Peace, 2016).

Jean Dréze and Amartya Sen, *An Uncertain Glory: India and Its Contradictions* (Princeton University Press, 2013), statistical annex for Kerala.

The meaning of 'development'

Oxford English Dictionary Online (Oxford University Press, 2014).

Adam Smith, *An Inquiry into the Nature and Causes of The Wealth of Nations* (Chicago University Press, [1776] 1976).

Paul Streeten, 'The Meaning and Measurement of Development', in A. K. Dutt and J. Ros (eds), *International Handbook of Development Economics*: Volume 1 (Edward Elgar, 2008), pp. 3–15.

Dudley Seers, 'What Are We Trying to Measure?', *Journal of Development Studies*, 8 (3) (1972): 21–36.

David A. Clark, 'Capability Approach', in D. A. Clark (ed.), *The Elgar Companion to Development Studies* (Edward Elgar, 2006), pp. 32–45.

Why are some countries rich and others poor?

Moshe Syrquin, 'Structural Transformation', in D. A. Clark, *The Elgar Companion to Development Studies* (Edward Elgar, 2006), pp. 601–7.

World Bank, 'Borrowing Countries', http://ida.worldbank.org/about/borrowing-countries (Last accessed 3 November 2017).

World Bank's 'Data Catalog' and description of indicators, http://data.worldbank.org/

World Bank, 'FAQ: Global Poverty Line Update' (World Bank, 30 September 2015), http://www.worldbank.org/en/topic/poverty/brief/global-poverty-line-faq (Last accessed 12 July 2017).

Marcio Cruz, James Foster, Bryce Quillin, and Philip Schellekens, 'Ending Extreme Poverty and Sharing Prosperity: Progress and Policies', *Policy Research Note* (World Bank, 2015), table 1.

Yin-Wong Cheung, 'Purchasing Power Parity', in K. Reinert, R. Ramkishen, A. J. Glass, and L. S. Davis, *The Princeton Encyclopedia of the World Economy*: Volume I (Princeton University Press, 2009), pp. 942–6.

WID, World Wealth and Income Database, http://wid.world/ (Last accessed 3 November 2017).

Beyond growth

Dudley Seers, 'What Are We Trying to Measure?', *Journal of Development Studies*, 8 (3) (1972): 21–36.

Hollis Chenery, Montek Ahluwalia, C. L. G. Bell, John Duloy, and Richard Jolly, *Redistribution with Growth* (Oxford University Press, 1974).

ILO, *Employment, Growth and Basic Needs: A One World Problem* (International Labour Organization, 1976).

ILO, 'Declaration of Philadelphia' (International Labour Organization, 1944).

People-centred development

UNDP, *Human Development Report 1996: Economics Growth and Human Development* (Oxford University Press, 1996).

SDSN, *SDG Index and Dashboard: A Global Report* (Sustainable Development Solutions Network and Bertelsmann Stiftung, July 2016), p. 13.

Amartya Sen, *Development as Freedom* (Oxford University Press, 1999).

Robert Chambers, *Whose Reality Counts? Putting the First Last* (ITDG, 1997).

Development indicators

Howard White, 'Millennium Development Goals', in D. A. Clark, *The Elgar Companion to Development Studies* (Edward Elgar, 2006), pp. 382–9.

OECD, 'Better Life Index', http://www.oecdbetterlifeindex.org/ (Last accessed 23 June 2017).

John Helliwell, Richard Layard, and Jeffrey Sachs (eds), *World Happiness Report 2017* (Sustainable Development Solutions Network, 2017).

Joseph Stiglitz, Amartya Sen, and Jean-Paul Fitoussi, *Mis-measuring Our Lives: Why GDP Doesn't Add Up* (New Press, 2010).

New concepts of development

David A. Clark, 'Defining and Measuring Human Well-Being', in B. Freeman (ed.), *Global Environmental Change: Handbook of Global Environmental Pollution* (Springer, 2014), pp. 833–55.

Wikipedia, 'Same-sex Marriage', https://en.wikipedia.org/wiki/Same-sex_marriage (Last accessed 3 November 2017).

Chapter 2: How does development happen?

Adam Smith, 'An Inquiry into the Nature and the Causes of the Wealth of Nations' [1776], reprinted in E. Cannon (ed.), *The Wealth of Nations* (University of Chicago Press, 1976).

David Ricardo, *On the Principles of Political Economy, and Taxation* (John Murray, 1817).

Thomas Malthus, *Principles of Political Economy* (J. Johnson, 1820).

Karl Marx, 'Preface', *A Contribution to The Critique of Political Economy* (Progress Publishers, 1858).

John Stuart Mill, *Principles of Political Economy*, 7th edition (Longmans, Green and Co. [1820] 1909).

Notions of modernization

Andrew Webster, *Introduction to the Sociology of Development* (Macmillan, 1991), chapter 3.

Planning for economic development

Paul Rosenstein-Rodan, 'Problems of Industrialisation of Eastern and South-Eastern Europe', *The Economic Journal*, 53 (210/211): 202–11.

Ragnar Nurkse, *Problems of Capital Formation in Underdeveloped Countries* (Blackwell, 1953).

W. Arthur Lewis, 'Economic Development with Unlimited Supplies of Labour', *The Manchester School*, 22 (2) (1954): 139–91.

Walt Rostow, *The Stages of Economic Growth: A Non-Communist Manifesto* (Cambridge University Press, 1960).

Albert Hirschman, *The Strategy of Economic Development* (Yale University Press, 1958).

Dependency theory

Hans Singer, 'Economic Progress in Underdeveloped Countries', *Social Research: An International Quarterly of Political and Social Science*, 16 (1) (1949): 1–11.

Raúl Prebisch, *ECLAC Manifesto* (ECLAC, 1949).

Gabriel Palma, 'Dependency: A Formal Theory of Under-development or a Methodology for the Analysis of Concrete Situations of Underdevelopment?', *World Development*, 6 (7–8) (1978): 881–924.

Neo-classical market-led development

Anne Krueger, 'The Political Economy of the Rent Seeking Society', *American Economic Review*, 64 (3) (1974): 291–303.

Deepak Lal, *The Poverty of Development Economics* (Harvard University Press, 1985).

Thandika Mkandawire and Charles Soludo, *Our Continent, Our Future: African Perspectives on Structural Adjustment* (Africa World Press, 1998).

The state and the market

Gerald Meier and James Rauch, *Leading Issues in Development Economics*, 8th edition (Oxford University Press, 2005).

Chapter 3: Why are some countries rich and others poor?

Uneven development

Robert Solow, 'A Contribution to the Theory of Economic Growth', *The Quarterly Journal of Economics*, 70 (1) (1956): 65–94.

William Baumol, 'Productivity Growth, Convergence and Welfare: What the Long-Run Data Says', *American Economic Review*, 76 (1986): 1072–85.

Stephen Parente and Edward Prescott, 'Changes in the Wealth of Nations', *Quarterly Review*, 17 (2) (1993): 3–16.

John Page, 'The East Asian Miracle: Four Lessons for Development Policy', in S. Fischer and J. Rotemberg (eds), *NBER Macroeconomics Manual 1994* (MIT, 1994), pp. 219–82.

Ajit Singh, '"Close" vs. "Strategic" Integration with the World Economy and the "Market Friendly Approach to Development" vs. "An Industrial Policy"', *MPRA Paper No. 53562* (Munich Personal RePEc Archive, 8 February 1995).

Poverty and inequality

Branko Milanović, *Global Inequality: A New Approach for the Age of Globalisation* (Harvard University Press, 2016), p. 25.

Andy Sumner, 'Global Poverty and the New Bottom Billion', *Working Paper* (Institute of Development Studies, 12 September 2010).

Explaining different development outcomes

Paul Collier, *The Bottom Billion: Why the Poorest Countries Are Failing and What Can Be Done About It* (Oxford University Press, 2008).

Jeffrey Frankel, *The Natural Resource Curse* (National Bureau of Economic Research, 2010).

William Easterly and Ross Levine, 'Tropics, Germs and Crops: How Endowments Influence Economic Development', *Journal of Monetary Economics*, 50 (1) (2003): 3–30.

Jeffrey Sachs and Andrew Warner, *Economic Convergence and Economic Policies* (National Bureau of Economic Research, 1995).

Jeffrey Frankel and David Romer, 'Does Trade Cause Growth?', *American Economic Review*, 89 (3) (1999): 379–99.

Jared Diamond, *Guns, Germs and Steel* (Vintage, 1997).

Jeffrey Sachs, *Developing Country Debt and the World Economy* (University of Chicago Press, 1989).

WHO, 'Fact Sheet: World Malaria Report 2016' (13 December 2016), http://www.who.int/malaria/media/world-malaria-report-2016/en/ (Last accessed, 6 July 2017).

Ian Goldin and Kenneth Reinert, *Globalization for Development: Meeting New Challenges* (Oxford University Press, 2012).

Dani Rodrik, Arvind Subramanian, and Francesco Trebbi, 'Institutions Rule: The Primacy of Institutions over Integration and Geography in Economic Development', *Journal of Economic Growth*, 9 (2) (2004): 131–65.

Daron Acemoglu, Simon Johnson, and James Robinson, 'The Colonial Origins of Comparative Development: An Empirical Investigation', *American Economic Review*, 91 (5) (2001): 1369–401.

Daron Acemoglu, Simon Johnson, and James Robinson, 'Reversal of Fortune, Geography and Institutions in the Making of the Modern World Income Distribution', *Quarterly Journal of Economics*, 117 (2002): 1231–94.

Amartya Sen, *Poverty and Famines: An Essay on Entitlement and Deprivation* (Clarendon Press, 1981).

Colin Bundy, *The Rise and Fall of the South African Peasantry* (Heinemann, 1979).
Jared Diamond, *Guns, Germs and Steel* (Vintage, 1997).
Irma Adelman, 'Democracy and Development', in D. A. Clark, *The Elgar Companion to Development Studies* (Edward Elgar, 2006), pp. 105–11.
Daron Acemoglu, Suresh Naidu, Pascual Restrepo, and James Robinson, 'Democracy Does Cause Growth', *NBER Working Paper 20004* (National Bureau of Economic Research, 2014).
Albert Hirschman, 'The Changing Tolerance for Income Inequality in the Course of Economic Development,' *Quarterly Journal of Economics*, 87 (4) (1973): 544–66.
Simon Kuznets, 'Economic Growth and Income Inequality', *American Economic Review* 45 (1955): 1–28.

Chapter 4: What can be done to accelerate development?

Literacy, education, and health

Robert Potter, Tony Binns, Jennifer Elliott, and David Smith, *Geographies of Development: An Introduction to Development Studies*, 3rd edition (Pearson Education Ltd, 2008), pp. 197ff.
UN-DESA, *World Population Prospects: 2015 Revision*, Volume II: *Demographic Profiles, ST/ESA/SER.A/380* (Department of Economic and Social Affairs, Population Division, 2015), pp. 3, 15, 21, and 33.

Gender and development

Nancy Birdsall, 'Gender and Development', in G. Meier (ed.), *Leading Issues in Development Economics*, 5th edition (Oxford University Press, 1995).
Joanne Leslie, 'Women's Work and Child Nutrition in the Third World', *World Development*, 16 (11) (1988): 1341–62.
Muzi Na, Larissa Jennings, Sameera Talegawkar, and Saifuddin Ahmed, 'Association between Women's Empowerment and Infant and Child Feeding Practices in sub-Saharan Africa: An Analysis of Demographic and Health Surveys', *Public Health Nutrition* (8 September 2015): http://dx. doi.org/10.1017/S1368980015002621
Anja Tolonen, 'Local Industrial Shocks, Female Empowerment and Infant Health: Evidence from Africa's Gold Mining Industry', *Job Market Paper* (2015).
Amartya Sen, *Development as Freedom* (Oxford University Press, 1999), chapter 8.

Grameen Bank, *Annual Report 2015* (Grameen Bank, 2015), pp. 7, 12, and 37.

BRAC, *2016 BRAC USA Annual Report* (BRAC, 2016).

UNICEF, *Female Genital Mutilation/Cutting: A Global Concern* (Media Brochure, 2016), https://www.unicef.org/media/files/FGMC_2016_brochure_final_UNICEF_SPREAD.pdf (Last accessed 9 July 2017).

McKinsey & Co, *The Power of Parity: How Advancing Women's Equality Can Add $12 Trillion to Global Growth* (McKinsey Global Institute, September 2015), p. 5.

Jean Dréze and Amartya Sen, *An Uncertain Glory: India and Its Contradictions* (Princeton University Press, 2013), chapter 4.

Agriculture and food

World Bank, *World Development Report 2008: Agriculture for Development* (World Bank, 2008), esp. p. 4.

Ian Goldin and Kenneth Reinert, *Globalization for Development: Meeting New Challenges* (Oxford University Press, 2012), pp. 141–3.

WHO, *Global Status of Report on Noncommunicable Disease, 2014* (World Health Organization, 2014), p. xi.

Infrastructure

Pravakar Sahooa and Ranjan Dash, 'Economic Growth in South Asia: Role of Infrastructure', *Journal of International Trade and Economic Development*, 21 (2) (2012): 212–52.

World Bank, *World Development Report 1990: Poverty* (Oxford University Press, 1990).

World Bank, *World Development Report 1994: Infrastructure for Development* (Oxford University Press, 1994).

Thomas Andersen and Carl-Johan Dalgaard, 'Power Outages and Economic Growth in Africa', *Discussion Paper on Business and Economics*, No. 7 (University of South Denmark, 2012).

Anwar Shahzad Siddiqui, Abrar Ahmad, and Ahraz Athar, 'Economic Impact of Power Outage on GDP of India', *International Journal of Engineering Technology, Management and Applied Sciences*, 3, pp. 150–62.

Amar Bhattacharya, Joshua Meltzer, Jeremy Oppenheim, Zia Qureshi, and Nicholas Stern, *Delivering on Sustainable Infrastructure for Better Development and Better Climate* (The Brookings Institute, December 2016), p. 28.

Legal framework and equity

Louis-Alexandre Berg and Deval Desai, 'Overview on the Rule of Law and Sustainable Development for the Global Dialogue on Rule of Law and the Post-2015 Development Agenda', Background Paper (2013).

Douglas North, *Institutions, Institutional Change and Economic Performance* (Cambridge University Press, 1990).

Martha Nussbaum, *Women and Human Development: The Capabilities Approach* (Harvard University Press, 2000).

Conflict, peace, and stability

Marie Allansson, Erik Melander, and Lotta Themnér, 'Organized Violence, 1989–2016', *Journal of Peace Research*, 54 (4) (2017): 574–587.

I am Syria, 'Death Count in Syria', http://www.iamsyria.org/death-tolls.html (Last accessed 15 July 2017).

World Bank, *World Development Report 2011: Conflict, Security and Development* (World Bank, 2011).

Immanuel Kant, *Perpetual Peace* (George Allen and Unwin Ltd, 1795).

Tom Woodhouse, 'Conflict and Conflict Resolution', in D. A. Clark, *The Elgar Companion to Development Studies* (Edward Elgar, 2006), pp. 76–81.

United Nations, 'An Agenda for Peace', Report of the Secretary General, A/47/277 (United Nations, 17 June 1992).

United Nations, Resolution 1366, S/RES/1366 (United Nations Security Council, 30 August 2001).

Astri Suhrke and Torunn Chaudhary, 'Conflict and Development', in P. A. Haslam, J. Schafer, and P. Beaudet (eds), *Introduction to International Development: Approaches, Actors, and Issues* (Oxford University Press, 2012): 415–36.

United Nations, 'Arms Trade Treaty: Treaty Status', https://treaties.un.org/Pages/ViewDetails.aspx?src=TREATY&mtdsg_no=XXVI-8&chapter=26&clang=_en (Last accessed 15 July 2017).

Chapter 5: The evolution of development aid

Linda Cornwell, 'Aid and Debt', in F. de Beer and H. Swanepoel (eds), *Introduction to Development Studies*, 2nd edition (Oxford University Press, 2000), pp. 245–69.

Ian Goldin and Kenneth Reinert, *Globalization for Development: Meeting New Challenges* (Oxford University Press, 2012), chapter 5.

Nicholas Stern, Halsey Rogers, and Ian Goldin, *The Case for Aid* (World Bank, 2002).
Freedom House, 'Freedom in the World 2017', Data downloads, https://freedomhouse.org/report/freedom-world/freedom-world-2017 (Last accessed 29 July 2017).
DAC, *Shaping the 21st Century* (Development Assistance Committee, OECD, 1996).
David Dollar and Paul Collier, *Aid Allocation and Poverty Reduction* (World Bank, 1999).

Changing aid

David Hulme, 'The Millennium Development Goals (MDGs): A Short History of the World's Biggest Promise', *BWPI Working Paper 100* (Brooks World Poverty Institute, 2009).

Millennium and sustainable development goals

United Nations, 'Millennium Development Goals Indicators', https://mdgs.un.org/unsd/mdg/default.aspx (Last accessed 18 August 2017).
United Nations, 'Sustainable Development Knowledge Platform', https://sustainabledevelopment.un.org/ (Last accessed 12 August 2017).
United Nations, 'Revised List of Sustainable Development Goals Indicators' (Department of Economics and Social Affairs Statistics Division), https://unstats.un.org/sdgs/indicators/indicators-list/ (Last accessed 12 August 2017).

Development finance institutions

World Bank, 'Financial Strength Backed by Shareholder Support—Current Capital', http://treasury.worldbank.org/cmd/htm/financial_shareholder.html (Last accessed 18 June 2017).
World Bank, *Annual Report 2016: Organisational Information and Lending Data Appendixes* (World Bank, 2016), p. 29.
IFC, *2016 Annual Report* (International Finance Corporation, 2016), pp. 4 and 31.
World Bank, *Annual Report 2016: Management's Discussion & Analysis and Financial Statements* (World Bank, 2016), p. 3 and p. 4 in the respective information statements for IBRD and IDA.
MIGA, 'Condensed Quarterly Financial Statements (Unaudited)', (Multilateral Investment Guarantee Agency, 31 March 2017), p. 1.
European Investment Bank, *2016 Financial Report* (EIB, April 2017), p. 6.
China Development Bank, *Annual Report 2015* (CDB, 2015), p. 7.

USAID (2017), 'FY2017 Development and Humanitarian Assistance Budget', https://www.usaid.gov/sites/default/files/documents/9276/FY2017_USAIDBudgetRequestFactSheet.pdf (Last accessed 12 August 2018).

DFID, *Annual Report and Accounts 2016–17* (Department for International Development, 6 July 2017), p. 78.

Debt crisis and response

Léonce Ndikumana, 'Curtailing Capital Flight from Africa: The Time for Action is Now' (Friedrich-Ebert-Stiftung, April 2017), figure 1.

OECD, 'Government Debt', http://www.oecd-ilibrary.org/economics/government-debt_gov-debt-table-en (Last accessed 26 July 2017).

IMF (2017), 'Debt Relief under the Heavily Indebted Poor Countries (HIPC) Initiative', *IMF Factsheet*, https://www.imf.org/external/np/exr/facts/hipc.htm (Last accessed 12 August 2017).

IMF (2017), 'The Multilateral Debt Relief Initiative', *IMF Factsheet*, https://www.imf.org/external/np/exr/facts/mdri.htm (Last accessed 12 August 2017).

International public goods

Ian Goldin and Kenneth Reinert, *Globalization for Development: Meeting New Challenges* (Oxford University Press, 2012), pp. 140–4 and 241–3.

WHO, 'Onchocerciasis', *Fact Sheet* (World Health Organization, Revised January 2017), http://www.who.int/mediacentre/factsheets/fs374/en/

UNICEF/WHO, 'Malaria MDG Target Achieved amid Sharp Drop in Cases and Mortality, but 3 Billion People Remain at Risk' (Media Release, 17 September 2015), http://www.who.int/mediacentre/news/releases/2015/malaria-mdg-target/en/ (Last accessed 10 November 2017).

FAO, 'crops' in Food and Agricultural Data, http://www.fao.org/faostat/en/#home (Last accessed 17 July 2017).

Building resilience

Ian Goldin and Mike Mariathasan, *The Butterfly Defect: How Globalization Creates Systemic Risk, and What to Do about It* (Princeton University Press, 2014).

CDG, 'Developing Countries Are Responsible for 63 Percent of Current Carbon Emissions' (Centre for Global Development, 18 August 2015), https://www.cgdev.org/media/developing-

countries-are-responsible-63-percent-current-carbon-emissions (Last accessed 12 August 2017).
UNEP, *Global Gap Finance Report* (United Nations Environment Programme, 2016), p. xii.

The future of aid

David Laborde, Will Martin, and Dominique van der Mensbrugghe, 'Implications of the Doha Market Access Proposals for Developing Countries', *World Trade Review*, 11 (1) (2014): 1–25.
Trading Economics, 'China's Foreign Exchange Reserves, 1980–2017', https://tradingeconomics.com/china/foreign-exchange-reserves (Last accessed 23 July 2017).
GDI, 'Innovative Finance for Development: Scalable Business Models that Produce Economic, Social and Environmental Outcomes' (Global Development Incubator, September 2014), p. iii.
The Economist, '169 Commandments' (28 March 2015).
Willem Luijkx and Julia Benn, 'Emerging Providers' International Co-operation for Development', *OECD Development Co-operation Working Paper 33* (Organization for Economic Co-operation and Development, April 2017), table 2.
Kitano, N. (2016), 'Estimating China's Foreign Aid II: 2014 Update', *JICA Working Paper 131* (JICA Institute), p. 17.
Comic Relief (2015), 'The Difference We've Made: Facts and Stats', Comic Relief web-site, http://www.comicrelief.com/how-we-help/the-difference-we-have-made (Last accessed 16 March 2015; web page no longer available).
Hudson Institute, *The Index of Global Philanthropy and Remittances 2016* (Hudson Institute, 2017), pp. 6 and 29.
Gates Foundation, 'Who We Are: Foundation Fact Sheet', http://www.gatesfoundation.org/Who-We-Are/General-Information/Foundation-Factsheet (Last accessed 25 July 2017).

Evaluation

Abhijit Banerjee and Ester Duflo, *Poor Economics* (Public Affairs, 2011).
Martin Ravallion, 'Fighting Poverty One Experiment at a Time: Review of Poor Economics', *Journal of Economic Literature*, 50 (1) (2012): 103–14.

Chapter 6: Sustainable development

World Commission on the Environment and Development, *Our Common Future* (Oxford University Press, 1987).

FAO, 'World Deforestation Slows Down as More Forests are Better Managed', 7 September 2015, http://www.fao.org/news/story/en/item/326911/icode/ (Last accessed 10 November 2017).
IFAD, 'Desertification', Fact Sheet, 2010 https://www.ifad.org/documents/10180/77105e91-6f72-44ff-aa87-eedb57d730ba (Last accessed 27 July 2017).
United Nations, 'Water', http://www.un.org/en/sections/issues-depth/water/index.html (Last accessed 26 July 2017).
WHO/UNICEF, *Progress on Drinking Water, Sanitation and Hygiene 2017: Update and SDG Baseline* (WHO/UNICEF, 12 July), p. 3.
FAO, *The State of the World's Fisheries and Aquaculture 2016* (Food and Agricultural Organization, 2016), p. 38.
Elena Becatoros, 'More than 90 Percent of World's Coral Reefs Will Die by 2050', *The Independent*, 13 March 2017.
Millennium Ecosystem Assessment, *Ecosystems and Human Well-being: Biodiversity Synthesis* (World Resources Institute, 2005), p. 5.

Limits to growth?

Donella Meadows, Dennis Meadows, Jørgen Randers, and William Behrens, *The Limits to Growth: A Report for the Club of Rome's Project on the Predicament of Mankind* (Earth Island, 1972).
Johan Rockström and Mattias Klum, *Big World, Small Planet: Abundance within Planetary Boundaries* (Bokförlaget Max Ström, 2015).
Global Footprint Network, www.footprintnetwork.org/ (Last accessed 26 August 2016).
Ian Goldin and Alan Winters, *The Economics of Sustainable Development* (Cambridge University Press, 1995).
Ian Goldin (ed.), *Is the Planet Full?* (Oxford University Press, 2014).
Deborah Sick, 'Environment and Development', in P. A. Haslam, J. Schafer, and P. Beaudet (eds), *Introduction to International Development: Approaches, Actors, and Issues* (Oxford University Press, 2012), pp. 313–32.
Robert Costanza, Rudolf de Groot, Paul Sutton, Sandra der Ploeg, Sharolyn Anderson, Ida Kubiszewski, Stephen Farber, and R. Kerry Turner, 'Changes in the Global Value of Ecosystem Services', *Global Environmental Change*, 18 (2014): 152–8.
William Nordhaus, 'A Review of the Stern Review on the Economics of Climate Change', *Journal of Economic Literature*, XLV (2007): 686–702.
COP21, http://www.cop21paris.org/ (Last accessed 30 July 2017).

Zeke Hausfather, 'US States and Cities Could Meet Paris Climate Goals Without Trump' (Carbon Brief, 15 June 2017), https://www.carbonbrief.org/analysis-us-states-cities-could-meet-paris-climate-goals-without-trump (Last accessed 30 July 2017).

United Nation, UN Climate Change News Room, http://newsroom.unfccc.int/paris-agreement/ (Last accessed 11 August 2017).

Chapter 7: Globalization and development

Ian Goldin and Kenneth Reinert, *Globalization for Development: Meeting New Challenges* (Oxford University Press, 2012).

Finance and development

James Kynge, 'Emerging Market Capital Outflows Eclipse Financial Crisis Levels', *Financial Times*, 7 May 2015.

IIF, 'Capital Flows to Emerging Markets' (Institute of International Finance, 1 October 2015), chart 1.

IIF, 'Capital Flows to Emerging Markets Brighter Outlook' (Institute of International Finance, 5 June 2017), table 1.

Trading Economics, 'China's Foreign Exchange Reserves, 1980–2017', https://tradingeconomics.com/china/foreign-exchange-reserves (Last accessed 23 July 2017).

Gabriel Wildau, 'China's Large Forex Reserves Constitute Both a Blessing and a Curse', *Financial Times*, 30 September 2014.

Kimberly Amadeo, 'Who Owns the U.S. National Debt?' (The Balance, 20 July 2017), https://www.thebalance.com/who-owns-the-u-s-national-debt-3306124 (Last accessed 26 August 2017).

Bocconi, *Hunting Unicorns: Sovereign Wealth Fund Annual Report 2016* (Bocconi, 2016), table 1 and figure 9.

Thomas Reuters, *Debt Capital Market Review: Full Year* (Thomas Reuters, 2012, 2013, 2014, 2015, and 2016), p. 1 (sum of figures for emerging market corporate debt for each year).

Bonds and Loans, 'Emerging Markets to See More than $1 trillion in Inflows in 2018' (7 June 2017), http://www.bondsloans.com/news/article/1459/emerging-markets-to-see-more-than-us1tn-in-in (Last accessed, 2 August 2017).

Prequin, *Special Report on Private Equity in Emerging Markets* (Prequin, July 2017), p. 3 and statistical download package.

AVCA, '2016 Annual African Private Equity Data Tracker' (African Private Equity and Venture Capital Association, February 2017), p. 1.

Trade and development

David Hulme, *Should Rich Nations Help the Poor?* (Polity Press, 2016), p. 14.

UNCTAD, *Key Statistics and Trends in Trade Policy, 2016* (United Nations, 2016), pp. 6, 10, and 17.

UN-OHRLLS, Opening Speech: 2010 Negotiation Series 'Towards a Level Playing Field', http://unohrlls.org/meetings-conferences-and-special-events/statement-at-2010-negotiation-series-towards-a-level-playing-field-unitarolof-palme-memorial-fund/ (Last accessed 24 August 2017).

David Laborde, Will Martin, and Dominique van der Mensbrugghe, 'Implications of the Doha Market Access Proposals for Developing Countries', *World Trade Review*, 11 (1) (2014): 1–25.

Jacqui Wise, 'Access to AIDS Medicine Stumbles on Trade Rules', *Bulletin of the World Health Organization*, 84 (5) (2006): 342–4.

The Measles and Rubella Initiative, 'Learn: The Problem' and 'Learn: The Solution' (American Red Cross, 2017), http://www.measlesrubellainitiative.org/ (Last accessed 3 August 2017).

BCC Research, 'Double-Digit Growth in Global Agricultural Biotech Market' (Press Release, 17 March 2017), https://www.bccresearch.com/pressroom/bio/double-digit-growth-in-global-agricultural-biotech-market (Last accessed 3 March 2017).

Debra Strauss, 'The Application of TRIPS to GMOs: International Intellectual Property Rights and Biotechnology', *Stanford Journal of International Law*, 45 (2009): 287–320.

Technology and development

World Bank, *World Development Report 2016: Digital Dividends* (World Bank, 2016), esp. p. 129.

Jörg Mayer, 'Industrial Robots and Inclusive Growth', 11 October 2017, http://voxeu.org/article/industrial-robots-and-inclusive-growth (Last accessed 12 November 2017).

World Bank, 'Mobile Phone Payments Go Viral: M-PESA in Kenya', http://go.worldbank.org/XSGEPAIMO0 (Last accessed 18 August 2017).

E. F. Schumacher, *Small Is Beautiful: A Study of Economics as if People Mattered* (Blond and Briggs, 1973).

Ian Goldin and Kenneth Reinert, *Globalization for Development: Meeting New Challenges* (Oxford University Press, 2012), esp. pp. 228–36.

International regulation and cooperation

BBC (2012), 'Apple Paid only 2% Corporation Tax outside US' (4 November), http://www.bbc.co.uk/news/business-20197710 (Last accessed 26 August 2017).

Ian Goldin and Mike Mariathasan, *The Butterfly Defect: How Globalization Creates Systemic Risk, and What to Do about It* (Princeton University Press, 2014), p. 281.

The Economist, 'Corporate Tax Dodging: Transfer Policing' (20 September 2014).

Simon Bowers, 'OECD Hopes Tax Reforms Will End Era of Aggressive Avoidance', *The Guardian* (5 October 2015).

Simon Bowers, 'OECD Tax Reforms: Five Key Points', *The Guardian* (5 October 2015).

United Nations, 'Estimating Illicit Financial Flows Resulting from Drug Trafficking and other Transnational Organised Crimes', Research Report (United Nations Office on Drugs and Crimes, October 2011), p. 9.

David A. Clark (ed.), *Adaptation, Poverty and Development: The Dynamics of Subjective Well-Being* (Palgrave, 2012), p. 79.

Walk Free Foundation, The Global Slavery Index, https://www.globalslaveryindex.org/ (Last accessed 5 August 2017).

International migration

Ian Goldin, Geoffrey Cameron, and Meera Balarajan, *Exceptional People: How Migration Shaped our World and Will Define our Future* (Princeton University Press, 2012).

World Bank, *Migration and Remittances Fact Book 2016*, 3rd edition (World Bank, 2016), pp. xi and 11.

World Bank, 'Migration and Remittances: Recent Developments and Outlook', *Migration and Development Brief 28* (October 2017), table 1.1 and figure 1.3.

World Bank, *Global Economic Prospects: Economic Implications of Remittances and Migration 2006* (World Bank, 2006), p. 31.

Lant Pritchett, *Let Their People Come: Breaking the Gridlock on International Labor Mobility* (Centre for Global Development, 2006), p. 33.

McKinsey & Co, *People on the Move: Global Migrations Impact and Opportunity* (McKinsey Global Institute, 2016), p. 8.

Refugees and development

UNHCR, *Global Trends: Forced Displacement in 2016* (United Nations Refugee Agency, 2017), pp. 1, 11–14, 61.

Chapter 8: The future of development

World Bank, *Global Monitoring Report 2014–15: Ending Poverty and Sharing Prosperity* (World Bank, 2015), table 1.

Our common future

Garrett Hardin, 'The Tragedy of the Commons', *Science*, 162 (1968): 1243–8.

Elinor Ostrom, *Governing the Commons: The Evolution of Institutions for Collective Action* (Cambridge University Press, 1990).

Homi Kharas, 'The Unprecedented Expansion of the Global Middle Class: An Update', *Global Economy and Development Working Paper 100* (Brookings Institute, February 2017), p. 11.

Jim O'Neill, 'Antimicrobials in Agriculture and the Environment: Reducing Unnecessary Use and Waste', *The Review on Antimicrobial Resistance* (Wellcome Trust/ HM Government, December 2015), p. 5.

Amartya Sen, *Development as Freedom* (Oxford University Press, 1999).

Ideas for development

Ian Goldin and Ken Reinert, *Globalization for Development: Meeting New Challenges* (Oxford University Press, 2012), chapter 7.

Make poverty history

Jeffrey Sachs, *The End of Poverty: How We Can Make It Happen in our Lifetime* (Penguin, 2005).

Further reading

Chapter 1: What is development?

Tim Beasley and Louis Cord, *Delivering on the Promise of Pro-Poor Growth: Insights and Lessons from Country Experiences* (World Bank Publications, 2006).

Diane Coyle, *GDP: A Brief But Affectionate History* (Princeton University Press, 2014).

David A. Clark, *Visions of Development: A Study of Human Values* (Edward Elgar, 2002), esp. chapter 1.

Michael Cowen and Robert Shenton, *Doctrines of Development* (Routledge, 2008).

Ian Goldin and Ken Reinert, *Globalization for Development: Meeting New Challenges* (Oxford University Press, 2012).

Norman Hicks and Paul Streeten, 'Indicators of Development: The Search for a Basic Needs Yardstick', *World Development*, 7 (1979): 567–80.

Edmund Phelps, *Mass Flourishing: How Grassroots Innovation Created Jobs, Challenge, and Change* (Princeton University Press, 2014).

Wolfgang Sachs, *The Development Dictionary: A Guide to Knowledge as Power* (Zed Books, 1992).

Frances Stewart, 'Basic Needs, Capabilities, and Human Development', in A. Offer (ed.), *In Pursuit of the Quality of Life* (Oxford University Press, 1996), pp. 46–65.

Joseph Stiglitz, Amartya Sen, and Jean-Paul Fitoussi, *Mis-measuring our Lives: Why GDP Doesn't Add Up* (New Press, 2010).

UNDP, *Human Development Report* (Oxford University Press, 1990).
World Bank, *The East Asian Miracle: Economic Growth and Public Policy* (Oxford University Press, 1993).

Chapter 2: How does development happen?

Irma Adelman and Cynthia Morris, 'Development History and its Implications for Development Theory', *World Development*, 25 (6) (1997): 831–40.
Ronald Ayres (ed.), *Development Studies: A Reader* (University of Greenwich Press, 1998), esp. part II.
Ha-Joon Chang, *Kicking Away the Ladder: Development Strategy in Historical Perspective* (Anthem, 2002).
David A. Clark (ed.), *The Elgar Companion to Development Studies* (Edward Elgar, 2006).
Douglas North, *Institutions, Institutional Change and Economic Performance* (Cambridge University Press, 1990).
Narcís Serra and Joseph Stiglitz (eds), *The Washington Consensus Reconsidered: Towards A New Global Governance* (Oxford University Press, 2008).
John Toye and Richard Toye, 'The Origins and Interpretation of the Prebisch-Singer Thesis', *History of Political Economy*, 35 (3) (2003): 437–67.
John Williamson, 'What Washington Means by Policy Reform', in J. Williamson (ed.), *Latin American Adjustment: How Much Has Happened* (Institute for International Economics, 1990), pp. 7–38.

Chapter 3: Why are some countries rich and others poor?

Anthony Atkinson, *Inequality: What Can Be Done?* (Harvard University Press, 2015).
Sharad Chari and Stuart Corbridge (eds), *The Development Reader* (Routledge, 2006), Part 1.
David A. Clark, Shailaja Fennell, and David Hulme, 'Poverty and Inequality', in K. Reinert (ed.), *Handbook of Globalization and Development* (Edward Elgar, 2017), pp. 487–512.
Paul Collier, *The Bottom Billion: Why the Poorest Countries Are Failing and What Can Be Done about It* (Oxford University Press, 2007).
Christopher Cramer, *Civil War Is Not a Stupid Thing: Accounting for Violence in Developing Countries* (Hurst, 2006).

Debraj Ray, *Development Economics* (Princeton University Press, 1998), esp. pp. 74–84 on 'convergence' and pp. 199–209 on Kuznet's 'inverted-U hypothesis'.

Dani Rodrik, Arvind Subramanian, and Francesco Trebbi, 'Institutions Rule: The Primacy of Institutions over Integration and Geography in Economic Development', *Journal of Economic Growth*, 9 (2) (2004): 131–65.

Jeffrey Sachs, Andre Mellinger, and John Gallup, 'The Geography of Poverty and Wealth', *Scientific American*, 284 (2001): 70–6.

James Scott, *Seeing like a State: How Certain Schemes to Improve the Human Condition Have Failed* (Yale University Press, 1998).

Chapter 4: What can be done to accelerate development?

Basil Davidson, *The Black Man's Burden: Africa and the Curse of the Nation-state* (Currey, 1992).

Jean Dréze and Amartya Sen, *India: Development and Participation*, enlarged edition (Oxford University Press, 2002).

Shailaja Fennell and Madeleine Arnot (eds), *Gender Education and Equality in a Global Context: Conceptual Frameworks and Policy Perspectives* (Routledge, 2009).

Naila Kabeer, *Reversed Realities: Gender Hierarchies in Development* (Verso, 1995).

Amartya Sen, *Development as Freedom* (Oxford University Press, 1999).

World Bank, *World Development Report 2011: Conflict, Security, and Development* (World Bank, 2011).

Chapter 5: The evolution of development aid

Frik de Beer and Hennie Swanepoel, *Introduction to Development Studies*, 2nd edition (Oxford University Press, 2000), unit 15 on aid and debt.

Giles Carbonnier, *Humanitarian Economics: War, Disaster and the Global Aid Market* (C Hurst and Co, 2015).

Global Development Incubator, *Innovative Financing for Development* (Dalberg, 2014).

Ian Goldin, Halsey Rogers, and Nicholas Stern, 'The Role and Effectiveness of Development Assistance: Lessons from World Bank Experience', in *A Case Study for Aid: Building a Consensus for Development Experience* (World Bank, 2002): 125–83.

David Hulme, *Should Rich Countries Help the Poor?* (Polity Press, 2016).
Justin Yifu Lin and Yan Wang, *Going Beyond Aid: Development Cooperation for Structural Transformation* (Cambridge University Press, 2017).

Chapter 6: Sustainable development

Commission for Future Generations, *Now for the Long Term: The Report of the Oxford Martin Commission for Future Generations* (Oxford Martin School, University of Oxford, 2013).
Ian Goldin and Alan Winters (eds), *The Economics of Sustainable Development* (Cambridge University Press, 1995).
Deborah Sick, 'Environment and Development', in P. A. Haslam, J. Schafer, and P. Beaudet (eds), *Introduction to International Development: Approaches, Actors, and Issues* (Oxford University Press, 2012), pp. 313–32.
Nicholas Stern, *Why Are We Waiting: The Logic, Urgency, and Promise of Tackling Climate Change* (MIT Press, 2015).

Chapter 7: Globalization and development

Ian Goldin, *Divided Nations: Why Global Governance Is Failing and What We Can Do about It* (Oxford University Press, 2013).
Ian Goldin and Geoffrey Cameron, 'Migration Is Essential for Growth', *The European Financial Review* (20 December, 2011).
Ian Goldin, Geoffrey Cameron, and Meera Balarajan, *Exceptional People: How Migration Shaped our World and Will Define our Future* (Princeton University Press, 2011).
Ian Goldin and Mike Mariathasan, *The Butterfly Defect: How Globalization Creates Systemic Risks, and What to Do about It* (Princeton University Press, 2014).
Ian Goldin and Kenneth Reinert, *Globalization for Development: Meeting New Challenges* (Oxford University Press, 2012).
Ankie Hoogvelt, *Globalisation and the Post-Colonial World: The New Political Economy of Development* (Palgrave Macmillan, 1997).

Chapter 8: The future of development

Angus Deaton, *The Great Escape: Health, Wealth, and the Origins of Inequality* (Princeton University Press, 2013).

Ian Goldin (ed.), *Is the Planet Full?* (Oxford University Press, 2014).
David Hulme, *Global Poverty: Global Governance and Poor People in the post-2015 Era*, 2nd edition (Routledge, 2015).
Jeffrey Sachs, *The End of Poverty: How We Can Make it Happen in our Lifetime* (Penguin, 2005).
UNSD, *Sustainable Development Goals Report 2017* (United Nations, 2017).

“牛津通识读本”已出书目

古典哲学的趣味
人生的意义
文学理论入门
大众经济学
历史之源
设计，无处不在
生活中的心理学
政治的历史与边界
哲学的思与惑
资本主义
美国总统制
海德格尔
我们时代的伦理学
卡夫卡是谁
考古学的过去与未来
天文学简史
社会学的意识
康德
尼采
亚里士多德的世界
西方艺术新论
全球化面面观
简明逻辑学
法哲学：价值与事实
政治哲学与幸福根基
选择理论
后殖民主义与世界格局
福柯
缤纷的语言学
达达和超现实主义
佛学概论
维特根斯坦与哲学
科学哲学
印度哲学祛魅
克尔凯郭尔
科学革命
广告
数学
叔本华
笛卡尔
基督教神学
犹太人与犹太教
现代日本
罗兰·巴特
马基雅维里
全球经济史
进化
性存在
量子理论
牛顿新传
国际移民
哈贝马斯
医学伦理
黑格尔
地球
记忆
法律
中国文学
托克维尔
休谟
分子
法国大革命
民族主义
科幻作品
罗素
美国政党与选举
美国最高法院
纪录片
大萧条与罗斯福新政
领导力
无神论
罗马共和国
美国国会
民主
英格兰文学
现代主义
网络
自闭症
德里达
浪漫主义
批判理论

德国文学
戏剧
腐败
医事法
癌症
植物
法语文学
微观经济学
湖泊
拜占庭
司法心理学
发展

儿童心理学
时装
现代拉丁美洲文学
卢梭
隐私
电影音乐
抑郁症
传染病
希腊化时代
知识
环境伦理学

电影
俄罗斯文学
古典文学
大数据
洛克
幸福
免疫系统
银行学
景观设计学
神圣罗马帝国
大流行病